SUDOKU 标准数独技巧说明全集

罗思远　王明意 ◎ 著

中国纺织出版社有限公司

内 容 提 要

这是一本数独进阶书，讲述了由易到难的数独解题方法：排除法、唯一余数法、区块法、数对法、数组法、鱼结构、单链结构、XYwing/XYZwing、代数法。如果你还是一个数独小白，那么这本书有助于你走上数独入门之路。如果你已经有一定的基础，这本书也可以帮助你打通任督二脉，在解题逻辑和分析的严谨性上有所提升。如果你已经是一个高手，不如来对比看看本书的解题方法和你自己的解题方法有何区别吧！取长补短，步步进阶，不可错过这一本《标准数独技巧说明全集》。

图书在版编目（CIP）数据

标准数独技巧说明全集 / 罗思远，王明意著. -- 北京：中国纺织出版社有限公司，2022.8（2025.3重印）
ISBN 978-7-5180-9575-9

Ⅰ. ①标… Ⅱ. ①罗… ②王… Ⅲ. ①智力游戏 Ⅳ. ①G898.2

中国版本图书馆CIP数据核字（2022）第092360号

责任编辑：郝珊珊　　责任校对：高　涵　　责任印制：储志伟

中国纺织出版社有限公司出版发行
地址：北京市朝阳区百子湾东里A407号楼　邮政编码：100124
销售电话：010—67004422　传真：010—87155801
http://www.c-textilep.com
中国纺织出版社天猫旗舰店
官方微博 http://weibo.com/2119887771
鸿博睿特（天津）印刷科技有限公司　各地新华书店经销
2022年8月第1版　2025年3月第2次印刷
开本：710×1000　1/16　印张：14.5
字数：224千字　定价：58.00元

目　录

Section 1　基础规则与元素

数独是一种风靡世界的智力游戏，据传为欧拉设计的，但具体起源未知。笔者倾向于认为它是多种智力游戏及数学游戏经过长时间融合、演变后的结果。这种智力游戏受到全世界人民的喜爱，在各类书籍、杂志，甚至各类试题中，都有其身影。基础规则：在空格内填入1~9，使每行、每列、每宫内数字不重复。每格内只能填入一个数字。

		4				9		
	9		8	6	5		2	
2			9		7			1
	6	7				5	1	
	1						9	
	5	8				3	4	
7			2		6			3
	3		5	7	1		6	
		6				1		

6	7	4	1	2	3	9	8	5
1	9	3	8	6	5	4	2	7
2	8	5	9	4	7	6	3	1
4	6	7	3	8	9	5	1	2
3	1	2	6	5	4	7	9	8
9	5	8	7	1	2	3	4	6
7	4	1	2	9	6	8	5	3
8	3	9	5	7	1	2	6	4
5	2	6	4	3	8	1	7	9

关于数独，有如下几个元素：

行

横着的叫作行，从上到下分别用字母A~I表示，由于I形似1，因此在一部分资料中，会以A~H及K表示行，如下图所示行。或用字母R（Row）表示行，即R5为第五行。

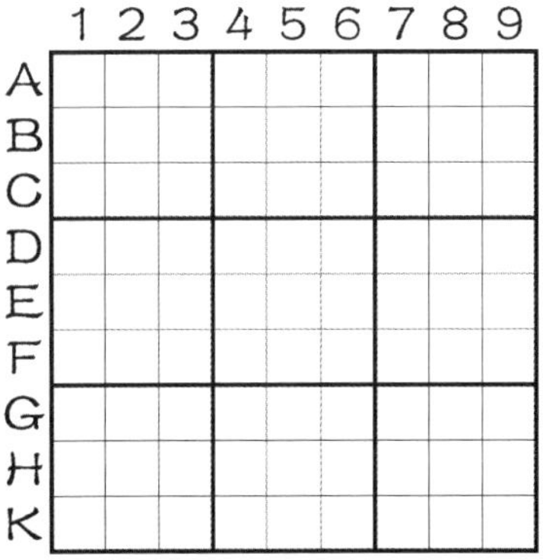

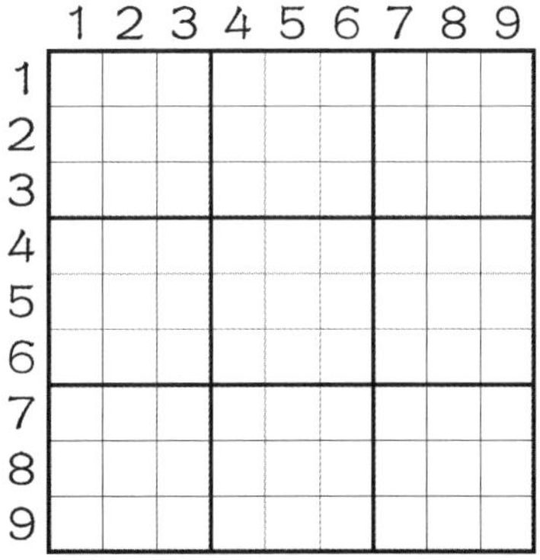

列

竖着的叫作列，从左到右分别用数字1~9表示。在一部分资料中，可能用C（Column）表示列。

宫

每个粗线围成的部分叫作宫，用汉字表示。从左上到右下分别是第一至第九宫，第一行经过第一、二、三宫，第九列经过第三、六、九宫。

大行、大列

相邻且能组成三个宫的三行为一个大行，如ABC行构成一个大行，同理，相邻且能组成三个宫的三列为一个大列，如789列。

单元格、坐标

每一个小方格叫作单元格，拥有自己的坐标。行名称+列名称，即为格子坐标，如图中数字4的坐标为E2。若用RC法表示，则为R5C2。大部分图书中，坐标用英文字母A~I来表示，部分图书中，由于I与l接近，所以有时也用字母K来表示第九行。

	1	2	3	4	5	6	7	8	9
A									
B					1				
C			2				3		
D									
E		4			5			6	
F									
G			7				8		
H					9				
K									

共轭

共轭是指与指定格相关联，由于规则而不能填入相同数字的格子。如下图中，灰色格子与B2共轭，它们不能都填入数字1。

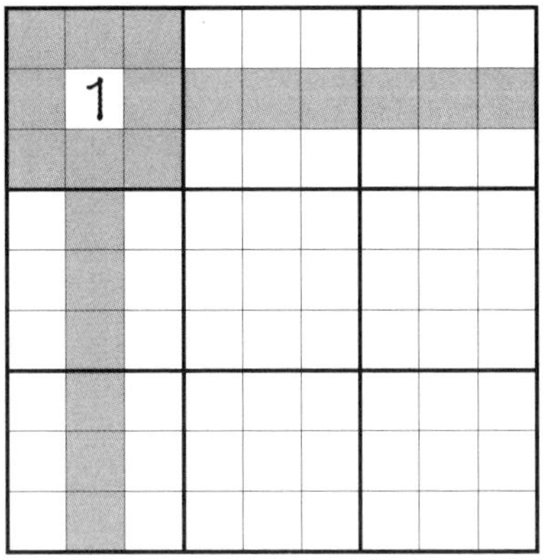

初盘、终盘、解、已知数

初盘指题目初始的样子。终盘指题目解答完毕的样子，如下图所示。广义上一个初盘可能有多个终盘，但此类题目会被认为是不合格的。通常所指的数独是在指定规则内拥有唯一终盘的初盘题目，这样的唯一终盘称作题目的解，制作数独时，除符合规则外，最基本要求就是有“唯一解”。

2	5	9	7	3	4	6	1	8
1	8	4	2	9	6	7	5	3
3	6	7	5	8	1	9	4	2
5	3	1	9	6	2	4	8	7
4	7	6	3	5	8	2	9	1
9	2	8	1	4	7	5	3	6
6	1	5	4	7	3	8	2	9
8	9	2	6	1	5	3	7	4
7	4	3	8	2	9	1	6	5

已知数广义上为所有已经确定的数字，包括初盘给出的，和已经确认填入的。狭义上只包括初盘给定的数字，下图题目已知数为28个。已知数的个数及位置，在绝大多数情况下与题目难度无关。

2			7				1	8
1		4						
			5	8			4	
				6		4		7
		6	3		8	2		
9		8		4				
	1			7	3			
						3		4
7	4				9			5

注：若要使得题目合格，至少需要17个已知数。

Section 2　技巧说明

排除、隐性唯一解、宫内/行列排除解

由数独规则可知，若某格为A，则其所在的行、列、宫内不能再填入A，可用画线的方式画出不为A的单元格，最终找到其余行、列、宫内哪些位置可填A。这一技巧叫排除（Exclusion），利用排除法，发现某个区域内，只有一格可填某个数字，叫作这个数字在这一宫/行列内的隐性唯一解（Hidden Single）。本书一般以宫内排除解、行列排除解两个名词表示数字在宫/行列内的隐性唯一解。

这一部分内容会在【排除法】一篇内进行详细说明。

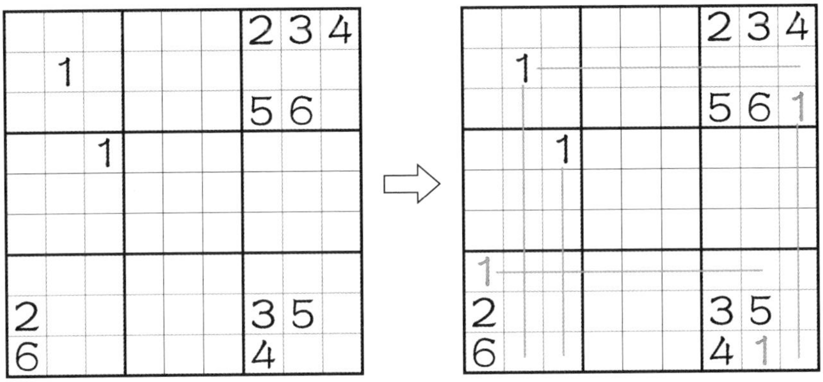

（a）宫内排除

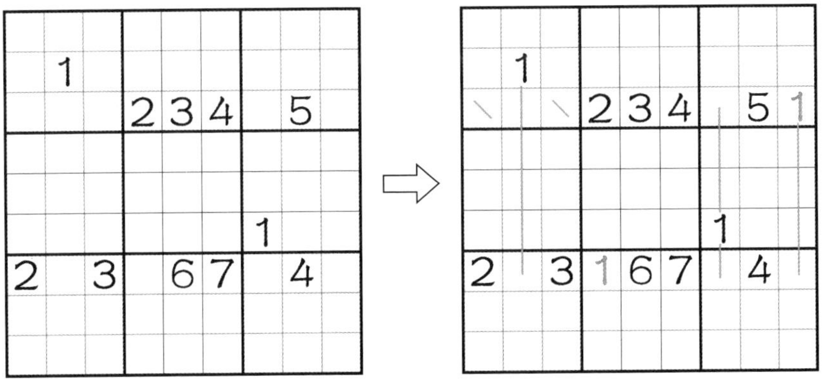

（b）行列排除

图2-1　排除技巧

候选数、删减、唯一余数

某个单元格受到已知线索的限制，只可能是1~9中的部分数字。将一个单元格所有的可能性用小数字进行标注，这些小数字称为这一格的候选数（Candidates）。

利用已知数或者已知线索可删减候选数，用灰色斜线表示。如果某格被删减后只有一个候选数，那么这一格必定填入这个数，这一技巧称为唯一余数（Naked Single）。

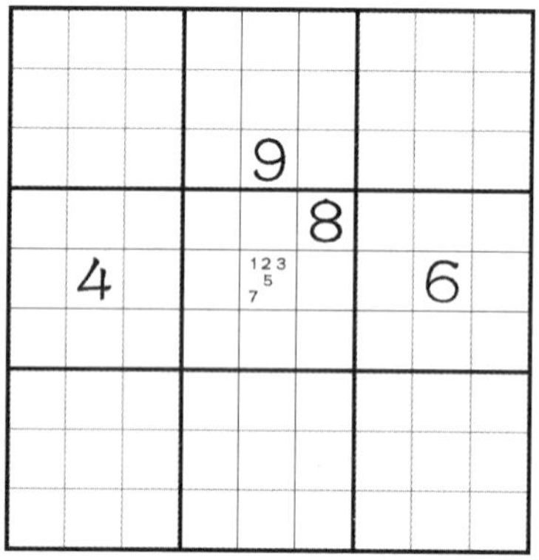

图2-2　候选数

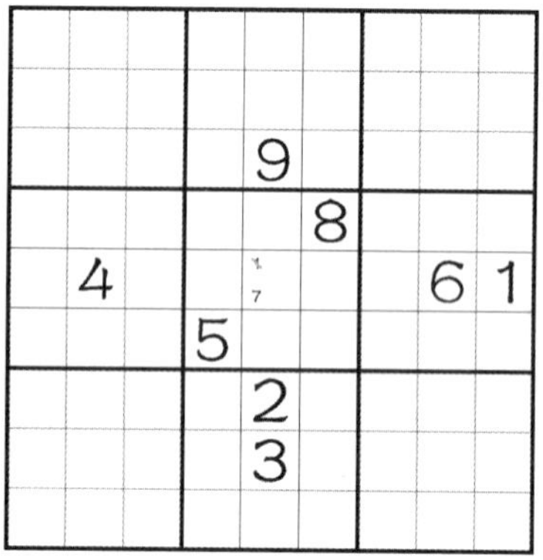

图2-3　删减唯一余数

这一部分内容会在【唯一余数法】一篇内进行详细说明。如果一个单元格有且仅有两个候选数，则这个单元格称为双值格，这一定义在多个篇章内都会被提及。

区块

某个区域内，某个数只能存在的某个范围叫作区块（Blocks）。在一部分资料中，区块被分为Claiming和Pointing两种，本书中不对这两种区块加以区分，仅以形成的区域进行定义，分为宫内区块、行列区块两大类。

这一部分内容会在【区块】一篇内进行详细说明。

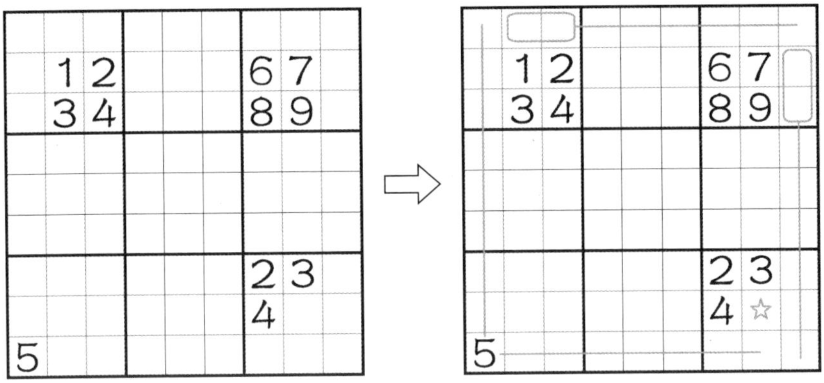

图2-4　区块

数对/组

部分单元格会形成数对（Pairs），分为显性数对（Naked Pairs）和隐性数对（Hidden Pairs）。数对会用候选数的形式进行标注。

数对高阶化后会形成数组（三元数组Triplets，四元数组Quadruple），也分为显性（Naked）和隐性（Hidden），同样以候选数的形式进行标注。

这一部分内容会在【数对】【数组】两篇内进行详细说明。

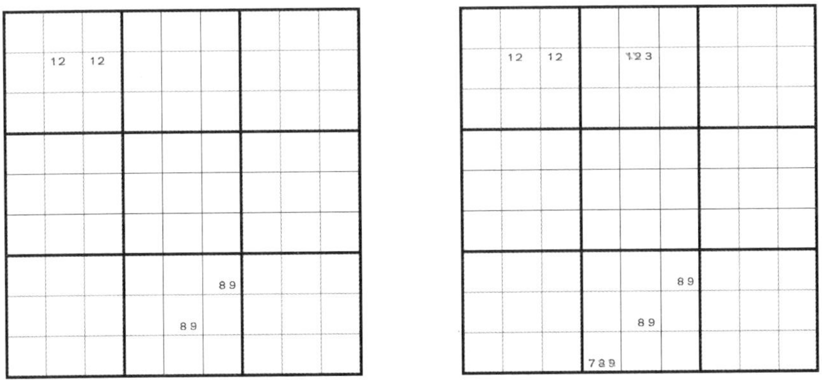

图2-5　数对/组

鱼结构

部分技巧依托于观察某个数字在某些区域中的分布。我们将这些观察的区域用灰色进行标记。

这一部分内容会在【鱼结构】一篇内进行详细说明。

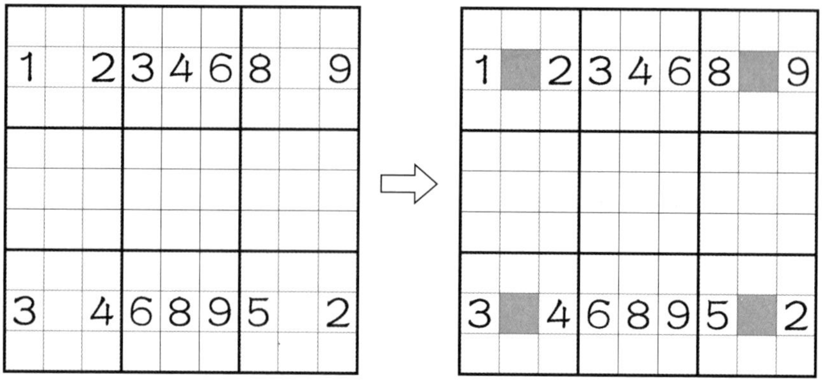

图2-6　鱼结构

强关系、弱关系

设定“某单元格等于某数。”为一个命题，这个命题可表示为坐标（候选数）的模式，如E5（3），G7（7）等。命题可能为假，也可能为真。

两个命题不同时为假命题（至少有一个为真），即两个命题为强关系。两个命题不能同时为真命题，即两个命题为弱关系。

两个强关系的命题用双等号表示，如E5（3）==E7（3），会用灰色方框将候选数框起来。为了使用强关系，会用弱关系将一个强关系的一段与另一个强关系的一段进行联结，用双横杠表示，如E5（3）--G5（3），并用灰色线段将两个灰色方框连在一起。这样连接在一起的结构称为链结构（Chains）。

这一部分会在【单链结构】【XYwing及XYZwing】篇章进行详细说明。有时需要将一部分命题视为一个整体，用括号内的多个格子或数字表示，如［A4、A5］（2），或者A4（2、9）。

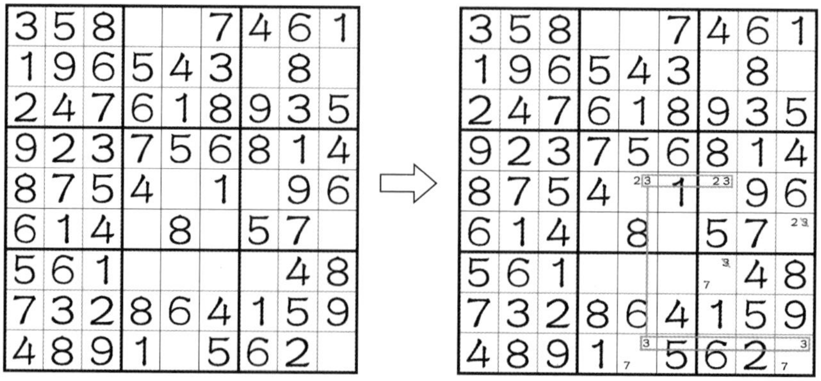

图2-7　强关系、弱关系

Ywing

Ywing为一种特殊的结构，由一条强关系及两个双值格形成。我们以灰色部分标示作为“轴线”的强关系，以候选数的形式标示两个双值格。

这一部分会在【Ywing】篇章加以详细说明。

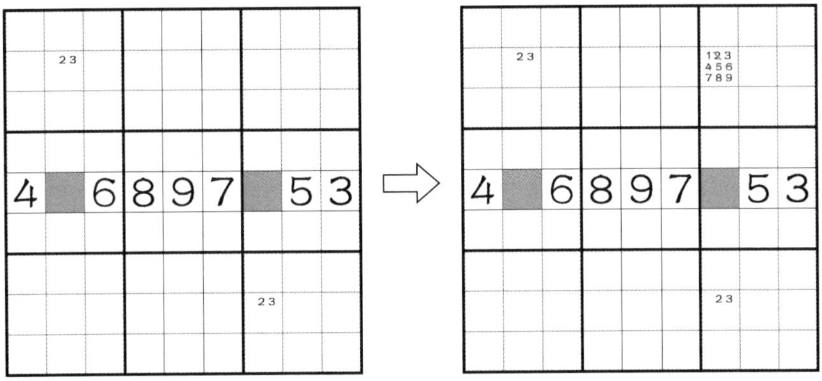

图2-8　Ywing

本书中简单的图示定义（深灰/浅灰无区别，仅作区分之用）：

灰色单元格：鱼结构/Ywing结构的轴线/其余需要重点观察的单元格。

灰色方框：区块（其中可能包含无关的已知数）。

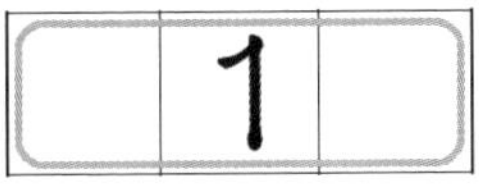

灰色方框：强关系（可能包含无关数字，需要结合文字内容进行理解）。

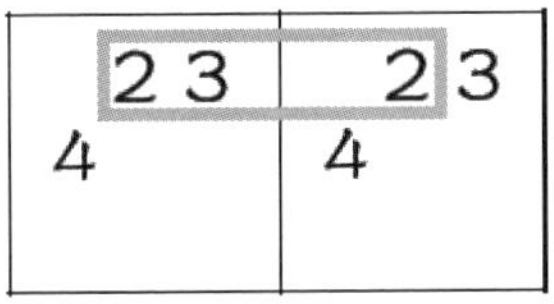

灰色直线：排除（可能由已知数/区块引发）/弱关系（链接两个强关系时）。

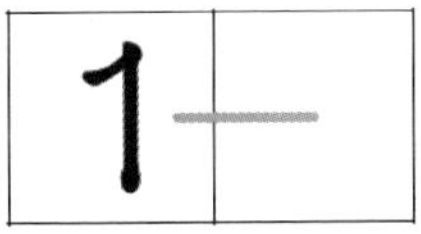

灰色斜线：此候选数被删减（有候选数格）/此格内某数字被排除（无候选数格）。

灰色星号：此处可得解（排除解/唯余解）。

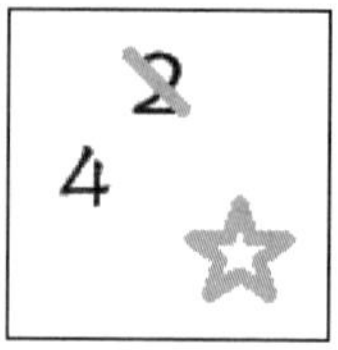

Section 3　最后一数、二余法

如果一行/列/宫内只有一个数不知道，我们可以数一数缺少哪个数，将这个数补上。这个方法叫最后一数。图3-1（a）~（c）为最后一数的示意图。

如果一行/列/宫内有两个数不知道，我们可以数一数缺少哪两个数，再寻找这两个数字的已知数来确定这两个数，叫作二余法。图3-1（d）为二余法的示意图，第一列缺少2和7，第九列缺少2和4，结合已知数，很容易确定这些数字的位置。

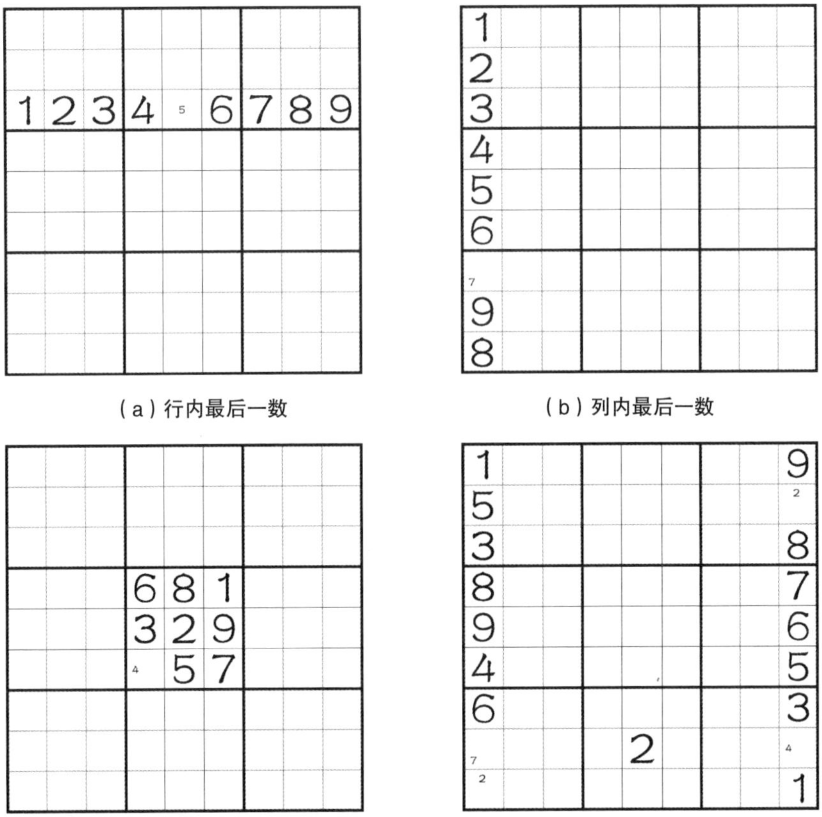

（a）行内最后一数　（b）列内最后一数

（c）宫内最后一数　（d）二余法

图3-1　余数法

我们可以观察图3–2的案例，这是一道简单的题目。

1	2	6	5	4		7	9	8
8		3		9	1		4	
4		7	6		8	3	5	1
6	1		2	8	7			4
	8	4	9		6	5	1	
3			4	1	5		8	2
7	6	8	1		9	4		3
	3		8	6		1		5
5	4	1		7	2	8	6	9

1	2	6	5	4		7	9	8
8		3		9	1		4	
4		7	6		8	3	5	1
6	1		2	8	7			4
	8	4	9	3	6	5	1	
3			4	1	5		8	2
7	6	8	1		9	4		3
	3		8	6		1		5
5	4	1		7	2	8	6	9

图3–2　最后一数、二余法案例

观察发现，第五宫内只有一个空格，这个宫内已经出现了1、2、4、5、6、7、8、9这八个数字，空格里只能填入剩下的数字3。同理可得A6、H6等格的数字。

填好一部分数字之后，我们会发现此时任一行、列、宫内，未知的格子都有两个或更多。此时，我们可以选取只有两个未知格的行/列/宫，利用二余法进行观察。例如，第一列只有E1和H1不知道，经过点算后，发现这一列缺少的数字是2和9，在E1和H1所在的行和宫内观察，发现E1格所在的行内有数字9，因此E1≠9，E1=2。

最后一数和二余法是最基础的方法，任何题目到最后阶段都要使用这两种方法。本题也可继续使用最后一数的方法解开，答案如下所示。

1	2	6	5	4	3	7	9	8
8	5	3	7	9	1		4	
4	9	7	6	2	8	3	5	1
6	1		2	8	7		3	4
2	8	4	9	3	6	5	1	
3	7		4	1	5		8	2
7	6	8	1	5	9	4	2	3
	3		8	6	4	1	7	5
5	4	1	3	7	2	8	6	9

1	2	6	5	4	3	7	9	8
8	5	3	7	9	1	2	4	6
4	9	7	6	2	8	3	5	1
6	1	5	2	8	7	9	3	4
2	8	4	9	3	6	5	1	7
3	7	9	4	1	5	6	8	2
7	6	8	1	5	9	4	2	3
9	3	2	8	6	4	1	7	5
5	4	1	3	7	2	8	6	9

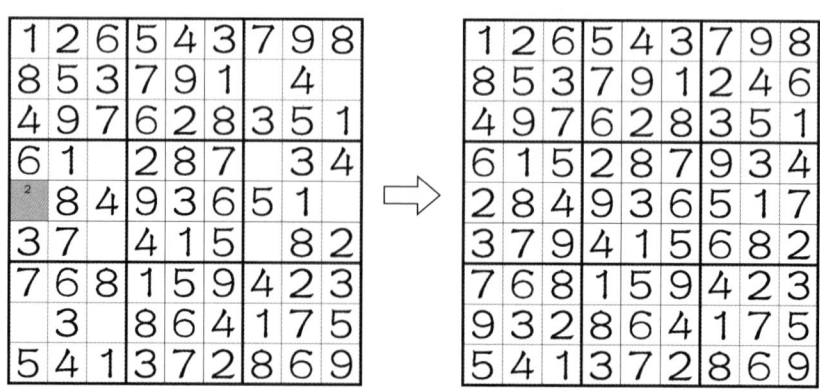

图3–3　用最后一数、二余法解开终盘

挑战一下

A1

		7	2	6	4	9		
		6	9	8	1	5		
4	1	9				8	2	6
5	3			7			6	2
7	9		6		3		8	5
1	6			5			3	9
9	4	5				2	7	8
		1	5	2	7	3		
		3	4	9	8	6		

A2

	8		2	9	3		1	
9	1						2	6
	4	2	6		7	9	3	
7		8		3		6		9
2		1		7		8		3
4		9		8		1		2
	7	6	4		9	2	8	
1	9						6	5
	2		3	6	1		9	

A3

		6	2	5	4	8		
2		1		6		7		4
8		4	9		1	5		2
	2		3	4	7		8	
3	6						4	7
	4		6	8	2		5	
4		2	7		8	6		5
5		9		3		4		8
		3	4	2	5	1		

A4

	8		9	4	6		7	
9	5	2				4		6
	6		2		5	9	8	
6		5		7		3		2
8			6	1	2			4
7		1		5		8		9
	7	4	5		3		9	
3		6				5	2	7
	9		1	2	7		4	

A5

8	5	1			9			3
	7				6	9	8	5
	6		5	8	2			7
1	4	5		6		2		
		7	8	1	3	5		
		8		5		1	7	9
7			3	9	5		6	
5	2	6	4				9	
3			6			7	5	4

Section 4　排除法

如果某行/列/宫内，某个数字只能在某格，那么我们可以确定这个数字的位置。

因为行、列、宫内数字不重复，如果某格为A，则其所在的行、列、宫内都不能再填入A，可以用画线的方式划掉，划掉的步骤叫作排除。而如果某个行/列/宫内，只剩下一个格没有被划掉，那么这个区域内的A只能填入这个格，在这个区域内形成了数字A的排除解。

以行/列为观察对象的排除法叫作行列排除法，以宫为观察对象的排除法叫作宫内排除法。解题时宫内排除法的观察难度要远低于行列排除法。无论是宫内排除法还是行列排除法，都是利用一步或者多步排除操作，最终得到唯一确定数字的过程。

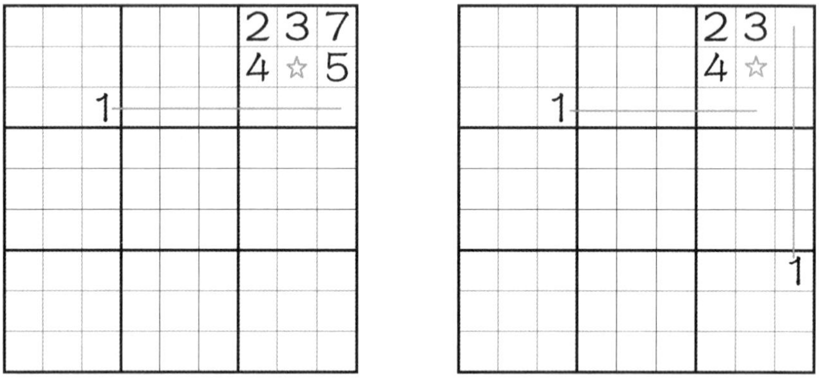

（a）宫内排除法

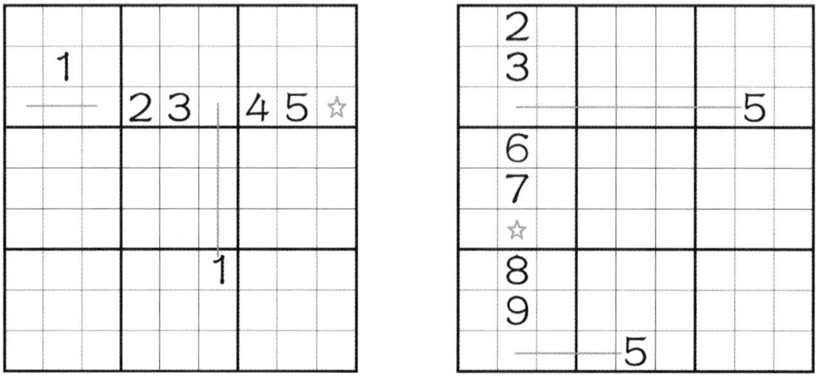

（b）行列排除法

图4–1　排除法

宫内排除法

观察下图题目，这道题能用宫内排除法解决。使用宫内排除法进行观察时，一般选取某个数字A为目标数字，并且尽可能将九个宫内的A全部找到。一些情况下，所有的A都可以获得；另一些情况下，我们只能找到一部分，或者暂时无法得到结论，此时我们可以更换观察的目标数字。

观察数字1，灰色表示能填入1的所有位置，可以发现第三宫中，数字1不能存在于第二、第三行，只能存在于A9；这时，第六宫中E9不能填入1，第六宫的1只能在E7；第五宫中的1只能在F5。检查是否得到所有的1，发现左下角第七宫内的1还没有填出，这个1只能在I1。

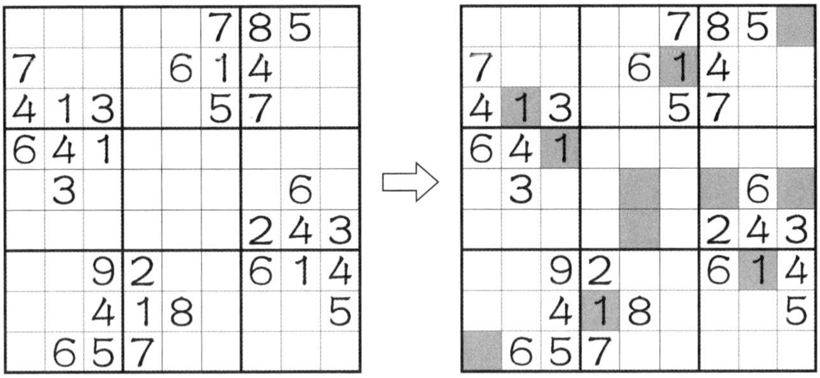

图4-2　宫内排除法案例

考虑数字6的位置，第一宫、第三宫、第八宫的6的位置都是唯一确定的。之后可利用第八宫的6解出第五宫的6。再之后可以找到第三宫的3、第九宫的7等数字，但都不能一次性得到所有的数字，需要不停地切换观察的视角，最终仅使用宫内排除法，即可获得本题的答案。

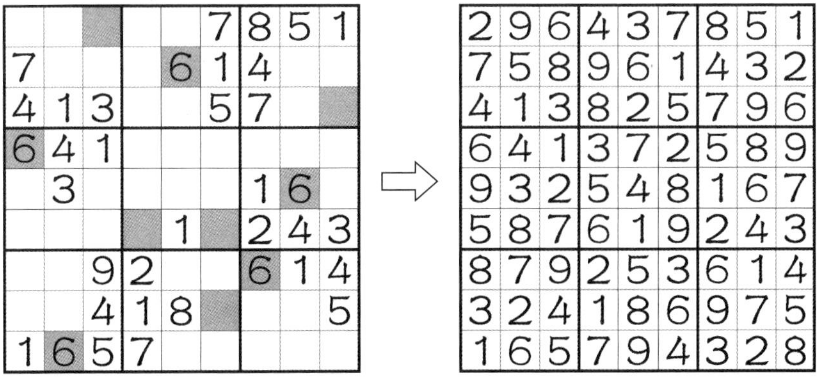

图4-3　解出终盘

当然，如果一个宫内仅剩下一个未知的格子，我们可以用宫内排除法（没有填出的数字只能存在于这个格子），也可以用最后一数法进行观察。排除法和最后一数法的整体视角有所不同，面对绝大多数题目时，轮流使用这两种视角进行观察是非常重要的，这一点会在后续的文章中加以阐述。

宫内排除法、行列排除法

观察此题，我们可以得到所有的4、2、8、6。

	4	5				8	7	
3			5		4			6
8				2				3
	3		4		9		2	
		2				1		
	8		2		6		3	
1				5				4
4			6		8			2
	9	6				3	8	

⇨

2	4	5		6		8	7	
3			5	8	4	2		6
8	6			2		4		3
	3		4		9	6	2	8
6		2	8			1	4	
	8	4	2		6		3	
1	2	8		5			6	4
4			6		8			2
	9	6		4	2	3	8	

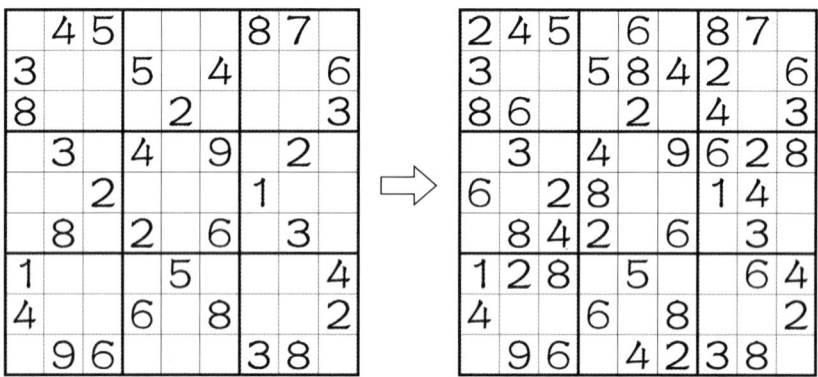

图4-4　宫内排除法、行列排除法案例

观察数字5，利用宫内排除我们只能解开第三、第五宫的5。但是我们可以观察到第四行的5只能在D1，在第四行形成了行列排除解，进而可以得到更多的5，再进一步解开题目。

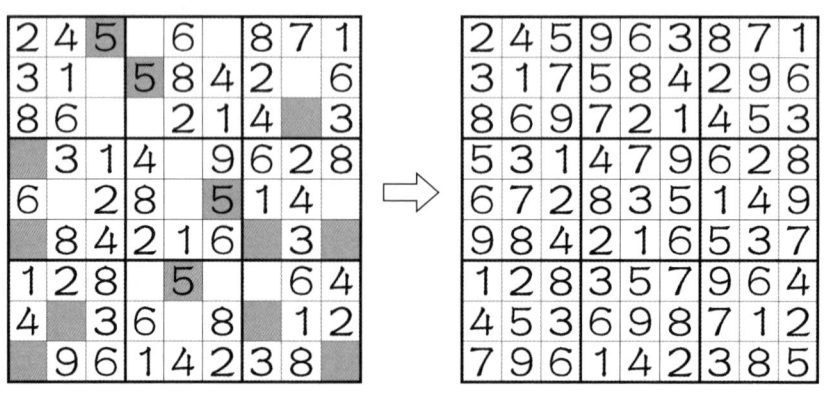

2	4	5		6		8	7	1
3	1		5	8	4	2		6
8	6			2	1	4		3
	3	1	4		9	6	2	8
6		2	8		5	1	4	
	8	4	2	1	6		3	
1	2	8		5			6	4
4		3	6		8		1	2
	9	6	1	4	2	3	8	

⇨

2	4	5	9	6	3	8	7	1
3	1	7	5	8	4	2	9	6
8	6	9	7	2	1	4	5	3
5	3	1	4	7	9	6	2	8
6	7	2	8	3	5	1	4	9
9	8	4	2	1	6	5	3	7
1	2	8	3	5	7	9	6	4
4	5	3	6	9	8	7	1	2
7	9	6	1	4	2	3	8	5

图4-5　解出终盘

已知数中不含某个数字

观察下图，我们可以得到很多的排除解（宫内和行列都有）。观察的时候，我们会留意到一个问题：本题的已知数里面没有数字6，那么怎么确定6的排除解呢？

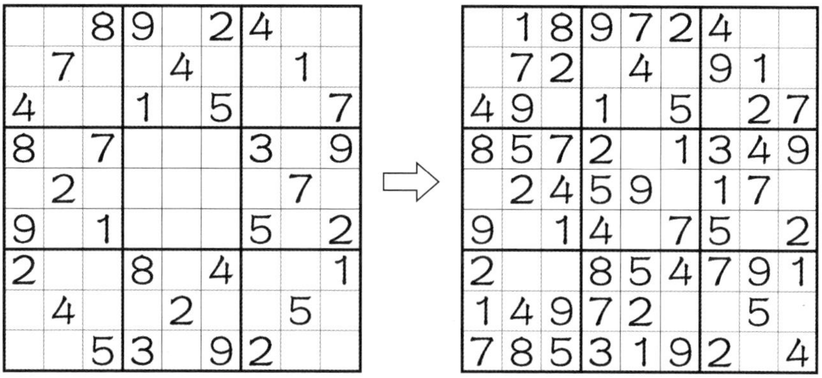

图4-6　已知数中不含某个数字案例

实际上，如果已知数里没有某个数字，那么这个数字可能存在于任何一个未知的单元格之中。当某行、列、宫只有一个空白单元格的时候，我们可以通过最后一数法确定这个未知格的数字，而“缺失的数字”就往往会被这么确定。

图4-7中，数字6可能存在于所有的空白单元格内；第八宫中，我们可以通过最后一数的方式确定H6=6，也可以观察发现，第八宫的6只能存在于H6格，这属于一种比较特殊的排除情况（没有排除线的排除）。

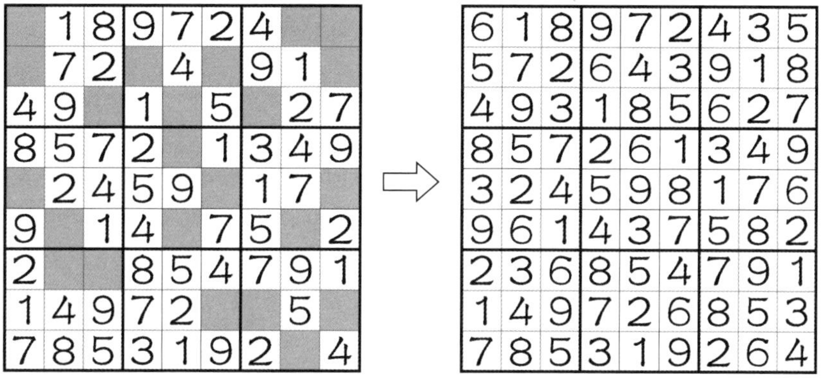

图4-7　解出终盘

挑战一下

B1

		1		2			4	
2			7		8			
		9		4		8		2
	3		8		9		2	
9		4				1		8
	7		5		4		9	
5		7		8		6		
			1		5			4
	9			7		2		

B2

	2	9	7	5	3		6	
6		7		4		3		5
	3			6	2		9	4
3		4	2		6			7
2	7	8				6	4	3
5			4		7	2		9
9	5		6	2			7	
7		6		9		8		2
	8		3	7	4	9	5	

B3

				2	9			6
6	2	4			1			
					4	8		7
	4		9	6			5	
	3	5				6	7	
	8			1	3		4	
8		7	1					
			7			1	3	2
3			4	9				

B4

				2	9		1	
8		2				6		
	3		7		6		4	
5		3		4		1		
6			1		5			4
		4		9		8		3
	4		5		2		7	
		5				4		1
	8		4	7				

B5

6		1		7				3
				1	4			
		3			5	1		7
	6	9	8		3			
3	5						7	4
			6		7	9	3	
8		2	5			7		
			4	8				
1				3		2		9

B6

8		7			3		5	1
6		4		8	1			
					4		2	6
3	8	6						
	4			7			8	
						9	6	5
2	9		8					
			1	2		5		9
1	6		4			2		8

B7

8		6	4	2				1
		5			9			
		7				8	2	6
	5		9		1			2
4								8
2			8		6		5	
7	9	4				3		
			7			1		
5				9	8	2		7

B8

		9		5		8		
			1		4			
7		2		6		4		1
	3		8		7		1	
2		4				3		9
	1		3		9		2	
5		3		8		2		6
			4		5			
		1		9		5		

B9

	6		8		3		2	
7		9				5		3
	4			5			9	
2			6		4			9
		7				6		
4			7		8			2
	8			7			3	
9		3				7		1
	7		3		5		4	

B10

8	1			3	4		6	
7						4		9
					9		3	
			3			8		4
3								1
4		2			5			
	8		6					
1		3						6
	6		2	9			1	7

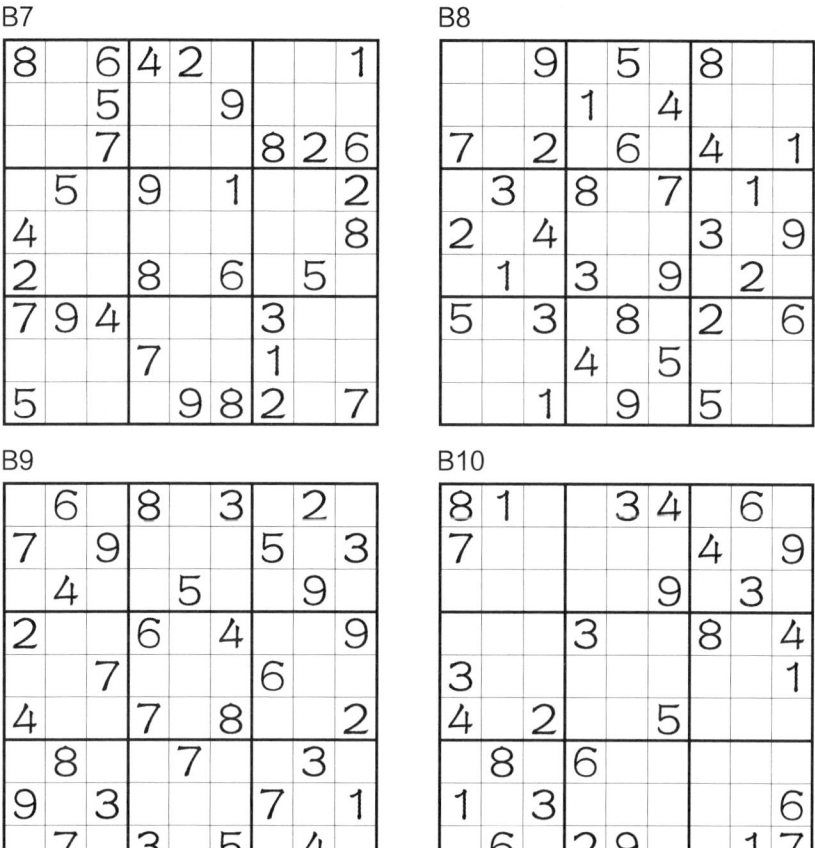

Section 5 唯一余数法

如果某格只能是某个数，那这个格一定是这个数。这一步称为唯一余数，简称唯余，表达为“X格的唯余解”，图5–1中，B5处有唯余解B5=7。

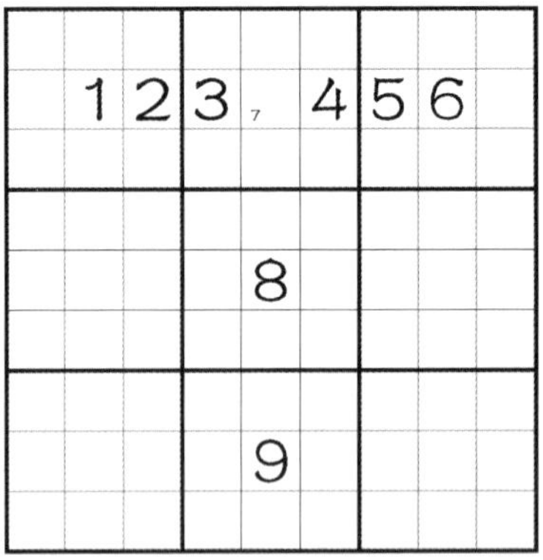

图5–1 唯一余数法

最后一数是唯一余数的一种简单形式；更多的情况下，唯余解的情况会非常隐蔽。标准数独确定任意数字的步骤都是形成排除解或者唯余解，其余的技巧均为辅助这两种解形成的手段。

唯一余数法

观察下题，使用排除法的话，我们能获得一部分数字，但是并不多。如果利用唯一余数法的话，可以观察到F7=8。

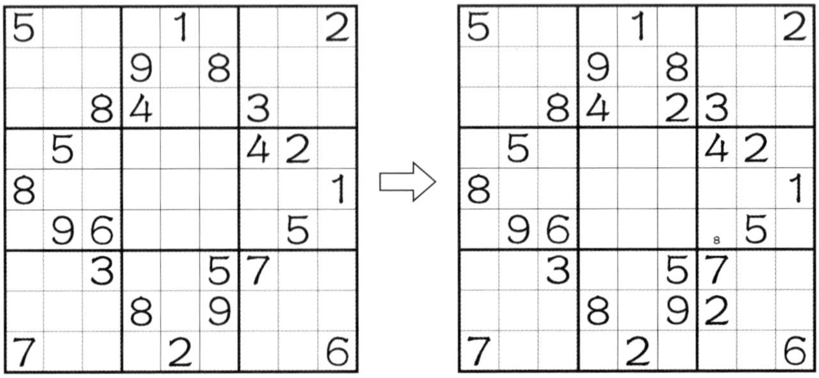

图5–2 唯一余数法案例

得到F7=8后，我们可以排除得到所有的8，之后得到一部分9，此时E7格也有唯一余数。

需要用到唯一余数解题的题目，往往有不只一个的唯一余数，这也是这一类题目在观察上的难点所在。寻找唯一余数时，要注意：①已知数比较多的行、列；②空白或者基本空白的宫；③有四个或五个已知数，且这几个数往往相邻的行、列；④一些出现次数较少的已知数，能影响到的单元格。

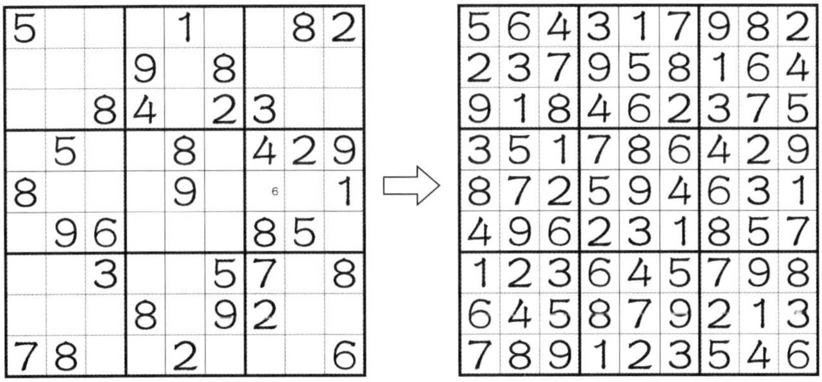

图5-3　解出终盘

唯一余数法作为主视角

观察下题，这种题目符合上文所说的“有四到五个已知数的行列”以及“空白或接近空白的宫”，因此在面对这种题目时，我们应当选择唯一余数法作为主要的观察视角，优先寻找可能出现唯一余数的单元格，确定更多的数字之后，再选择排除或者最后一数等观察方式。

本题中，我们以第一列为例，这一列缺少的数字是2、3、4、7、8，因此我们要在能影响这些空白单元格的位置中，寻找这些已知数。可以观测到F1≠2、3、4、7，因此F1=8；同理也可以观察到H1=3。

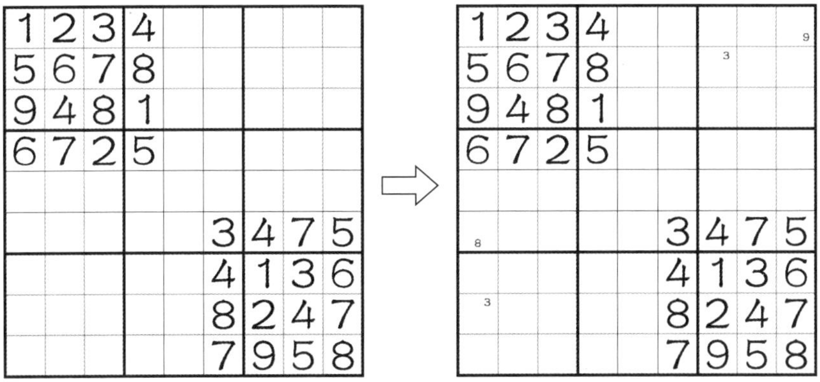

图5-4　唯一余数法作为主视角案例

这一类题目往往有着大量（不只是1~2个，可能是5~10个）的唯一余数，得到5-4图中能直接得到结论的数字（A9，B7，F1，H1）后，又有新的唯一余数产生（C9，D7，E1，I2）。

在观察时，一部分单元格有且仅有两个候选数，我们可以对其进行标注。标注后，如果再得到其余数字，就可以很快得到这一格的数字，不用再次观察。图中标注了C8=2、6，当得到C9=2后，我们能得到C8=6。

利用唯一余数的方法，我们能够逐渐解开本题。

1	2	3	4					9
5	6	7	8			3		
9	4	8	1				(2 6)	(2)
6	7	2	5			(8)		
(4)								
8					3	4	7	5
					4	1	3	6
3					8	2	4	7
	(1)				7	9	5	8

1	2	3	4	7	6	5	8	9
5	6	7	8	9	2	3	1	4
9	4	8	1	3	5	7	6	2
6	7	2	5	4	1	8	9	3
4	3	5	7	8	9	6	2	1
8	9	1	6	2	3	4	7	5
7	8	9	2	5	4	1	3	6
3	5	6	9	1	8	2	4	7
2	1	4	3	6	7	9	5	8

图5-5 解出终盘

挑战一下

C1

			4	2	5			
		8				4		
	5			6			9	
8			2		6			3
5		2				8		1
4			1		7			6
	3			7			8	
		1				5		
			8	9	3			

C2

	1	4			9	8		
			8	1				
	9					7		2
7					3			5
4			7		5			6
3			6					8
9		7					5	
				9	6			
		6	1			3	4	

C3

		3	8		6	1		
1			3		7			2
9								8
			7	8	1			
	8						7	
			5	4	3			
8								1
3			2		9			7
		4	6		8	2		

C4

	6		3		1		4	
				7				
3	9	8				7	1	2
4			1		9			8
6								4
8			2		7			9
7	8	4				2	6	3
				2				
	2		4		3		5	

C5

2	6						1	
9				1				7
			6		9			
		7		2		3		
	1		9		4		5	
		8		7		1		
			3		8			
4				9				3
	2						4	9

C6

7		4	8		5			
			1	4		2		
9		3					4	
4	7			6				9
	6		9		2		3	
3				8			1	5
	3					4		6
		7		3	8			
			7		4	3		1

C7

	5	4		3		6	2	
9								5
2			8		6			4
		5	1		4	7		
3								6
		8	6		3	4		
7			2		9			1
4								8
	9	1		4		3	6	

C8

	7		8		2		3	
5		9				2		7
	2		7				6	
1				6		7		5
			1		8			
8		2		7				1
	1				6		2	
2		4				1		6
	3		4		1		7	

C9

				5	4		1	
7	1	9						
	6			7		9		2
2					8			4
8								6
1			4					9
5		3		9			6	
						2	3	8
	2		7	1				

C10

			3	8			4	
		2	9			8		3
	7				6		2	
5	3					1		
1				9				6
		6					3	5
	6		4				7	
3		4			7	9		
	5			3	9			

C11

	9		2		3		6	
		5		7		9		
1	6						3	2
			6	8	5			
		3				4		
			4	3	1			
5	1						8	7
		8		6		2		
	4		8		2		9	

C12

4	5	7						
6			3	2				
3					1	8		
	8			5		4		
	7		4		2		6	
		4		1			7	
		2	9					1
				8	5			4
						5	2	9

C13

		3	4		8	2		
	1						4	
8				6				9
1			9		7			4
		6				8		
9			8		6			5
5				8				2
	8						3	
		7	5		2	4		

C14

		5		2		7		
		3	9		6	2		
1	2						6	8
	8			9			4	
2			3		4			9
	9			1			2	
5	3						7	2
		4	2		8	5		
		2		3		9		

C15

	5			1	9		7	
4		1						6
	7			2	3			
					2	5		8
6		2				3		7
3		5	7					
			8	3			2	
8						6		1
	4		2	6			5	

Section 6　区块法

某个区域内，某个数字只能确定在某些格子中，但不能确定具体的位置。不过尽管如此，当这个数字可能在的位置全部包含在另一个区域之中时，一个区块就形成了。区块形成后，可以用于辅助排除、唯余解的形成。

绝大多数区块都是在宫内成立的，如图6–1（a）~（d）中，都是第一宫内的7只能在C1、C2，那么无论7在哪一格，它都在第三行，因此第三行其余格里不能再填入7，在图6–1（a）中形成排除解，图6–1（c）中形成唯余解，图6–1（d）中形成一个新的区块，再形成唯余解。

图6–1（b）则是形成于行列的行列区块，第一列的7只能在A1、B1之中，无论7在哪一格，在同一宫内的其余格都不能填7，删减C2、C3的7后，第三行的7只能在C5。

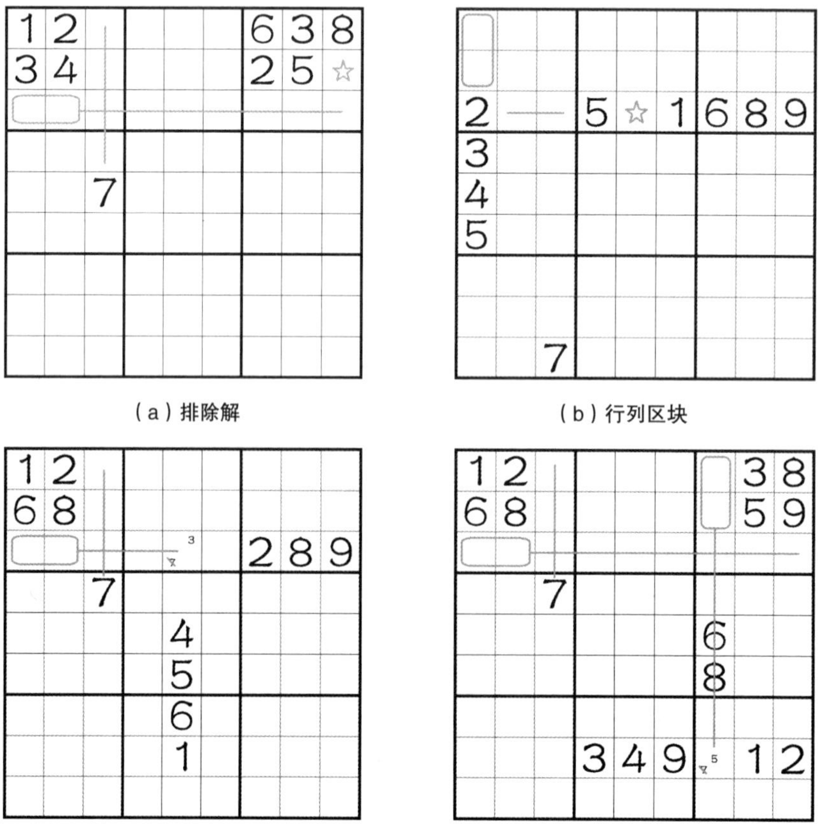

（a）排除解　（b）行列区块　（c）唯余解　（d）新区块与唯余解

图6–1　区块法

宫内区块形成宫内排除解（常见）

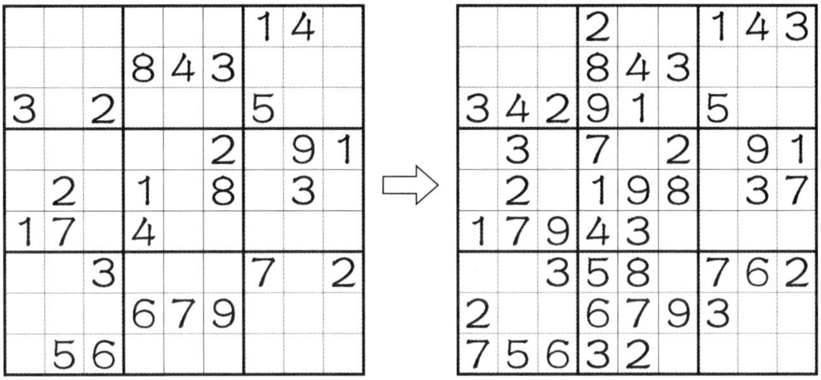

图6–2 宫内区块案例（常见）

本题为宫内区块最常见的情况。第六宫中，通过一步排除直接形成数字5的区块，这个区块对第五宫进行排除，得到第五宫的宫内排除解D5=5。

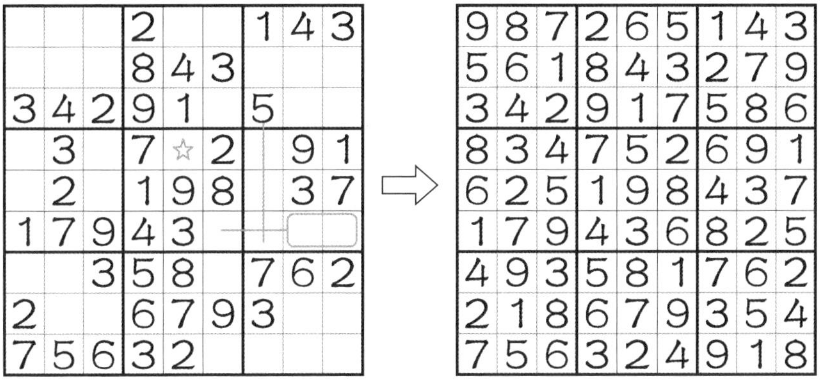

图6–3 解出终盘

宫内区块形成宫内排除解（经典十字）

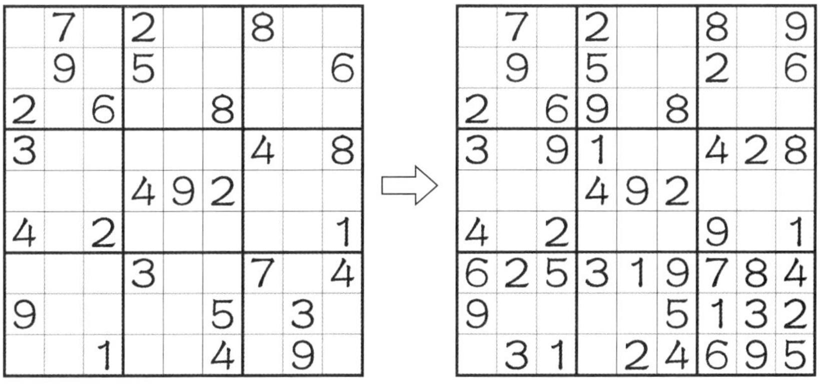

图6–4 宫内区块案例（经典十字）

在解题时，有时会出现一个宫内四角都有数字，中间五格形成大十字的情况。这种情况出现时，其内部很容易出现区块，一定要加以留意。有时题目初期，第五宫的已知数分布会形成这样的情况，可以试着从此处寻找区块进行切入。

本题中，利用第四宫的7区块，可观察确定第六宫的7。

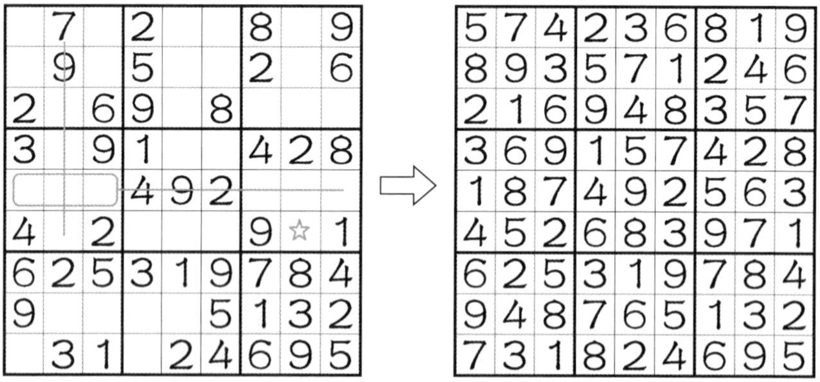

图6–5　解出终盘

注：数独设计时的潜在规则是已知数分布具备一定的对称性（部分为美感而设计的主题数独，如汉字形状数独、图案形状数独等，可能不符合此要求），部分题目采取高度对称性的中心对称分布时，可能会在第五宫的四角安置已知数。

宫内区块形成宫内排除解（隐蔽）

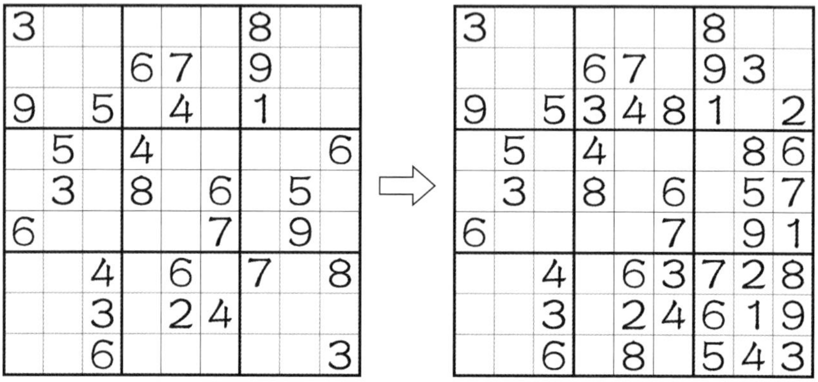

图6–6　宫内区块案例（隐蔽）

宫内区块形成宫内排除解时，可能比较隐蔽，结合已知数，可能有着多条排除线，导致观察难度较高。解题时可以对区块进行适当的标注，如本题中可在G4、H4两格的格线中标注一个小而浅的5，表明此处有数字5的区块。

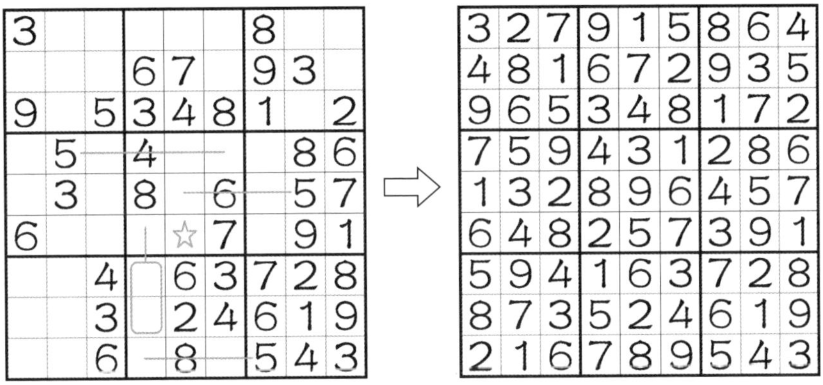

图6–7　解出终盘

标注区块时，若区块占据三格（如经典十字一题中E7、E8、E9的7区块）或是占据不相邻的两格，如本题中第七宫的9区块（G2、I2），可在盘面的外侧进行标注。例如，若要标记G2、I2的9区块，可在盘面外侧I2格的下方写下小而浅的数字9。使用此种方法时，需要注意第五宫由于和盘面外侧不相接，所以使用此类标注方法时，可能引起混淆，所以多数情况下不在第五宫进行此类标注。

宫内区块形成宫内排除解（复杂排除）

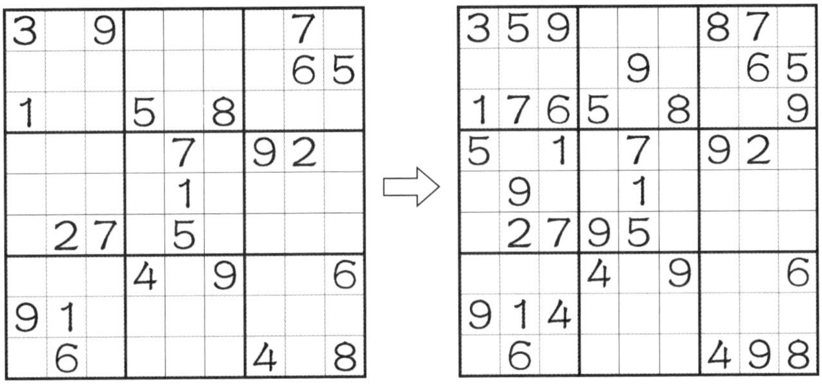

图6–8　宫内区块案例（复杂排除）

本题中，同一数字在不同位置形成了两个区块，结合这两个已知数，对于同一个宫形成了宫内排除解。这种类型的排除较为复杂，观察难度也相对较高，在一些有难度的题目中经常出现。

最终得到第八宫的宫内排除解H5=8，之后第五列有行列排除解A5=6。

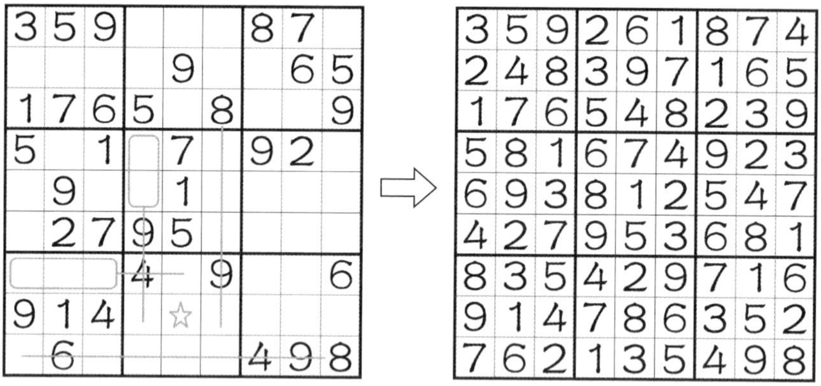

图6-9　解出终盘

宫内区块形成行列排除解

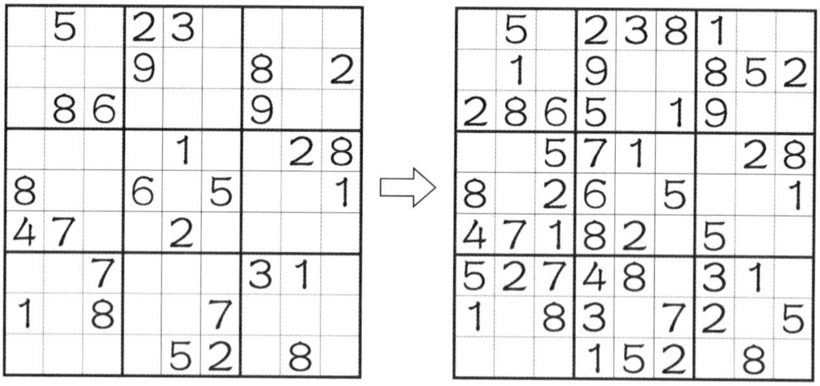

图6-10　宫内区块形成行列排除解案例

在此题中，第四宫形成了数字6的宫内区块。这个区块位于第四行，可以对同一行其余单元格进行排除，最终得到第七列的排除解I7=6。

宫内区块（D1、D2）位于第四行，最终得到排除解的行列为第七列。区块的方向与目标行列是垂直的，这种情况下，区块排除不能转化为行列排除。

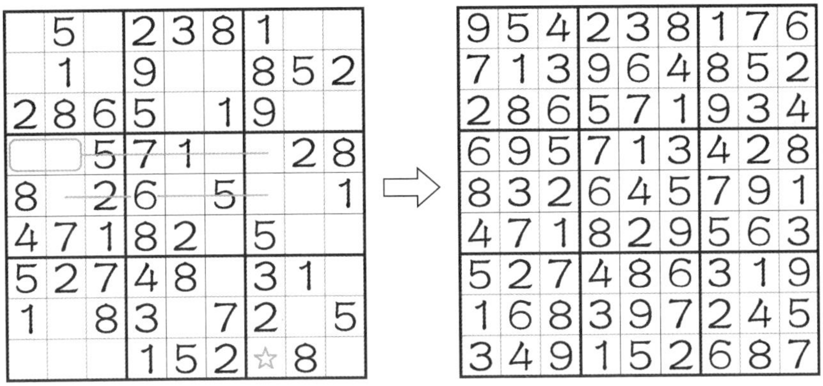

图6–11　解出终盘

宫内区块形成行列排除解（组合区块）

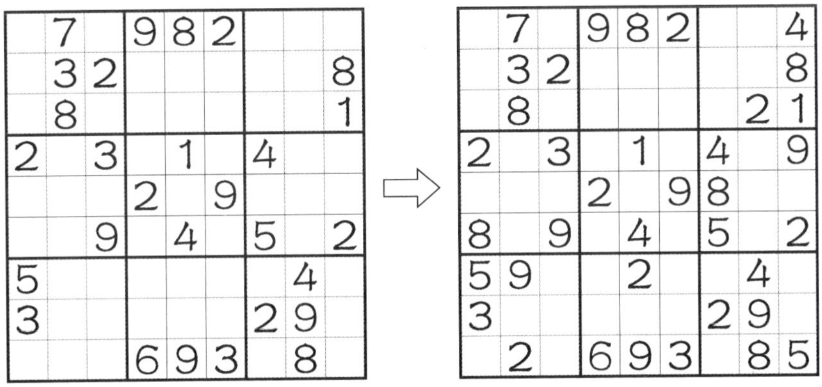

图6–12　宫内区块形成行列排除解（组合区块）案例

本题区块构成也较为简单，利用第八宫的4区块对于第二列进行排除，得到第二列的行列排除解E2=4。

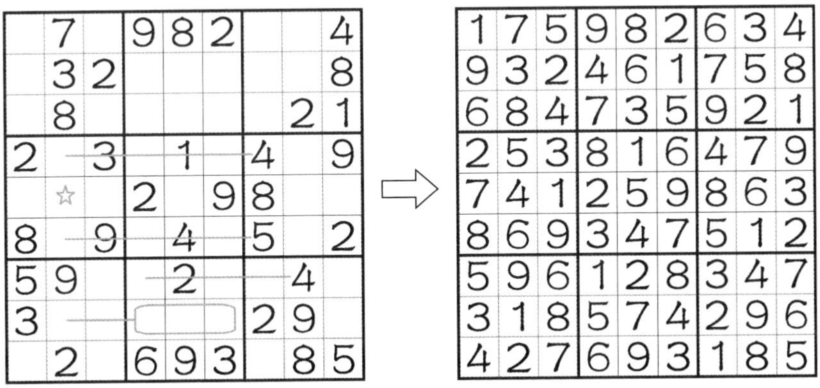

图6–13　解出终盘

另一视角是观察第一宫和第七宫，经过第八宫的4区块处理后，这两个宫的4都只能在第一、第三列，那么第四宫的4此时只能在第二列，结合排除可以得到第四宫的宫内排除解E2=4。这种观察方式叫作组合区块，一定意义上，复杂的行列排除有时可以由组合区块进行代替。

宫内区块形成行列排除解（隐蔽）

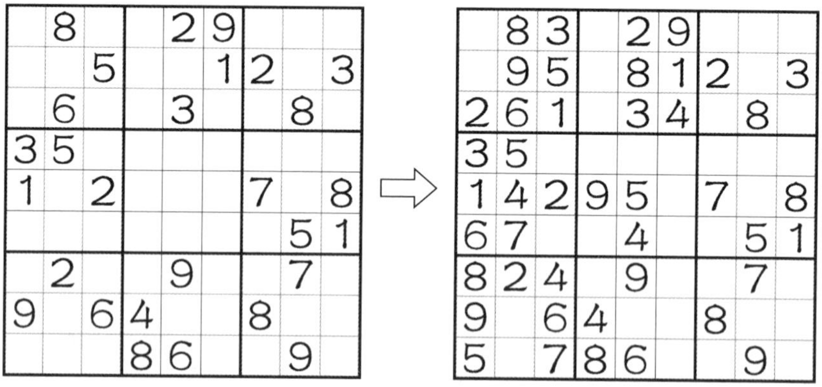

图6–14　宫内区块形成行列排除解（隐蔽）案例

本题中，第六宫形成了数字2的区块，对于第四列进行了行列排除，用到的区块需要通过两步形成，之后对于第四列进行排除时，所用的行列排除也较为复杂，因此隐蔽性比前文题目高出许多。

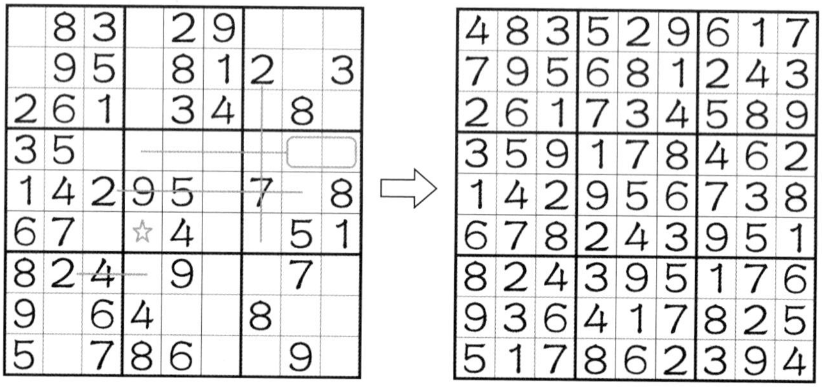

图6–15　解出终盘

宫内区块形成行列排除解（经典十字）

	4			3		2		6
2	7			6				
				2				1
			2				4	
5	9	3						
					7	5		
7					1			2
			3					4
3		6				1	7	

⇨

	4		7	3		2		6
2	7		1	6		4	3	
6	3			2		7		1
		7	2	5	3		4	
5	9	3		1			2	7
4					7	5	1	3
7		4			1	3		2
			3	7				4
3		6		4		1	7	

图6-16　宫内区块形成行列排除解（经典十字）案例

本题中，第七宫有数字9的区块，位于H1和H3。这两格虽然不相邻，但符合区块的形成条件，依旧可以形成可用的区块。

这个区块对于第七列进行排除，得到第七列的排除解D7=9。本题的区块也是经典的十字形构造，读者见到此类结构时应当加以留心。

	4		7	3		2		6
2	7		1	6		4	3	
6	3			2		7		1
		7	2	5	3	☆	4	
5	9	3		1			2	7
4					7	5	1	3
7		4			1	3		2
			3	7				4
3		6		4		1	7	

⇨

8	4	1	7	3	5	2	9	6
2	7	9	1	6	8	4	3	5
6	3	5	4	2	9	7	8	1
1	6	7	2	5	3	9	4	8
5	9	3	8	1	4	6	2	7
4	2	8	6	9	7	5	1	3
7	5	4	9	8	1	3	6	2
9	1	2	3	7	6	8	5	4
3	8	6	5	4	2	1	7	9

图6-17　解出终盘

宫内区块形成新的宫内区块，再形成宫内排除解

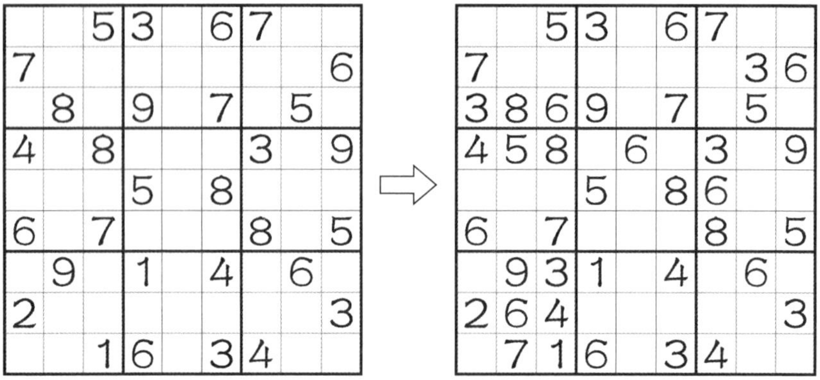

图6-18　宫内区块形成新的宫内区块案例

宫内区块可能导致新的区块的产生。本题中，第八宫数字2的区块，删减第五列其余单元格的数字2之后，在第二宫并未形成宫内排除解，而是形成了新的区块，最终得到第一宫的宫内排除解A2=2。

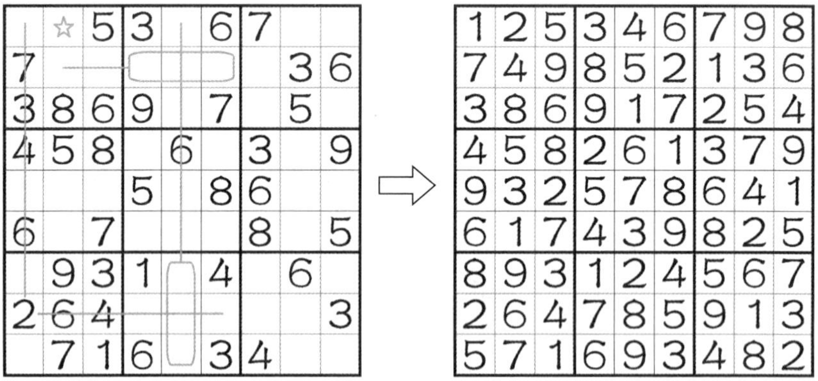

图6-19　解出终盘

宫内区块形成唯余解（直观）

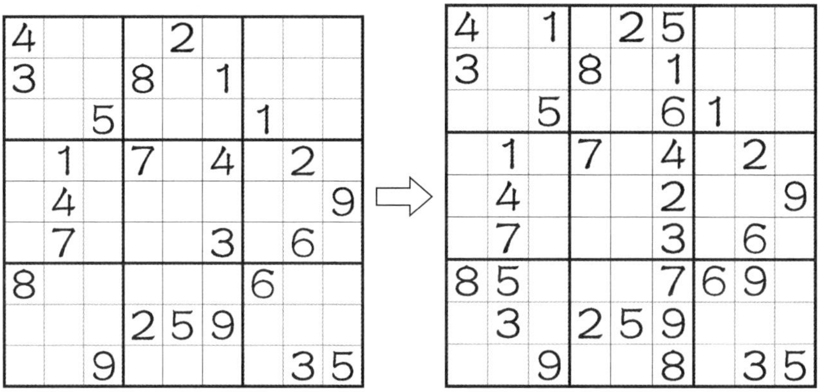

图6-20　宫内区块形成唯余解（直观）案例

除排除解之外，区块有时也会辅助形成唯余解。

本题中第八宫有数字6的区块，这个区块位于第九行，删减同一行其余单元格的数字6，得到唯余解I2=2。

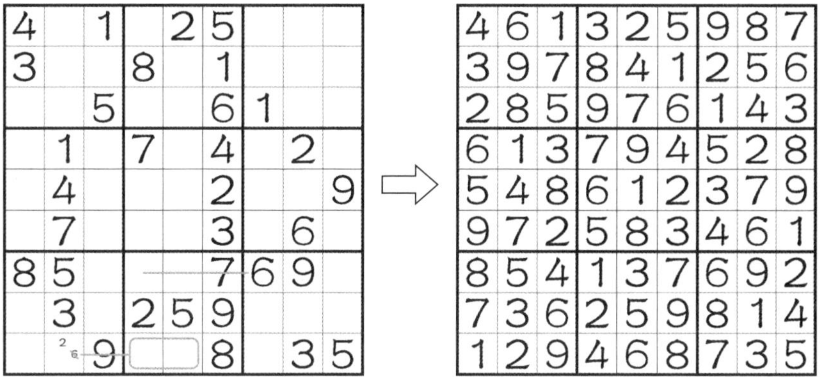

图6-21　解出终盘

宫内区块形成唯余解（干扰）

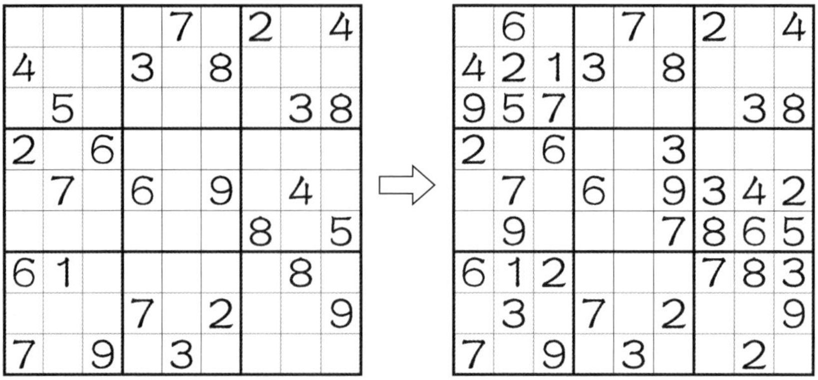

图6-22　宫内区块形成唯余解（干扰）案例

有一种常见的情况如下图所示，第七宫形成了5的区块，得到H8的唯余解H8=1。由于第七宫中已填出的H2=3干扰，这个区块相对更隐蔽一些。

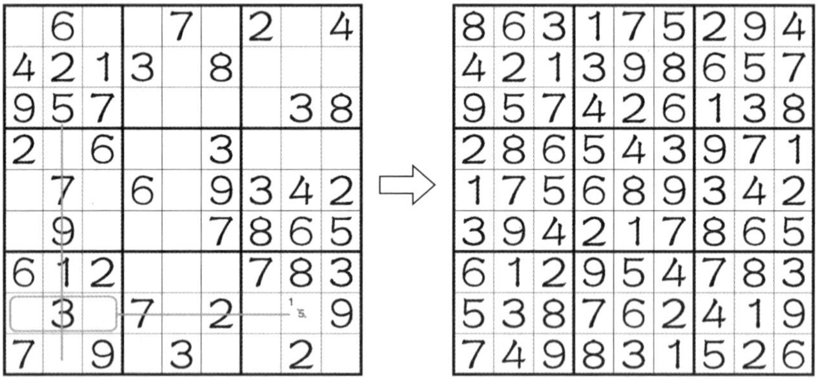

图6-23　解出终盘

宫内区块形成唯余解（隐蔽）

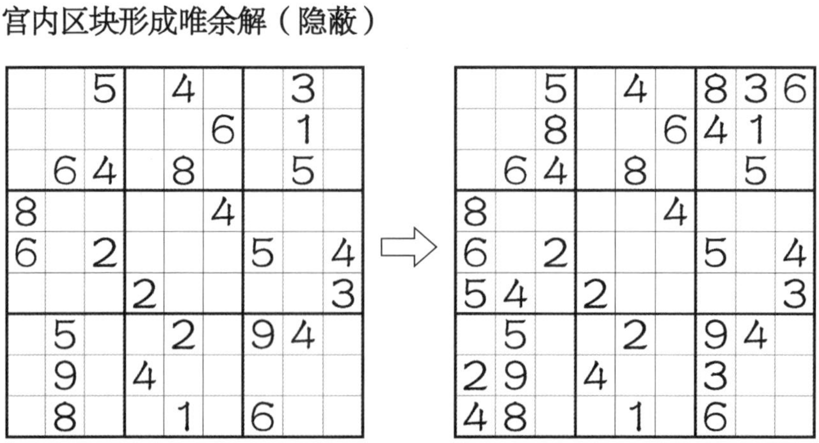

图6-24　宫内区块形成唯余解（隐蔽）案例

本题也是区块唯余，第六宫的8区块删减H8的8，得到H8=7。与“直观”一题相较，此题区块形成更为复杂，且影响目标单元格的已知数较为分散，目标单元格较难寻找，所以观察难度远大于“直观”一题。

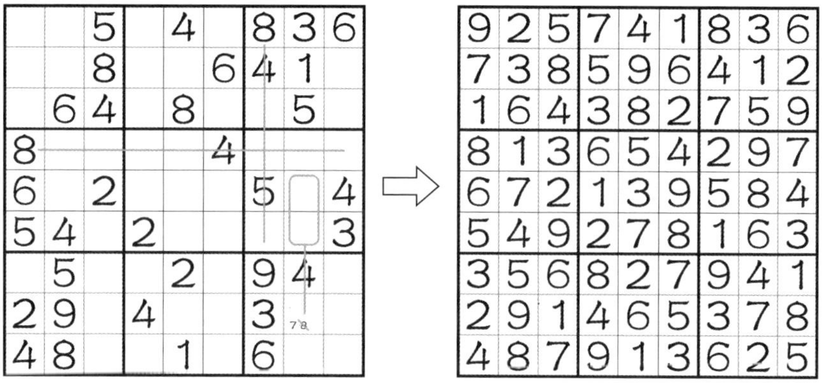

图6-25　解出终盘

宫内区块形成多个唯余解

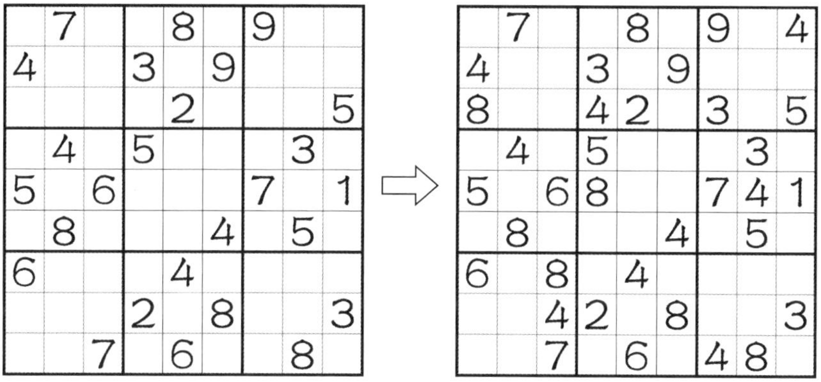

图6-26　宫内区块形成多个唯余解案例

有时宫内区块会辅助连续形成多个唯余解。本题中，第六宫的9区块形成后，可删减G9、I9的9，得唯余解I9=2，而I9的2又可删减G9的2，进一步得唯余解G9=7。

区块的删减目标往往有多格，若其中一格解开线索，依旧需要对于另外的单元格进行检索。

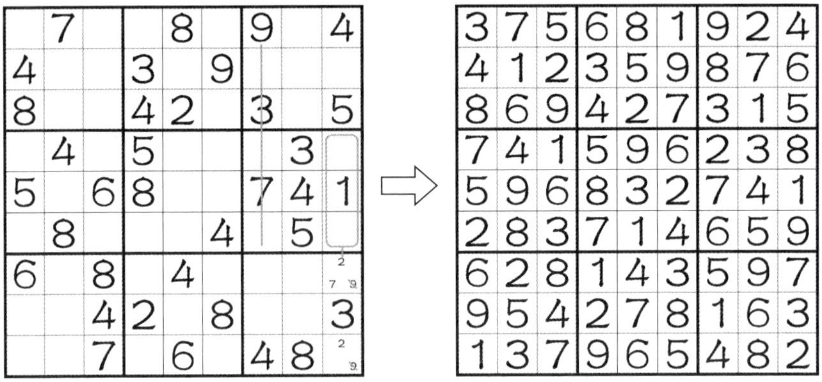

图6-27　解出终盘

宫内区块形成行列区块，再形成唯余解

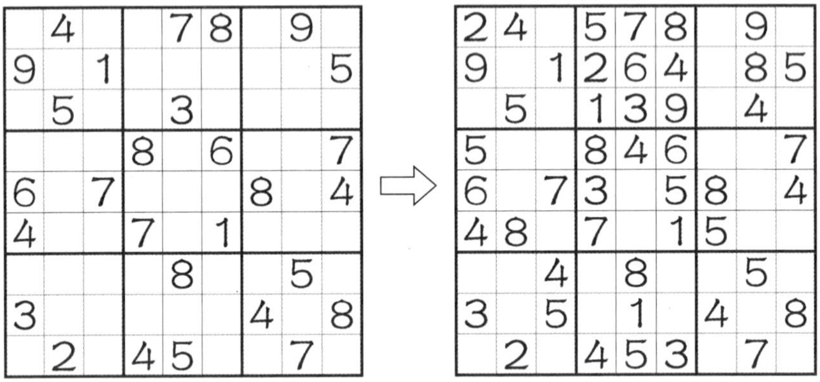

图6-28　宫内区块形成行列区块案例

本题在第一宫内有6的区块，这个区块影响第九行，在I7、I9形成行列区块，进而删减第九宫其余格的6，得到唯余解H8=2。

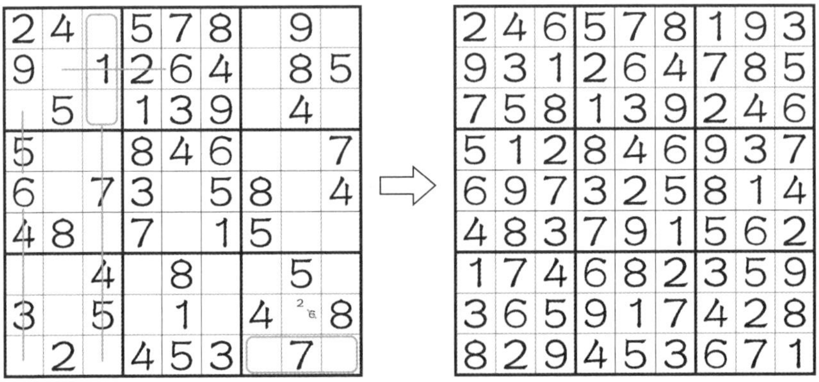

图6-29　解出终盘

行列区块形成唯余解（多种视角）

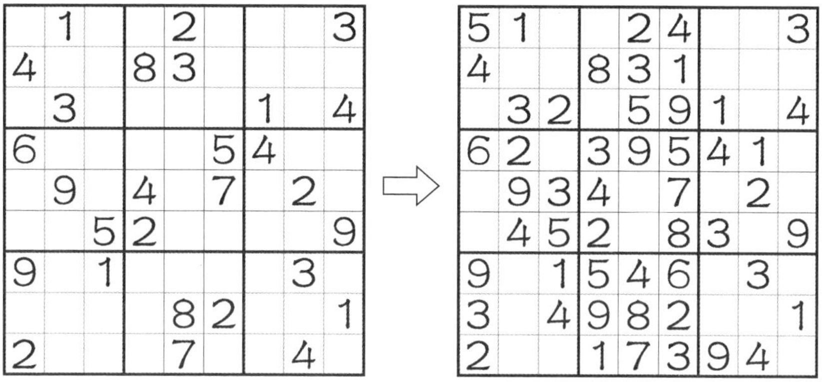

图6-30 行列区块形成唯余解（多种视角）案例

行列区块对于宫内其余单元格进行删减，最终形成唯余解的案例较少，隐蔽性也一般比宫内区块形成行列区块，再形成唯余解的情况要高。本题中第二列有数字8的区块，删减第七宫其余单元格（此时仅有I3）的8，得到唯余解I3=6。

本题也可用G2、H2的7区块，在B2处形成区块唯余。另一解法则是考虑B2所填数字经过排除后必定位于I3，因此B2=I3。此时B2=6、7，I3=6、8，只能取两格同时为6的情况。

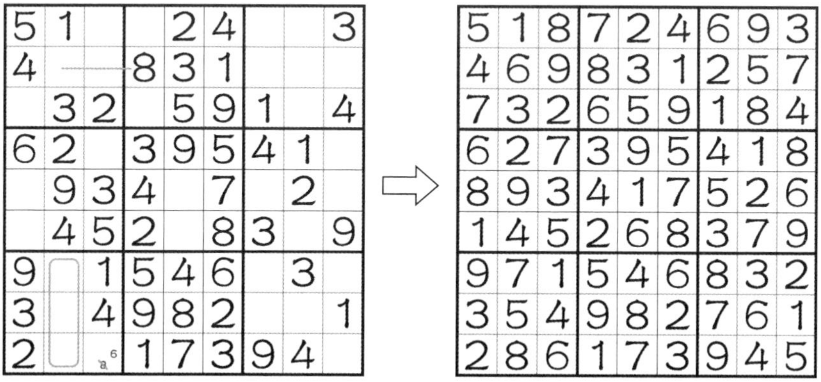

图6-31 解出终盘

行列区块形成唯余解（隐蔽）

		5	3		6	7		
7								6
	8		9		7		5	
4		8				3		9
			5		8			
6		7				8		5
	9		1		4		6	
2								3
		1	6		3	4		

⇨

	9		1			6		8
		1	6	9	2		5	
6	5						1	9
		6				1	9	7
7	1	5	9	4	8			
9	2	3	7	6	1	4	8	5
1					9	5	3	
			5	1	7	9		
5		9			6	8	7	1

图6-32　行列区块形成唯余解（隐蔽）案例

本题也是行列区块影响宫内其余格，形成唯余解的情况，利用第九行中I4、I5的2区块，删减G5的2，得到第八宫内的唯余解G5=8。但较之于上一题，本题的区块唯余隐蔽性更高，更难被观察和发现。

	9		1			6		8
		1	6	9	2		5	
6	5						1	9
		6				1	9	7
7	1	5	9	4	8			
9	2	3	7	6	1	4	8	5
1				~~2~~ 8	9	5	3	
			5	1	7	9		
5		9			6	8	7	1

⇨

3	9	4	1	7	5	6	2	8
8	7	1	6	9	2	3	5	4
6	5	2	8	3	4	7	1	9
4	8	6	2	5	3	1	9	7
7	1	5	9	4	8	2	6	3
9	2	3	7	6	1	4	8	5
1	6	7	4	8	9	5	3	2
2	3	8	5	1	7	9	4	6
5	4	9	3	2	6	8	7	1

图6-33　解出终盘

两个不同数字叠加区块对于同一格进行唯余

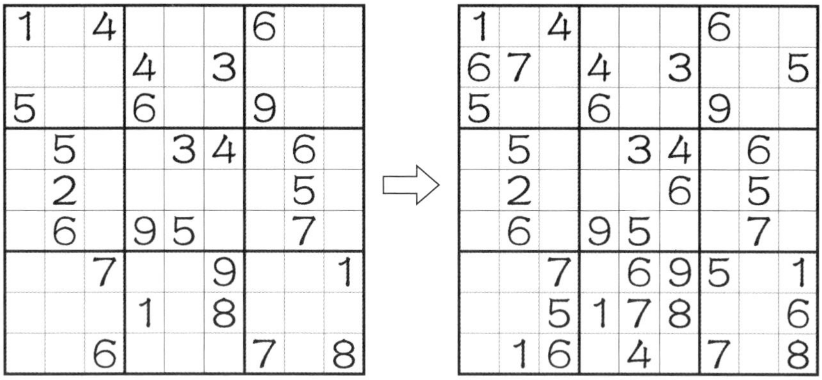

图6-34　叠加区块案例

有时会出现目标格有多个候选数，利用多次区块删减，得到唯余解的情况。本题中先展示一种特殊情况。

在本题中，D7、E7、F7为数字1的区块，也是数字8的区块。这个含有两个数字的区块可对B7格进行删减，得到唯余解B7=2。这样的叠加区块多为三个空白单元格位于同一行列、同一宫的条件下。

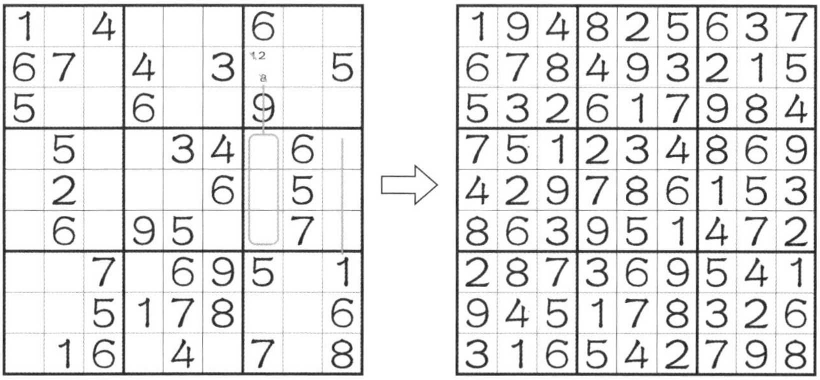

图6-35　解出终盘

两个不同数字不同位置区块对于同一格进行唯余

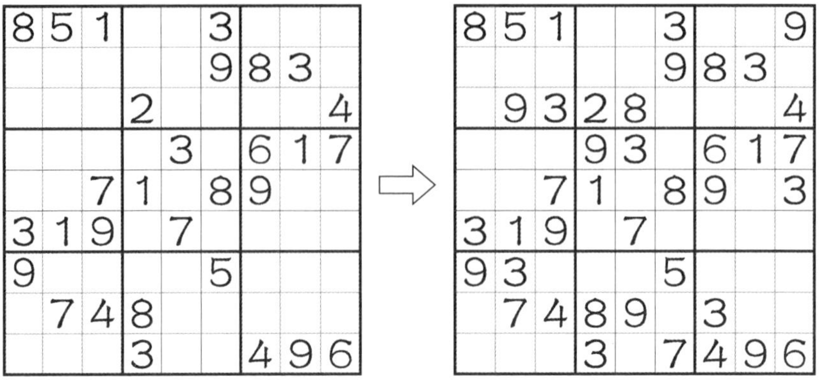

图6-36 非叠加区块案例

针对同一个目标格，利用多次区块操作得到唯余解的情况，更多的是用多个不同位置、不同数字的区块进行操作。

本题中，B9=1、2、5，而第一宫的2区块、第二宫的5区块均可对这一格进行删减，最终得到唯余解B9=1。有时在更难的题目中，会出现三个或四个更复杂的区块对于同一格进行删减的情况。

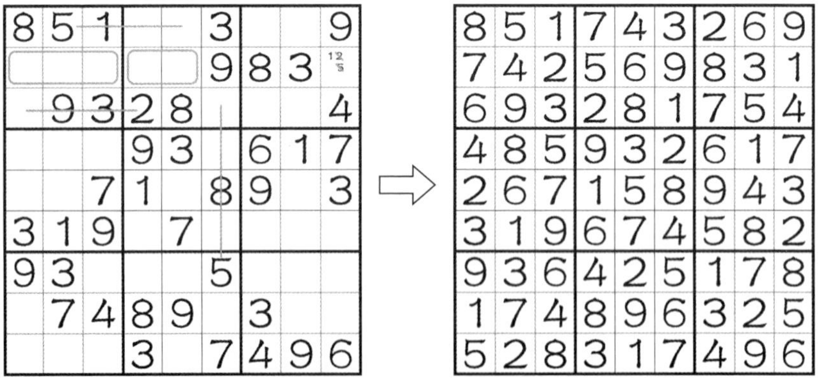

图6-37 解出终盘

组合区块形成宫内排除解（珍珠题一则）

	7		8			9		
4		2			7			
	1			6				4
7					3		5	
		4				3		
	9		7					8
1				2			3	
			3			8		1
		5			8		6	

图6-38 组合区块案例1

如果利用基本功对这一道题目进行观察，会发现无法以排除法、唯一余数法等方式解出任何数字。像这种第一步就必须使用非基本功的技巧的题目，称为珍珠题。在珍珠题之中，有些题目需要使用多次技巧，而如果这类型题目中某题第一步使用的技巧为整道题目中最难的，那么这道题会成为“钻石题”。珍珠题和钻石题都非常少见。

这一道题目是珍珠题，第一步是寻找关于3的组合区块。通过第三行的行列区块，第四宫的宫内区块形成组合区块（C1、C3、F1、F3）后，删减I1的数字3，得到第七宫的宫内排除解I2=3。

	7		8			9		
4		2			7			
	1			6				4
7					3		5	
		4				3		
	9		7					8
1				2			3	
			3			8		1
	☆	5			8		6	

⇨

5	7	6	8	1	4	9	2	3
4	8	2	9	3	7	6	1	5
3	1	9	5	6	2	7	8	4
7	6	1	4	8	3	2	5	9
8	5	4	2	9	1	3	7	6
2	9	3	7	5	6	1	4	8
1	4	8	6	2	9	5	3	7
6	2	7	3	4	5	8	9	1
9	3	5	1	7	8	4	6	2

图6-39 解出终盘

组合区块形成唯余解（视角转换）

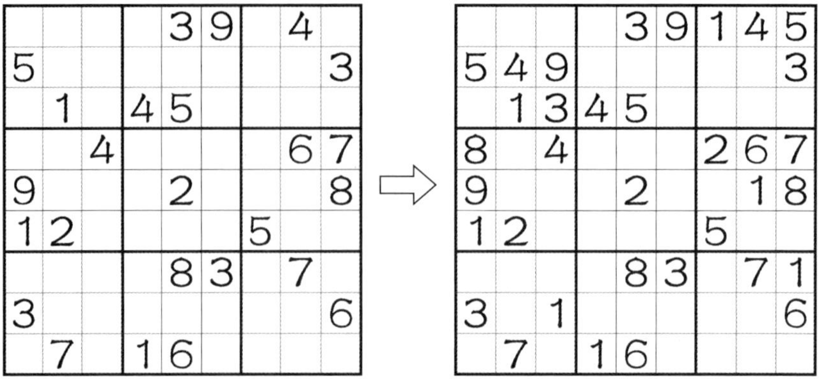

图6-40　组合区块案例2

本题可从组合区块和行列区块两个视角进行观察，以行列区块的视角观察可知第九行的9在I7、I8、I9之中，形成区块删减同一宫内的9，得唯余解G7=4。

或利用组合区块视角，通过组合区块进行唯余，得解G7=4。

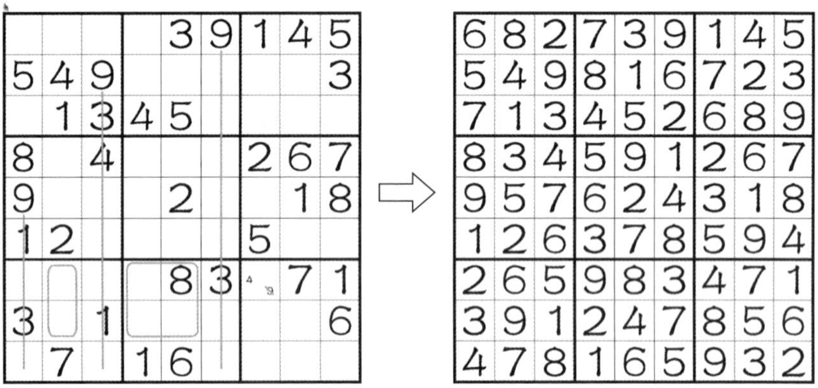

图6-41　解出终盘

组合区块形成唯余解

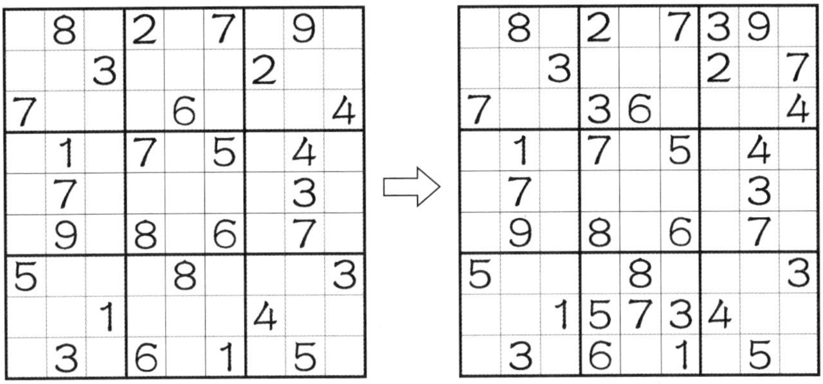

图6-42　组合区块案例3

前文提到了组合区块，本题同样是利用组合区块的一个案例。

数字1在第三行和第九宫形成了两个区块，这两个区块都位于第七、第八列内。这两列内最多填入两个1，因此这两列其余位置不能再填入1了。删减第七列中F7的1，得到唯余解F7=5。

组合区块属于区块技巧中较难的一种观察技巧，本题中也可转换视角进行观察：由第三宫数字1的区块，删减A9的1后，第九列的1只能在E9、F9，形成行列区块；再利用这个行列区块，删减同一宫内F7的1，得到唯余解F7=5。

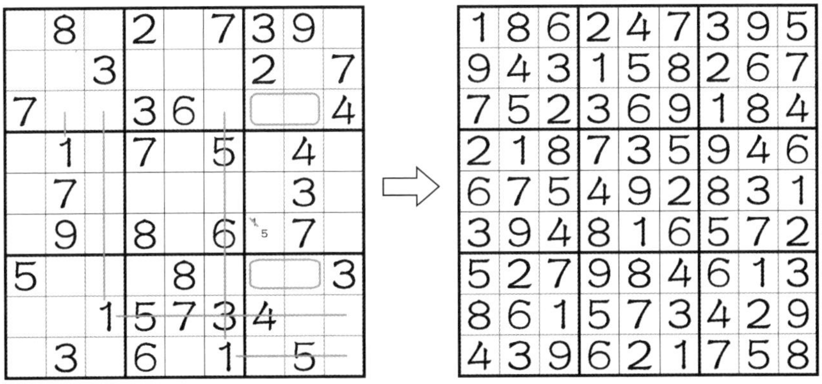

图6-43　解出终盘

组合区块形成唯余解（数字干扰）

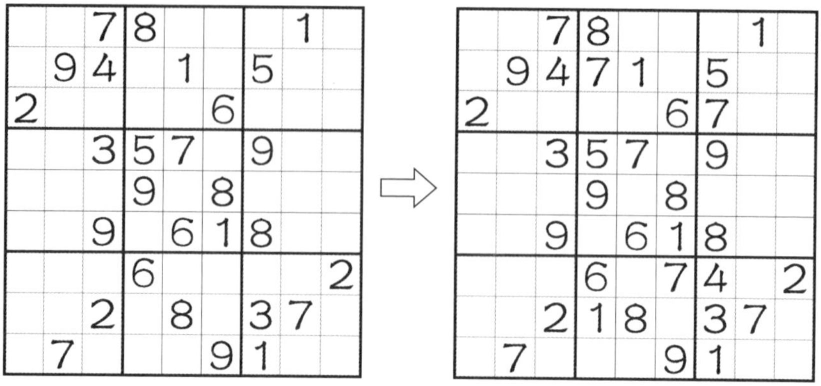

图6-44　组合区块案例4

本题中，按照组合区块的视角进行观察，第五宫和第八宫有数字3的组合区块。但实际解题观察过程中，这两个区块仅考虑空白位置时，形状都较为特殊，已知数在其中大量分布，容易对观察者造成比较严重的干扰。

此题还可通过第六列的行列区块，对于C4进行删减，殊途同归，得到唯余解C4=4。

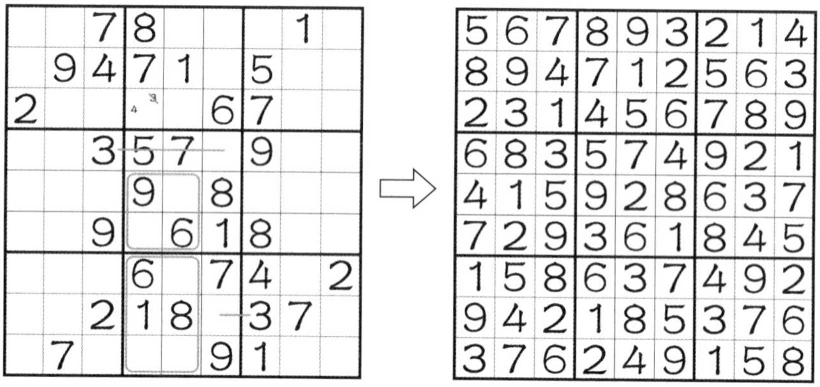

图6-45　解出终盘

组合区块形成组合区块，再形成宫内排除解

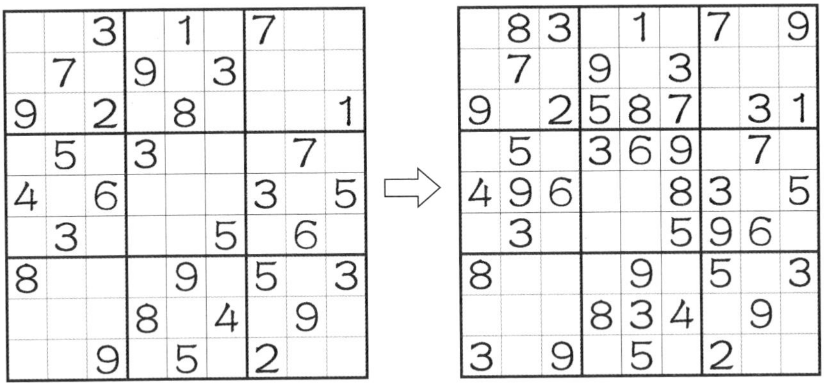

图6–46　组合区块案例5

本题中，利用基本功仅能解开一部分数字，之后利用区块排除法可得到第五宫的宫内排除解E5=7，第七宫的宫内排除解H2=2。

此时，第一宫、第四宫内数字1的位置形成组合区块（组合区块只占据两行/列，在另一方向上没有要求，所以其中单个区块的格数可能是2~6格，不包括被已知数占据的格数）。这个组合区块排除H1、H3、G3的1，得到第七宫的数字1的区块（G2、I3）。

第七宫的数字1区块和第八宫的数字1区块形成新的组合区块（此时如果观察到第五宫的1区块，可以排除第八宫数字1区块的一部分单元格，但对整体结构并无影响）。新的组合区块会对第九宫进行删减，得到第九宫的宫内排除解H7=1。

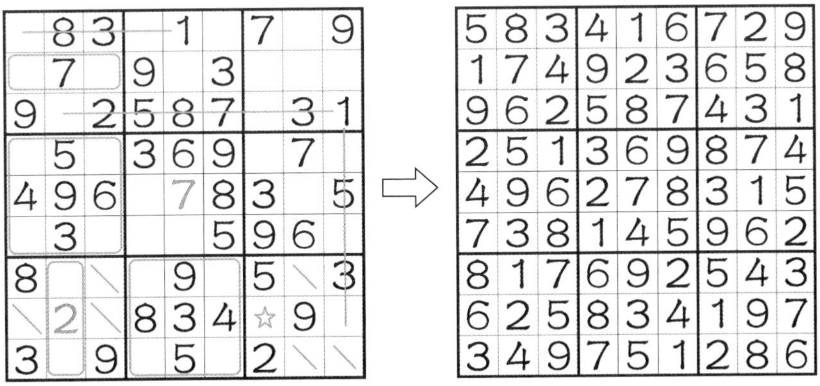

图6–47　解出终盘

使用行列排除的视角观察本题，第二列有数字1的区块，删减同一宫内

H1、H3的1，得到第八行的1在H7。组合区块观察时较为复杂，但解题时观察排除法多以宫为主要视角，组合区块练习纯熟后，可在不切换视角的情况下观察到行列排除解，上文中利用组合区块形成唯余解时，若利用行列排除形成行列区块的视角观察，则观察难度相对较高。

组合区块由区块形成，再形成宫内排除解

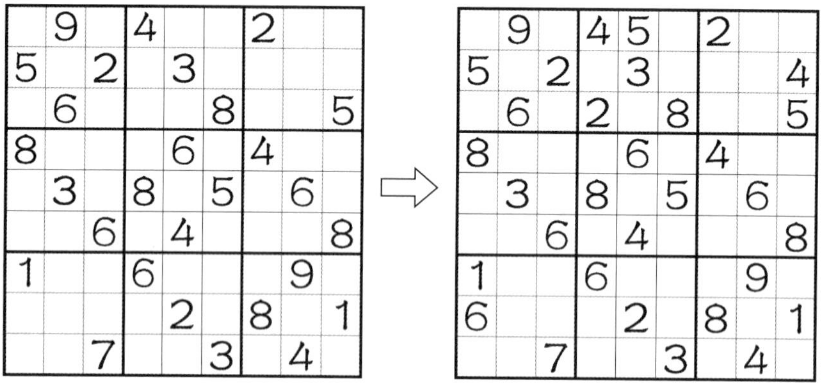

图6–48　组合区块案例6

本题中，第九宫的数字2的区块影响第六宫，第六宫形成数字2的区块，与第五宫的数字2的区块形成组合区块，得到第四宫的宫内排除解E1=2。

如果利用行列排除的视角观察，第五行有行列排除解E1=2，但这个解形成时仍旧需要通过第九宫的数字2的区块删减E9的2。

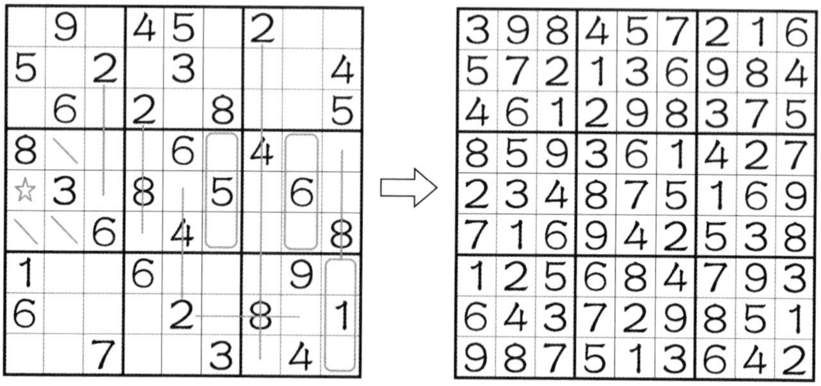

图6–49　解出终盘

交叉区块得宫内排除解

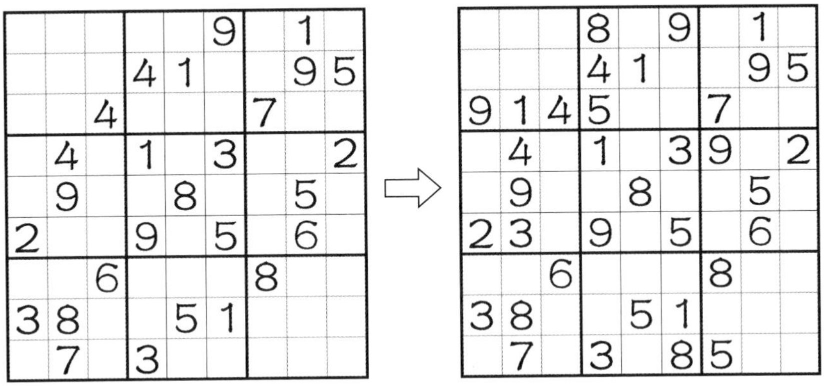

图6-50　交叉区块案例

这一题有很多种观察方式，如用第八行的数字4的区块，得到唯余解I8=2。此处也可用交叉区块的视角，第八行的数字4区块和第八列的数字4区块交汇于第九宫，为使两个区块都能成立，只能使H8=4，得到宫内排除解。

这种技巧叫作交叉区块，交叉区块的案例较少，也可转化为组合区块进行观察，但相对较为烦琐。

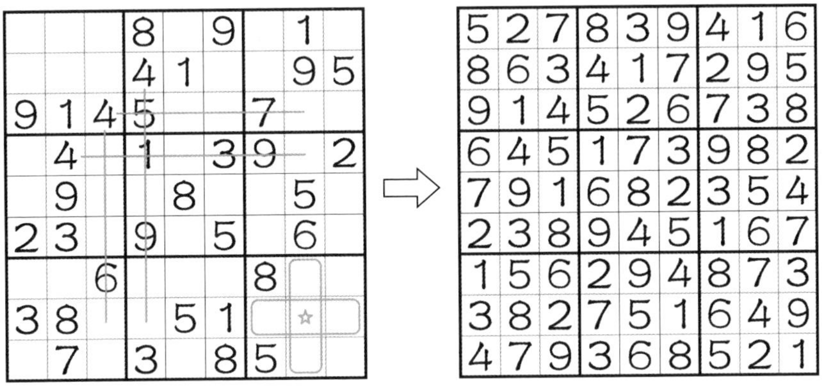

图6-51　解出终盘

挑战一下

D1

1			7				2	
				5		1		9
			1		9		6	
8		3			7	9		
	9						5	
		5	4			8		6
	3		9		5			
6		1		4				
	2				1			8

D2

		6				8		
			7	4	9			
9				8				7
	7		9		5		6	
	6	1				9	3	
	2		4		3		7	
1				7				9
			6	3	4			
		8				7		

D3

3		2			1			
			8			9		2
8					5			
	3					2	1	
				8	2		4	
4		1		7			8	
	9		4					1
			2	3	9			
	6					7		

D4

	6					7	3	
1		8	7					6
7			1		9		8	
		3		1		8	4	
			8		6			
	5	1		3		6		
	1		6		8			3
2					5	1		8
	8	6					2	

D5

1		4						
2						8	6	4
5			8		3			
				8		4	9	
			5		6			
	5	7		3				
			2		7			8
8	3	1						7
						6		1

D6

8		2		9		7		
			6		2			
6								8
	2		7				4	
4		5						2
	7				6		3	
				7				3
	1		4		9			
				2		1		6

D7

	7		5		3			
9						5		
	5		9					4
		7			6			
4		1				8		9
			8			3		
7					9		8	
		4						1
			2		8		3	

D8

		7	1		3	2		
4	8						3	1
		1		5		9		
	7		2		9		6	
2								5
	6		3		5		2	
		6		2		7		
7	2						5	9
		3	9		4	6		

D9

8		3			5			
		4					3	5
5			1		9			
	2					8	9	
			6	9	2			
	3	5					6	
			4		1			7
2	8					3		
			3			9		6

D10

			7	9	8			
		6					1	3
	9				3		8	
8			4					9
		4		3		1		
9					7			2
	7		6				3	
5	3					8		
			3	8	5			

D11

	3		1					6
4		9						
	7		5			1		
6		7			2			
					1	9		4
			9	3				
		1		6			9	
						4	6	5
5				2			1	

D12

8	3		9				1	2
5				6			7	8
		7	4					
3		2						
	1			5			2	
						3		6
					4	2		
2	6			3				5
1	4				2		3	7

D13

			2			5		6
	1		5					
				7	8			3
5	7			8		2		
		3	7		9	8		
		8		5			4	9
6			9	1				
					5		8	
7		5			2			

D14

		4		1		7		
			3		4			
5			2		7			3
	7	5				9	6	
4								1
	9	1				4	2	
6			7		2			4
			6		8			
		7		4		8		

D15

		2			4		9	
		8		7		5	6	
		4		8				
2			8					5
			7		6			
7					3			8
				1		4		
	5	3		9		2		
	4		6			1		

Section 7　数对

当某两个数字只能填入某两格，或者某两格内只能填入某两个数字，我们称这种情况为数对，前者称为隐性数对，后者称为显性数对。任何一个数对在形成时，都会同时兼具显性和隐性的特征。

隐性数对形成后，这两格会被这两个数字占据，无法填入其余数字，进而形成占位，往往形成相关区域内其余数字的排除解；显性数对形成后，这个区域里其余格无法填入这两个数字，形成对于区域内其余格候选数的删减，形成区域内其余单元格的唯余解。

例图中展示了隐性数对的形成［图7-1（a）］和显性数对的删减域［图7-1（b）］。

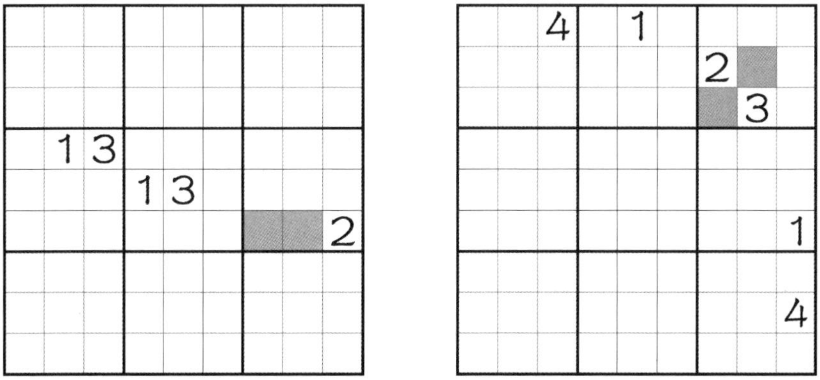

（a）隐性数对

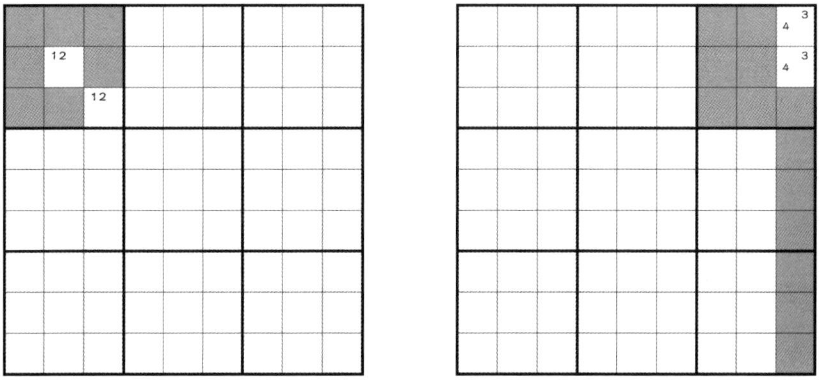

（b）显性数对

图7-1　数对

宫内显性数对形成唯余解（同行列二余）

	8		9	3	5		6	
5			7		8			2
				4				
1	5						4	9
9		8				1		6
7	6						2	5
				7				
8			1		2			4
	2		8	9	6		1	

⇨

2	8		9	3	5		6	1
5			7	6	8			2
			2	4	1			
1	5	2	6	8			4	9
9		8	5	2		1		6
7	6			1	9	8	2	5
				7		2		
8			1	5	2	6		4
	2		8	9	6		1	

图7-2　宫内显性数对案例1

G4、G6形成显性数对，得到唯余解G1=6。这种情况是一个非常经典的数对情况，即一个宫内仅有两格未知，则这两格中必定有显性数对（同时有隐性数对）。若这样的两格位于同一行列之中，在该行列其余格内可能会有部分单元格，经过数对删减后，形成唯余解。

2	8		9	3	5		6	1
5			7	6	8			2
			2	4	1			
1	5	2	6	8			4	9
9		8	5	2		1		6
7	6			1	9	8	2	5
~~3~~ ~~4~~ 6			3 4	7	3 4	2		
8			1	5	2	6		4
	2		8	9	6		1	

⇨

2	8	7	9	3	5	4	6	1
5	4	1	7	6	8	9	3	2
3	9	6	2	4	1	5	8	7
1	5	2	6	8	7	3	4	9
9	3	8	5	2	4	1	7	6
7	6	4	3	1	9	8	2	5
6	1	9	4	7	3	2	5	8
8	7	3	1	5	2	6	9	4
4	2	5	8	9	6	7	1	3

图7-3　解出终盘

宫内显性数对形成唯余解（互补性）

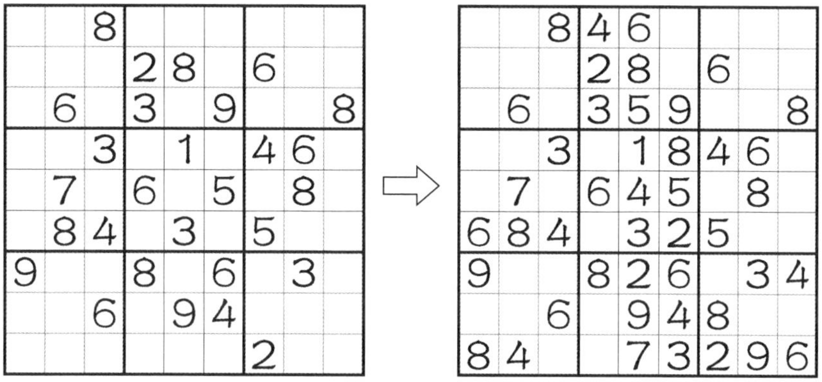

图7-4　宫内显性数对案例2

本题中G2、I3为1、5的显性数对，得唯余解G3=7。这样的结构难以观察，我们也可以观察到H1、H2为2、3的隐性数对，占位后得到宫内排除解G3=7。

实际上，显性和隐性的数对/组是互补的，有一个隐性的数对/组，就有一个显性的数对/组与之互补，反之亦然。本题中H1、H2的隐性数对，就与G2、G3、I3的显性数组互补。

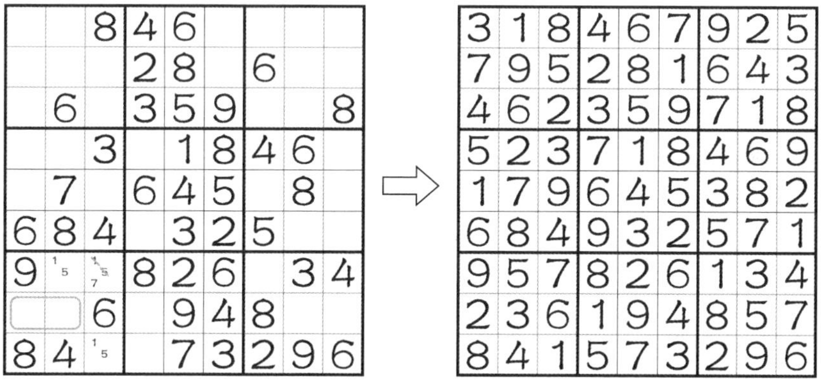

图7-5　解出终盘

宫内显性数对形成行列排除解

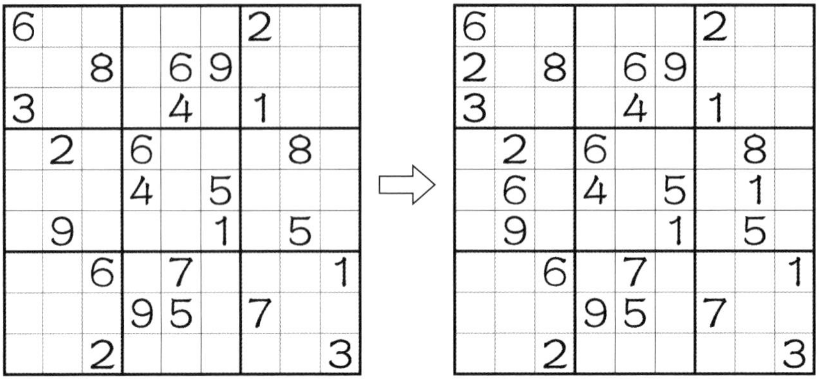

图7-6　宫内显性数对案例3

本题的难点在前期，多数技巧在题目前期使用时，观察难度往往较高。本题中I4、I5构成了1、8的显性数对。观察时，可优先观察到I3、I9的2、3删减了I4、I5、I6的2和3，进而可先大致确定此三格的候选数（目前均为1、4、6、8）。

通过第二宫和第五宫的4、6对于I4、I5进行删减，得到数对，观察时还可在G6、H6、I6中标注4、6，表示此三格为4、6的区块，从而能更有效地对于这一数对进行观察。这一数对可删减第九行其余格的1、8，得到第七列的8在G7。

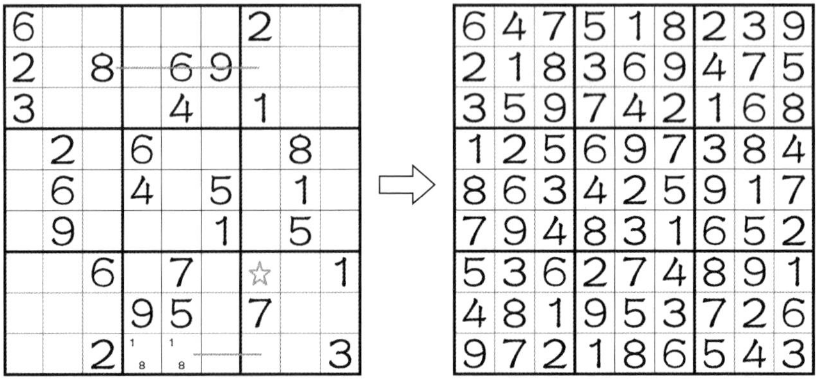

图7-7　解出终盘

行列显性数对形成唯余解（双数对）

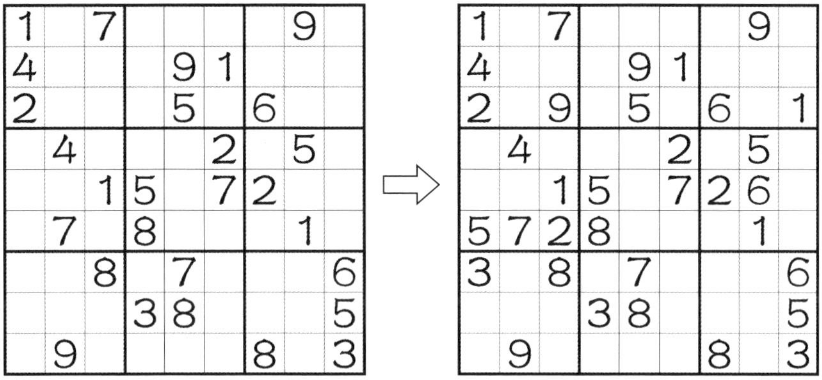

图7-8　行列显性数对案列1

在一部分题日中，有一种特殊情况：一个行/列内仅缺少四个数字A、B、C、D，缺少的数字分布在两个宫内，每个宫内两格。

此时，如果在某一宫内其余格里同时出现了A、B，那么这个宫内这一行/列缺少的两格必为C、D，构成C、D的显性数对；另外两个空格则必为A、B的隐性数对了。

本题中，第一列缺少6、7、8、9四个数字，其中第七宫的两格不能为8、9，因此H1和I1是6、7的显性数对，D1、E1是8、9的显性数对。最终能得到唯余解H3=4。

同时观察到两个数对，在实际解题之中能大幅提高解题的速度。

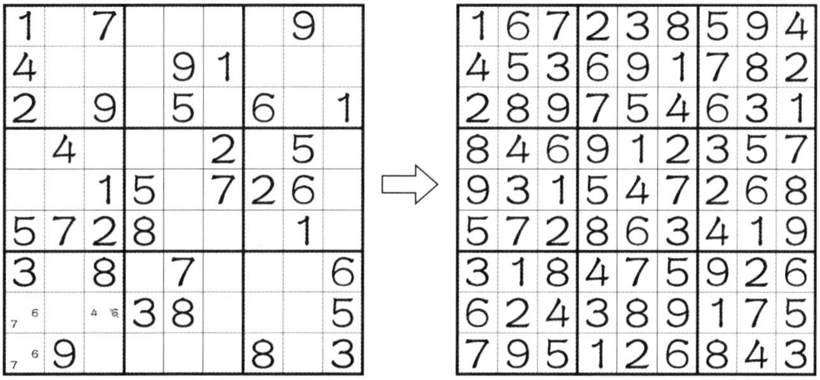

图7-9　解出终盘

行列显性数对形成行列显性数对，再形成唯余解（双数对）

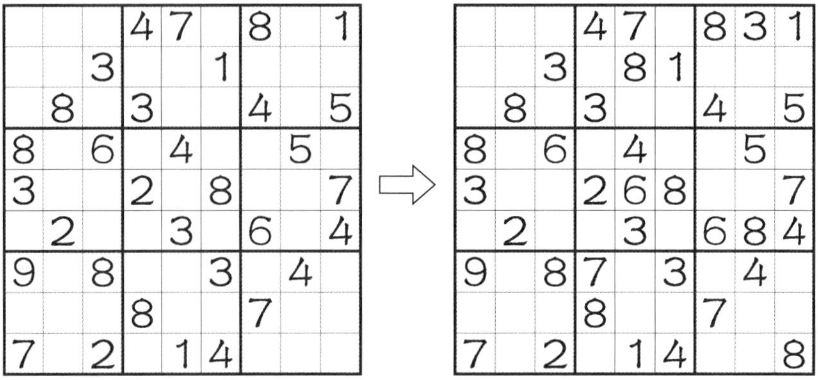

图7-10　行列显性数对案例2

本题也是双数对的情况，但本题必须利用到第二个数对。可先观察得知E7、E8为1、9的显性数对，之后E2、E3为4、5的显性数对，可删减F1，得唯余解F1=1。

如果利用数对的互补性质来观察本题，可观察到E2、E3为第五行4、5的行列隐性数对，进而利用“成型的数对同时具备显性和隐性作用”这一性质，可利用E2、E3的显性数对特征，删减F1的5。

实际解题过程中，解题方法不唯一，也可用第五宫或第五行数字5的区块，在F1处形成唯余解。

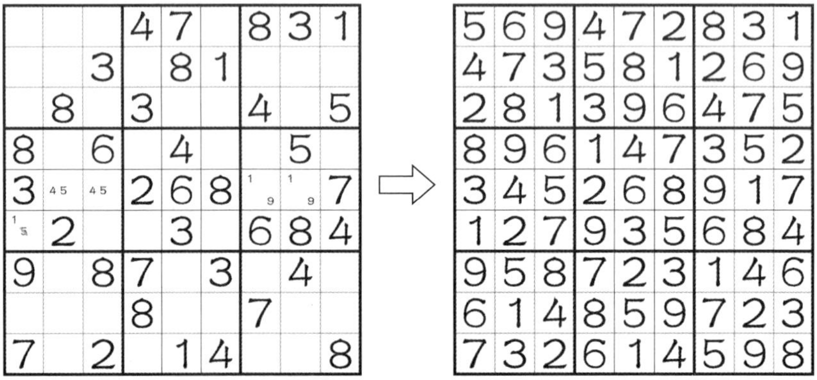

图7-11　解出终盘

行列显性数对形成唯余解（与区块的关联）

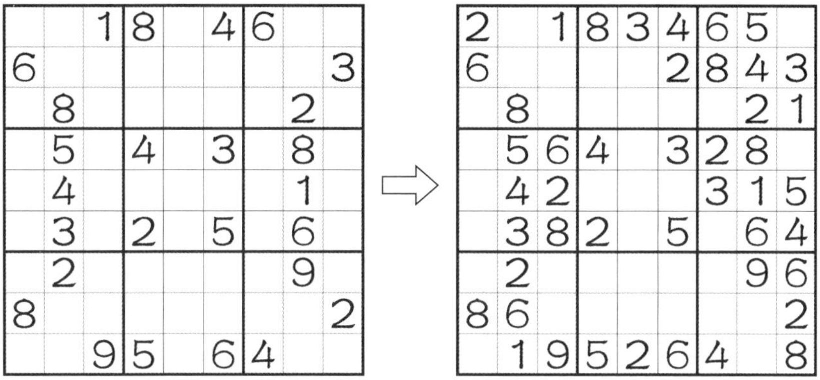

图7-12　行列显性数对案例3

本题的显性数对较为直观，通过观察第二列即可知A2、B2为7、9数对，进而得到唯余解B3=5。此题也可仅用区块的视角进行观察，A2、B2必然含有数字7，为行列区块，对宫内进行删减，得到唯余解B3=5。

实际上，数对本身就是两个区块的叠加体，同时具备两个区块的功能。本题中，A2、B2既为7的区块，也为9的区块，可以删减同一宫内其余单元格的7和9。

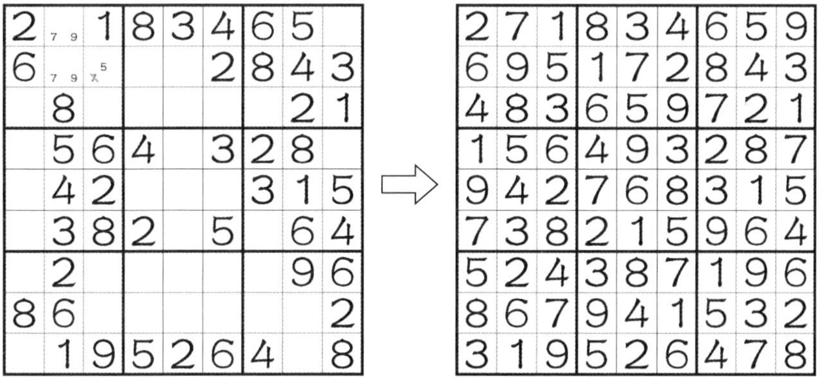

图7-13　解出终盘

行列显性数对形成行列排除解

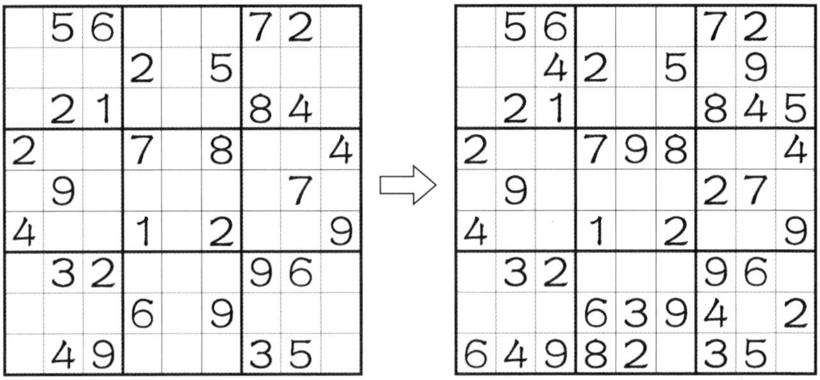

图7–14　行列显性数对案例4

本题中，F5、F7构成5、6的显性数对，删减F2的6，得第二列的6在D2。行列显性数对的形成较难观察。此题解题时，在观察到数对之后，需要观察第六行其余单元格删减5、6之后是否会出现唯余，以及相关行列中数字5、6的位置是否能够确定。

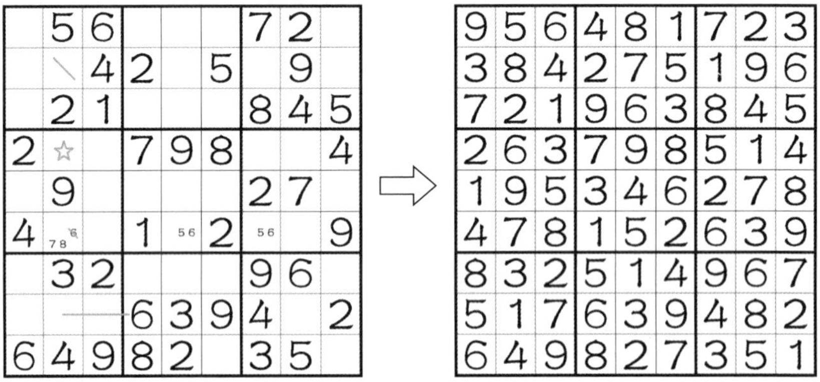

图7–15　解出终盘

行列显性数对形成宫内显性数对，再形成唯余解

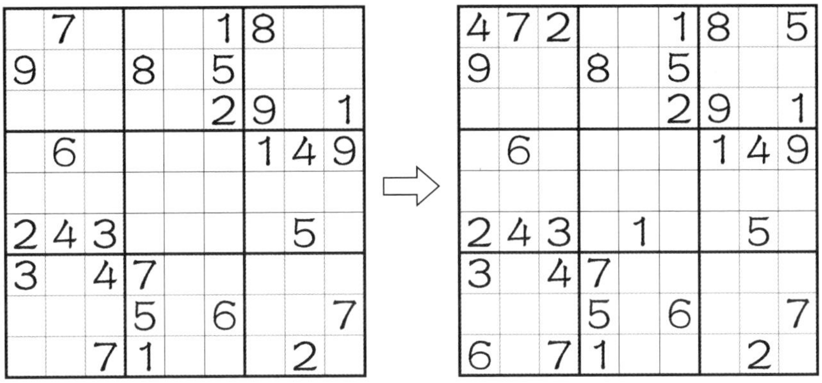

图7-16　行列显性数对案例5

有时显性数对删减后，能形成其余的数对。本题中F9、G9为6、8的显性数对，删减I9的8，I9=3、4，与H7组成3、4的显性数对，同一宫内有唯余解I7=5。

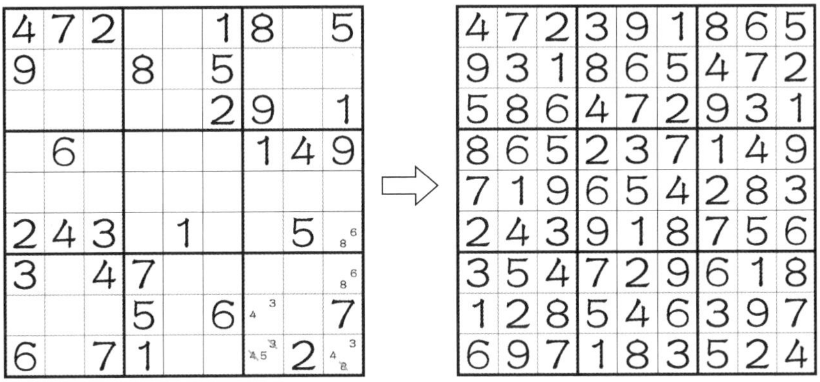

图7-17　解出终盘

行列显性数对形成行列显性数对，再形成唯余解

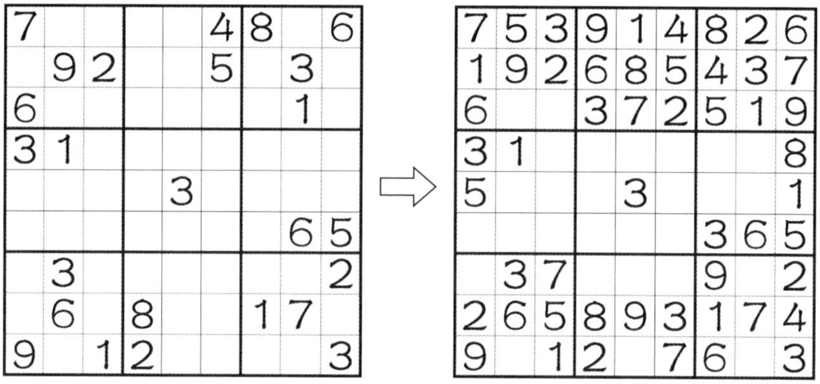

图7–18　行列显性数对案例6

本题的结构不难，即以C2、I2构成4、8的显性数对，删减E2的4、8，得E2=2、7，与E7构成显性数对，再删减E4的7，得唯余解E4=4。

由于E2初始拥有四个候选数，所以有的解题者在观察时会忽略此格。解题过程中，一旦发现了一个数对，要马上观察其所能影响的部分。本题中第一个数对处于第二列，可以通过观察这一列的其他单元格，先观察删减4、8后是否有唯余解，再观察是否有排除解。如果并无结果，可通过这两格的候选数与其所在的行列宫其余单元格进行对比，观察是否有数对等结构的出现。

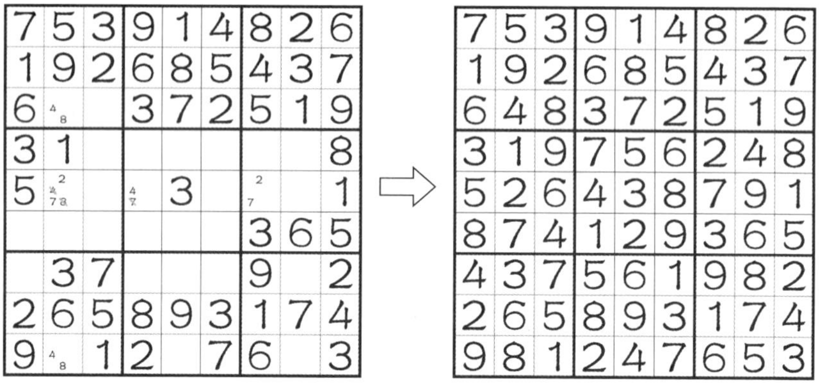

图7–19　解出终盘

行列显性数对形成宫内区块，再形成唯余解

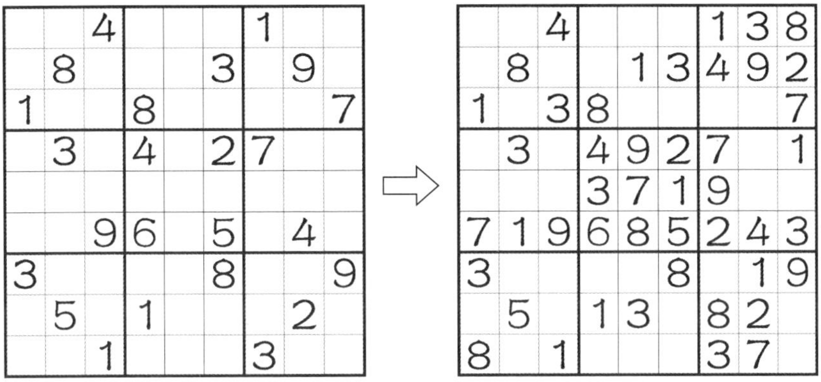

图7-20　行列显性数对案例7

由行列显性数对删减后，有时会形成排除解，有时会形成区块。这样的情况都较为特殊和少见，并且不容易被观察到。

本题中，B1、D1形成5、6数对，删减A1的5、6，结合排除得到第一宫的数字5的区块，从这个区块可以推出唯余解B4=7。

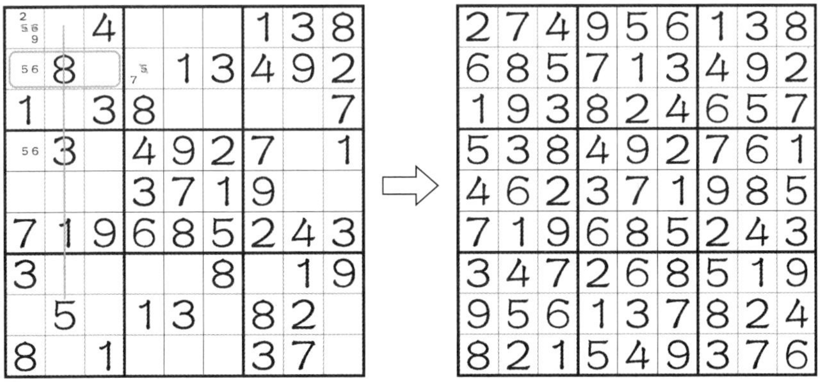

图7-21　解出终盘

两组行列显性数对在同一格处形成唯余解

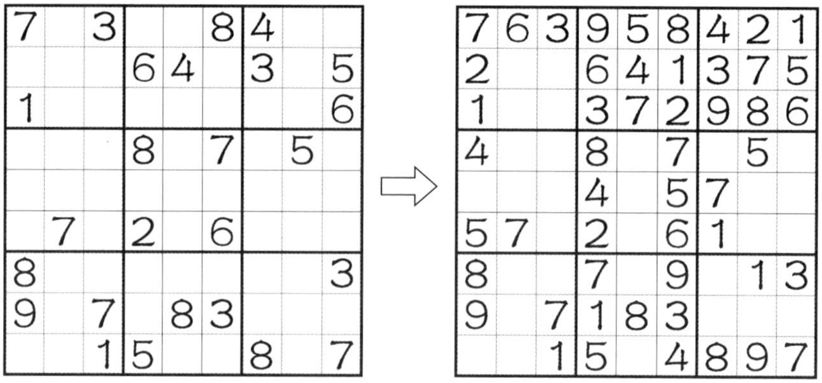

图7-22　两组行列显性数对案例

本题中，E1、E8的3、6显性数对，与B3、F3的8、9显性数对彼此独立，但在同一格处交汇，在此处形成了唯余解E3=2。

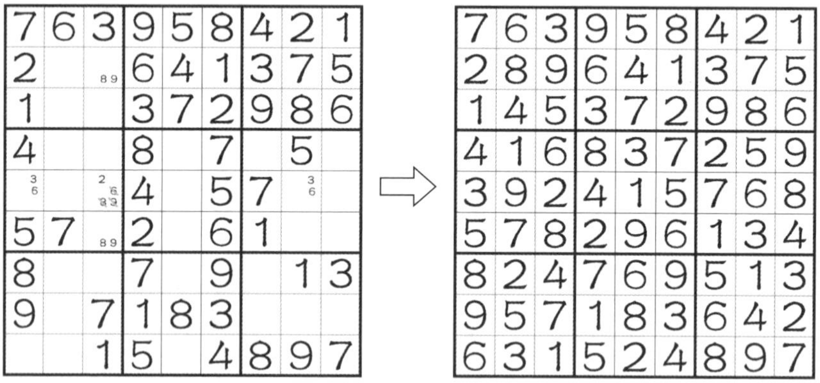

图7-23　解出终盘

两组行列显性数对在同一行列形成行列排除解

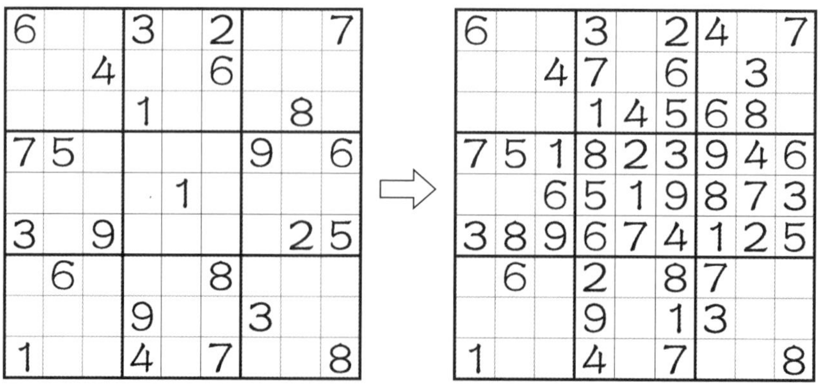

图7-24　两组行列显性数对案例

G3、G5为3、5的显性数对，H5、H8为5、6的显性数对。两个数对可以删减自身所在行列其余格的数字5，删减后G1、H1均不能是5，故而第一列有行列排除解B1=5。

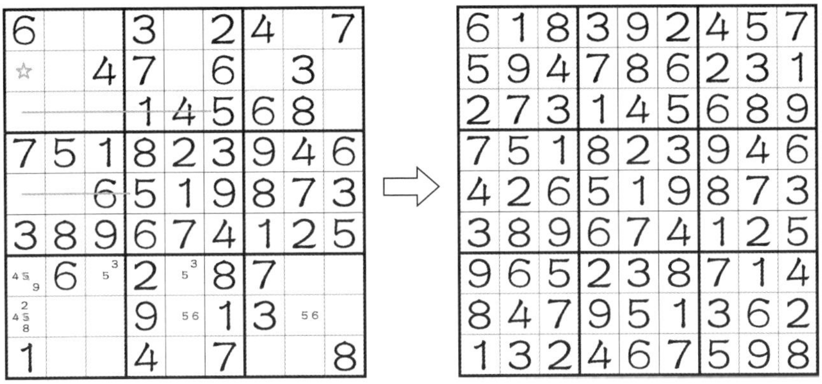

图7–25　解出终盘

两组行列显性数对形成组合区块（特殊情况）

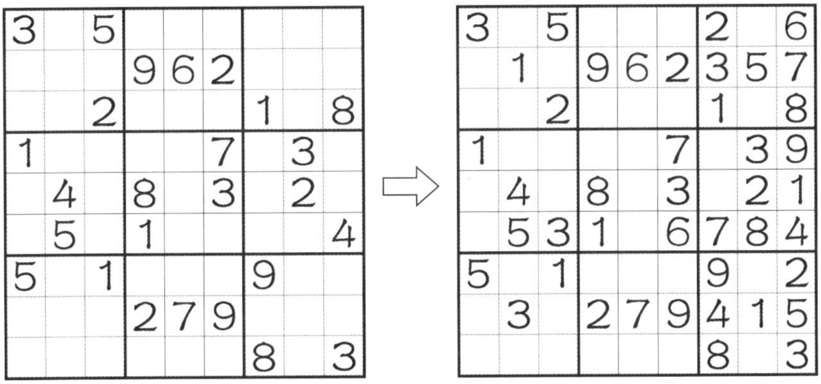

图7–26　两组行列显性数对案例3

本题的观察思路较多，如可通过H1、H3的6、8显性数对，得唯余解G2=7；也可通过H3、D3的6、8显性数对，得唯余解B3=4。

考虑两个数对中数字8的分布，在B1、B3中必有一个8，H1、H3中必有一个8，两个8位于两列中，符合组合区块的定义，可直接用这四格形成数字8的组合区块，进而得唯余解D3=6，或宫内排除解D2=8。

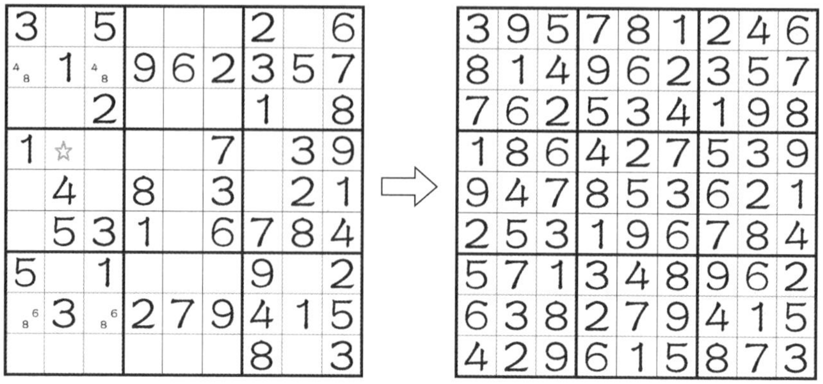

图7-27　解出终盘

宫内隐性数对形成行列排除解（经典宫内数对结构）

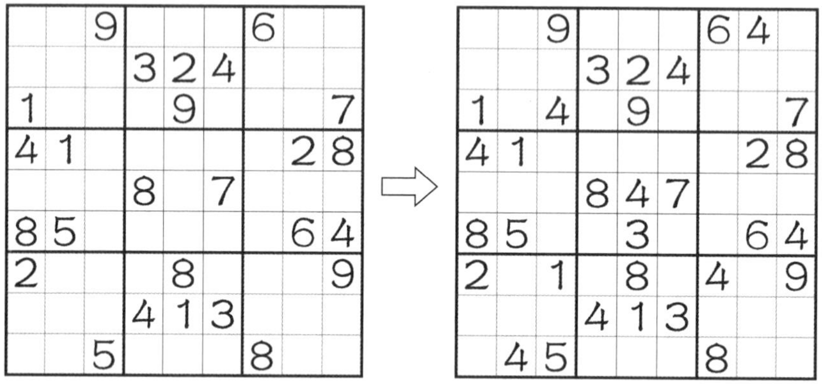

图7-28　宫内隐性数对案例1

下图所示为宫内隐性数对的经典结构之一，D2的1和D7的2对于第五宫进行排除，得到F4、F6为1、2的宫内隐性数对。

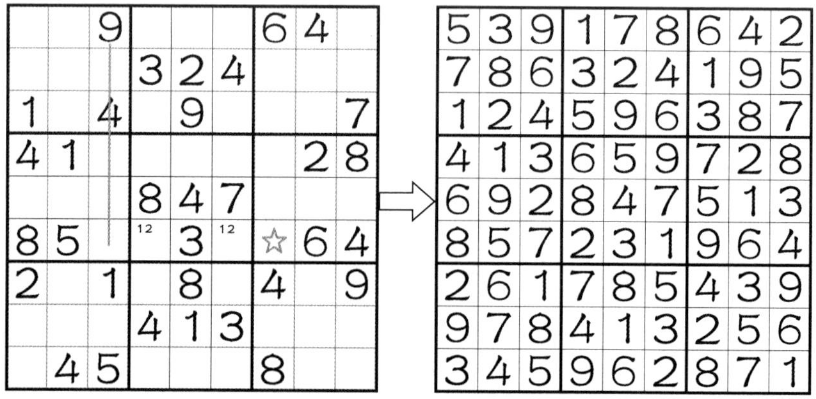

图7-29　解出终盘

这个数对的两格在同一行之中，占位后结合排除可得第六行的行列排除解F7=9。但此题还有多种观察视角，一般得到F4、F6的组合后，会去观察第五宫余下部分有无排除或唯余解，以及D3、D7这两格，因为[D123]+[D789]=[1~9]-[D456]=[E456+F456]，所以仅比对数字组合，就可以得到D3、D7的组合。在观察无果之后，再用二余法观察第六行，可得F3=7，F7=9。

宫内隐性数对形成宫内排除解

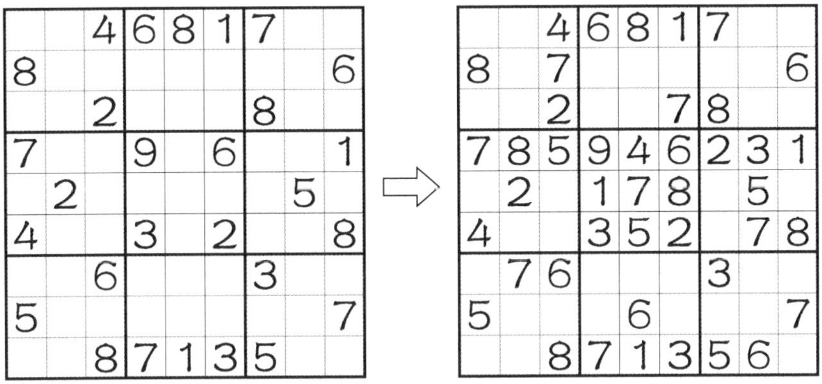

图7-30 宫内隐性数对案例2

宫内隐性数对分为多种情况，最常见的一种是数对涉及的两格位于同一行/列之中，本题的A9和C9形成了3、5的隐性数对。

观察这样的数对时，可以利用区块的视角进行观察，首先观察到第三宫的3位于A9或C9中，其次第三宫的5也必定位于这两格内。两个单元格一样、数字不同的双格区块（指仅有两格的区块）碰撞后，即会形成隐性数对。

隐性数对形成后，会占据这两个单元格，影响其余数字的排除。形成隐性

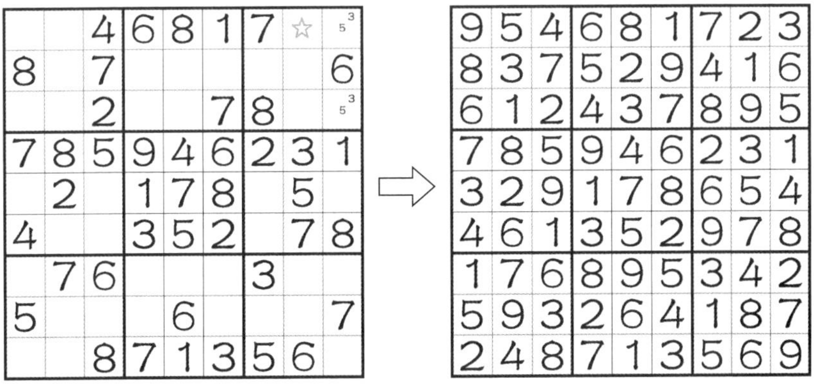

图7-31 解出终盘

数对后，应当立即观察数对所在的宫和行列，本题中数对占据A9后，可得第三宫的宫内排除解A8=2（需要第二宫的区块进行辅助，或者直接观察第一行，得到第一行的行列排除解）。

宫内隐性数对形成行列排除解（经典十字）

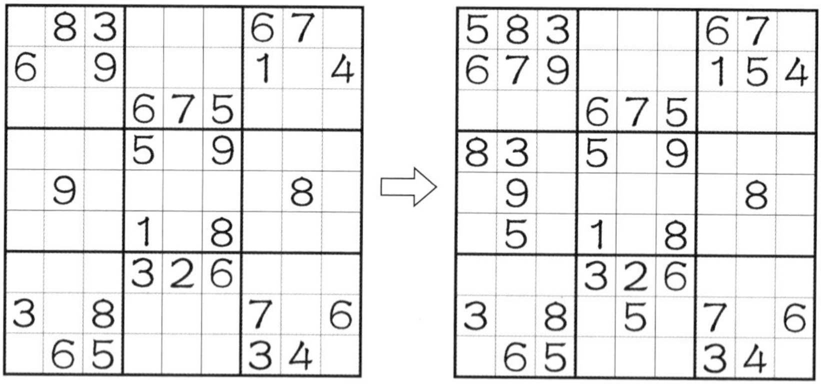

图7–32　宫内隐性数对案例3

前文区块法一节提到，有时某一宫内四角有已知数，此时宫内容易形成区块。实际上这种情况下宫内还容易形成隐性数对，由于题目的对称性，这种情况经常在第五宫内出现。

本题中数字2、7对第五宫排除，形成隐性数对。这种空白十字的情况下，一般在十字的左右或者上下两侧有隐性数对。本题中数对占位后得到第六列的行列排除解B6=3，但一般这种空白十字的情况，形成隐性数对后，往往也会利用到同时形成的中间三格的数组（数组技巧会在下文提到）。

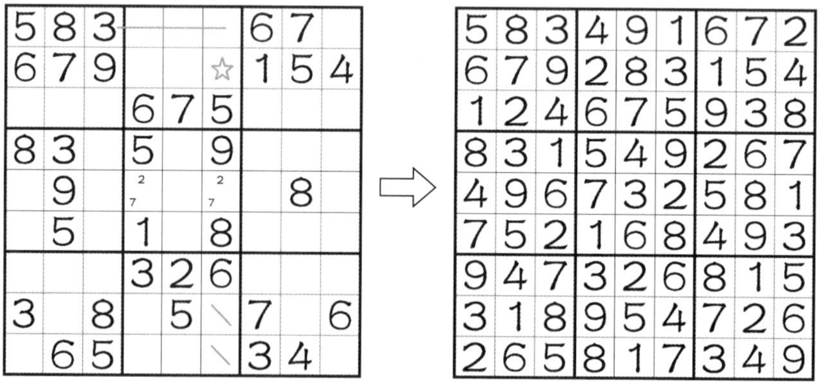

图7–33　解出终盘

宫内隐性数对形成宫内排除解（经典反十字）

	5			9	8			
			3			9	5	
7		9		4				
1						2		6
			8		7			
4		5						9
				8		5		1
	3	2			5			
			7	3			9	

⇨

	5			9	8			
			3	7		9	5	
7		9	5	4				
1				5		2		6
			8		7			5
4		5						9
				8		5	3	1
	3	2			5			
5			7	3			9	2

图7–34　宫内隐性数对案例4

除经典十字结构之外，宫内隐性数对有时还会出现一种经典反十字情况。有时宫内四角均为空白，而中央部分有若干已知数，此时较容易形成位于宫内两角（多在一行或一列之中）的隐性数对。

第六行和第五列的4、9对于本题第五宫进行排除，4、9只能填在D4和D6之中，形成隐性数对。占位后得到第五宫的宫内排除解F6=3。

	5			9	8			
			3	7		9	5	
7		9	5	4				
1			4 9	5	4 9	2		6
			8		7			5
4		5			☆			9
				8		5	3	1
	3	2			5			
5			7	3			9	2

⇨

3	5	4	2	9	8	1	6	7
8	2	1	3	7	6	9	5	4
7	6	9	5	4	1	8	2	3
1	7	3	4	5	9	2	8	6
2	9	6	8	1	7	3	4	5
4	8	5	6	2	3	7	1	9
6	4	7	9	8	2	5	3	1
9	3	2	1	6	5	4	7	8
5	1	8	7	3	4	6	9	2

图7–35　解出终盘

宫内隐性数对形成行列排除解（隐蔽）

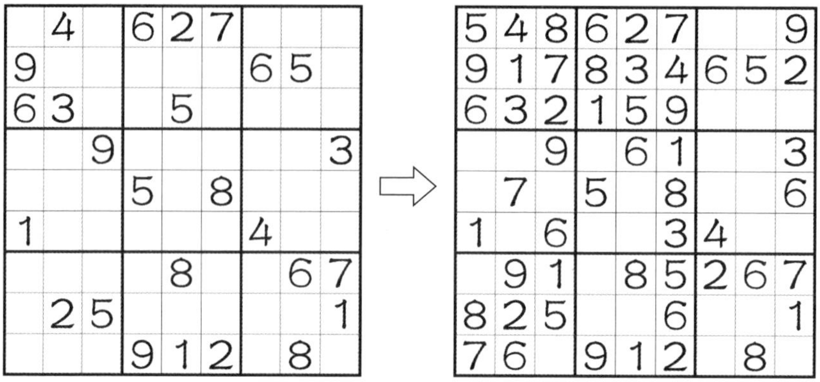

图7-36　宫内隐性数对案例5

有时，宫内隐性数对会位于非同一行、非同一列，例如本题。通过观察第八列、第五行的已知数可知，第六宫的数字5、8只能存在于D7、F9，这样的隐性数对较为隐蔽，且不容易使用区块碰撞的视角进行观察。

数对占位后，第七列形成行列排除解C7=7。

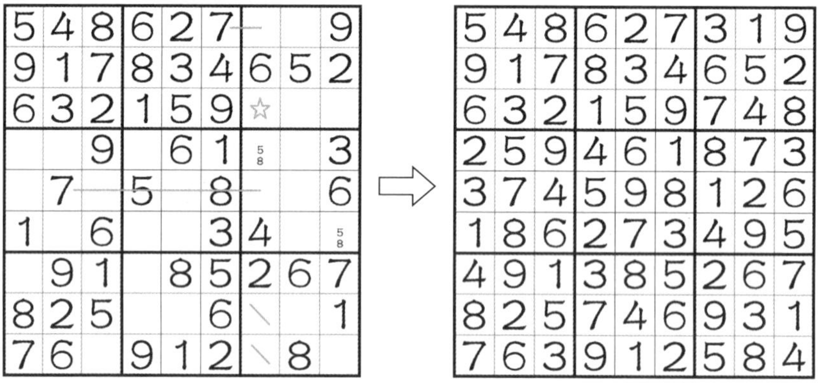

图7-37　解出终盘

宫内隐性数对由宫内区块形成，再形成行列排除解

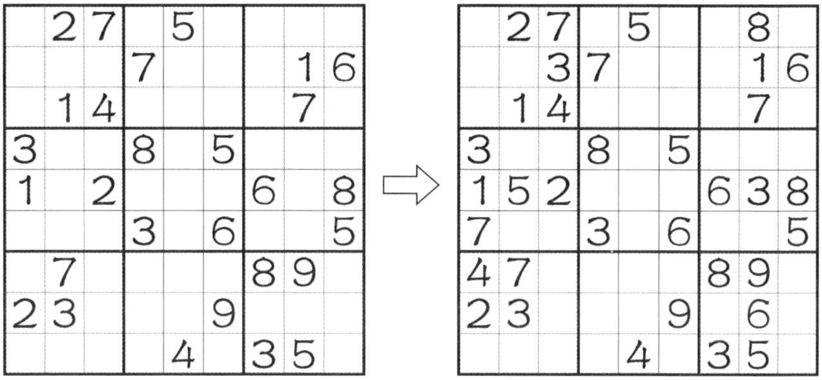

图7–38　宫内隐性数对案例6

宫内隐性数对有时也会通过区块形成，本题中，第九宫数字2的区块影响第三宫，得到第三宫B7、C7为2、5的宫内隐性数对。也可更换视角，D8、F8为2、4的显性数对，则第七列的2、5也都只能在B7、C7，形成行列隐性数对。

这个数对形成后，可占据B7格，影响第二行的排除，得第二行的排除解B6=4。观察时也可通过宫内隐性数对占位后，数字4在第三宫的区块影响第二宫，得到4在第二宫的宫内排除解。

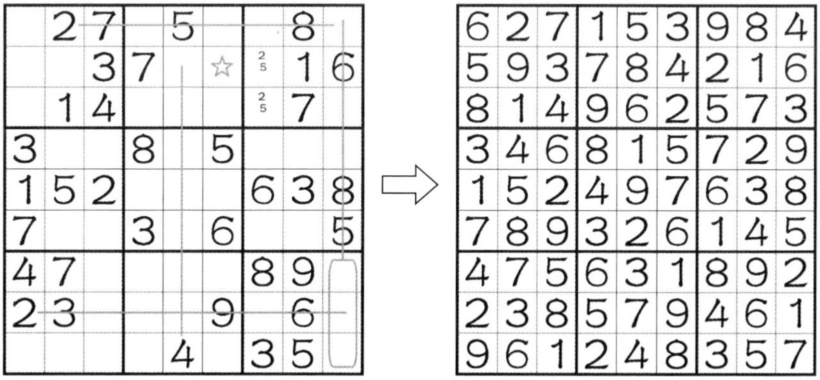

图7–39　解出终盘

宫内隐性数对由宫内显性数对形成，再形成宫内排除解

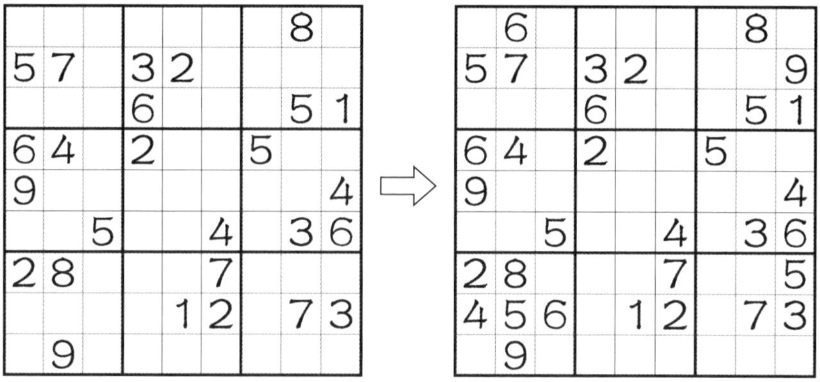

图7-40　宫内隐性数对案例7

有时宫内隐性数对的形成较为隐蔽，不是由排除直接得到，而可能经过区块、其余数对等步骤。本题即为一例，B8、B9形成4、6的显性数对，删减B3的4之后，在第一宫才形成了A3、C3的4、9隐性数对。数对占位后，有宫内排除解C2=2。

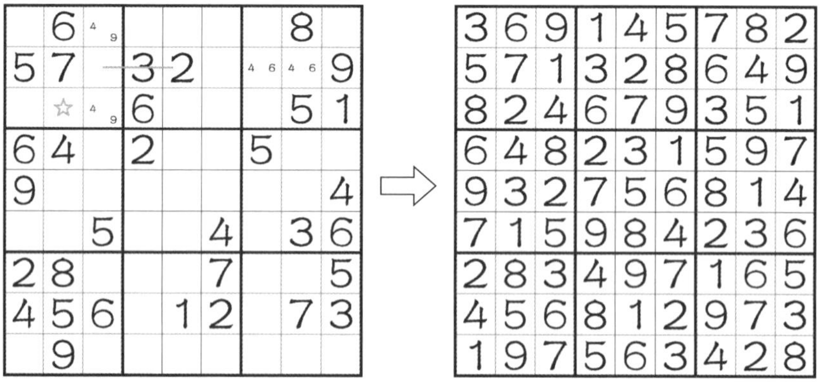

图7-41　解出终盘

行列隐性数对形成宫内排除解

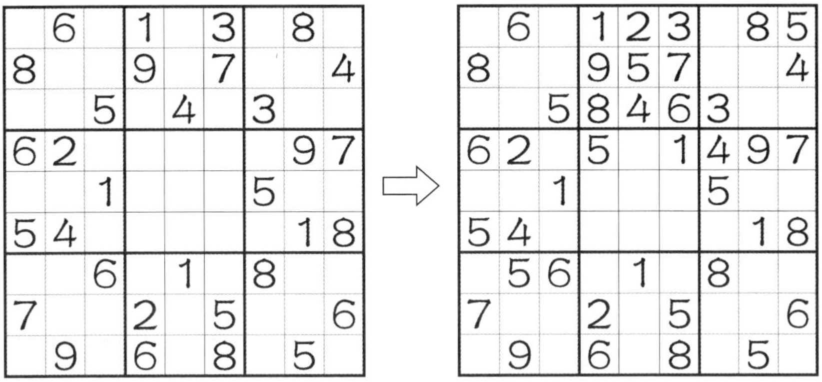

图7-42　行列隐性数对案例1

第三列中，数字7、9都不在H3、I3，也都不在B3、D3，因此在A3和F3构成行列隐性数对。占据A3的位置后，第一宫有宫内排除解A1=4。

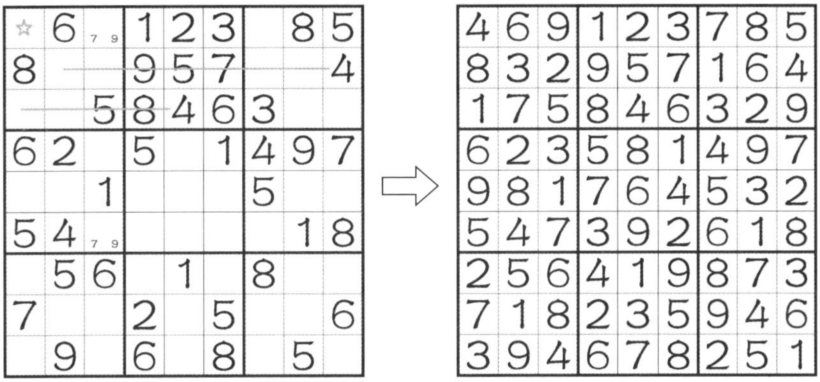

图7-43　解出终盘

行列隐性数对形成行列排除解

在一些有一定难度的题目之中，经常出现图7-44的结构，即已知数A、B（本题中为6和7）在同一宫内，在该宫涉及的某一行列中，A、B都未确定，必定在该宫范围之外的六个单元格（本题为A4~F4）之中。有时结合其余线索，可确定这两个数字在这一行列内的位置。

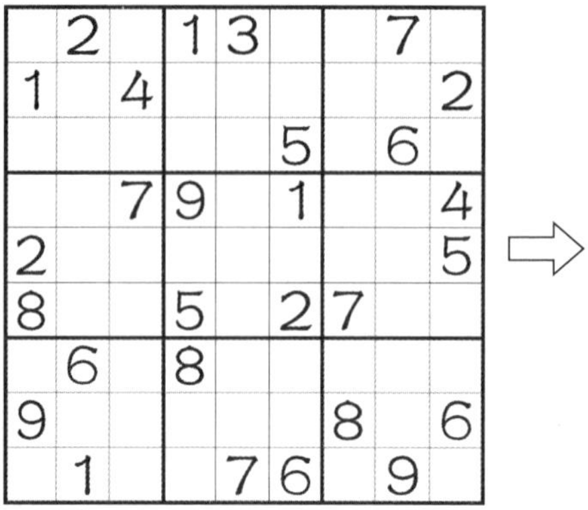

图7-44　行列隐性数对案例2

本题中，数字6、7都不在H4、I4，也都不能填入C4，因而只能在B4和E4之中，形成行列隐性数对。这一数对占位后，可在同一列内得到行列排除解H4=3，还可在第五宫中得到宫内排除解E6=3。

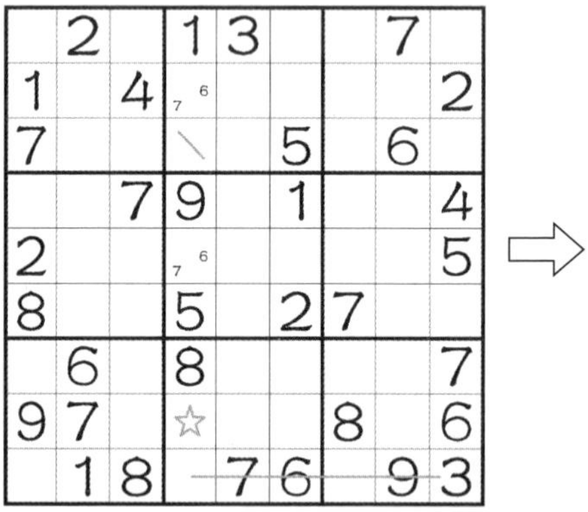

图7-45　解出终盘

行列隐性数对形成行列排除解（隐蔽）

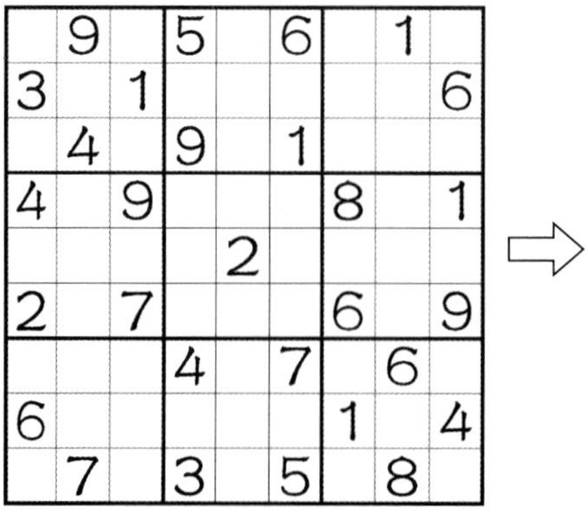

图7-46　行列隐性数对案例3

本题中，第五行的1、6隐性数对较为隐蔽，解题时十字型结构较多，也容易形成误导。数对占位后，易得行列排除解E1=8。

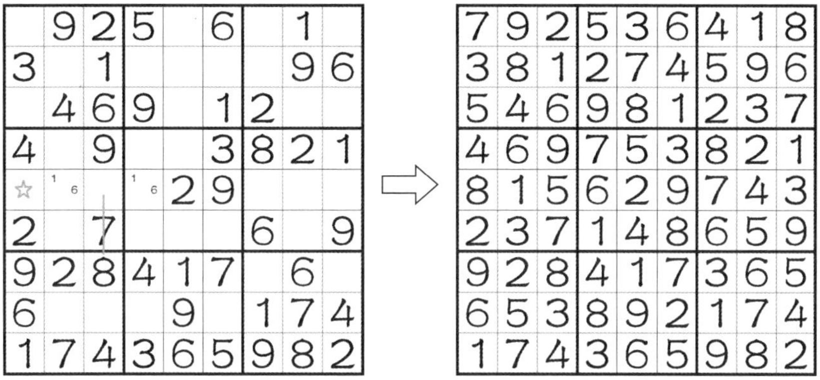

图7-47　解出终盘

行列隐性数对形成行列排除解（复杂）

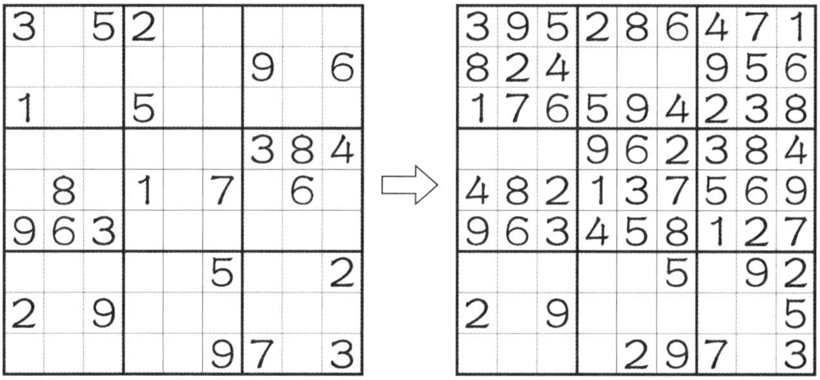

图7-48　行列隐性数对案例4

下图中，第八行的6、8隐性数对，与上文提到的结构有所区别，是通过多个已知数进行行列排除所形成的，相对较为复杂。占位后，在同一行中有行列排除解H5=7。

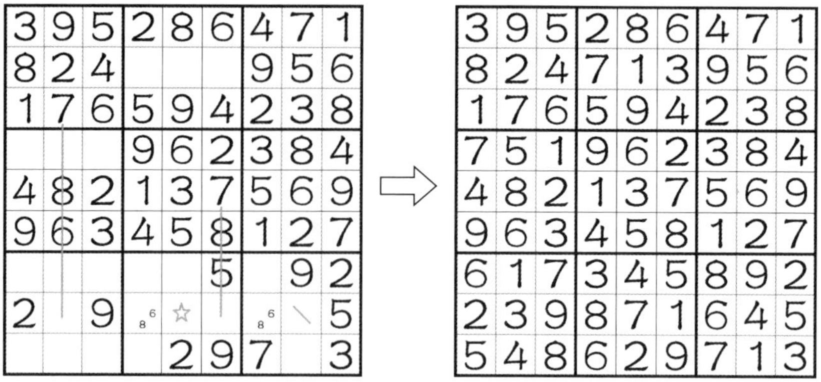

图7–49　解出终盘

行列隐性数对形成行列排除解

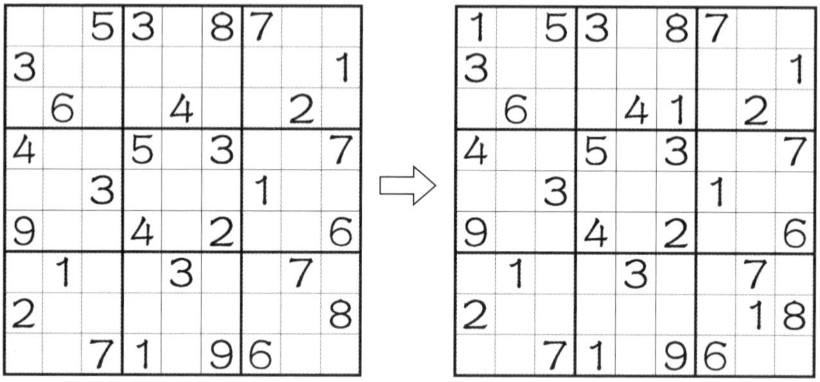

图7–50　行列隐性数对案例5

本题中，第四行中D3、D5构成了1、6隐性数对，占据两个单元格后，在这一行内没有形成新的行列排除解，但在D3格所在的列内形成了行列排除解B3=2。

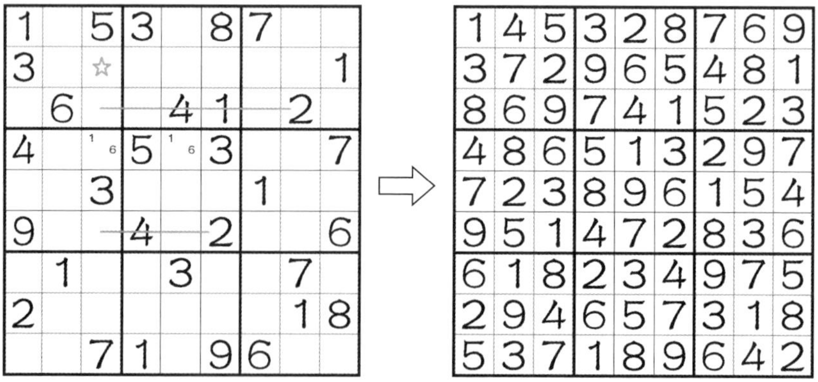

图7–51　解出终盘

行列隐性数对+宫内区块，形成行列排除解

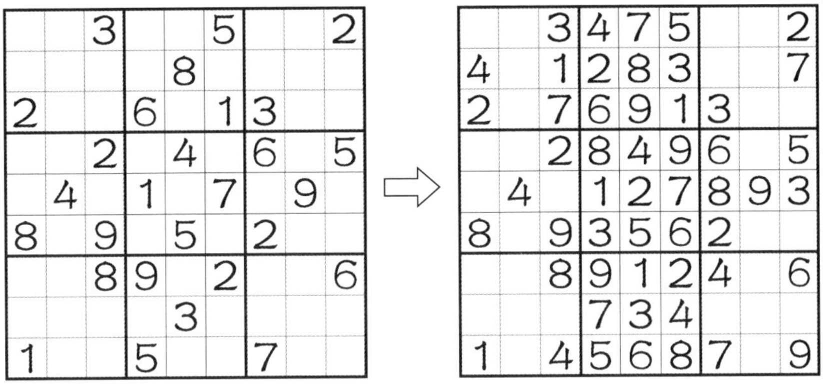

图7-52　行列隐性数对案例6

本题中，第一列形成3、7的行列隐性数对后，并没有直接的排除结果，而是需要通过第一宫的数字5的区块，对于第七行进行排除，得到行列排除解G8=5。这个区块排除较难，但可以通过转换视角进行观察。

数对形成后，在第七宫有三个已知数和一个3、7的双值格处于四角的位置，很接近经典十字的结构。此时若是通过3、7之外的其余数字对这个宫进行排除，也很容易形成宫内区块。理解此层之后，即可通过第一宫的5区块形成第七宫的5区块，结合I4的5，得到第九宫的宫内排除解G8=5。

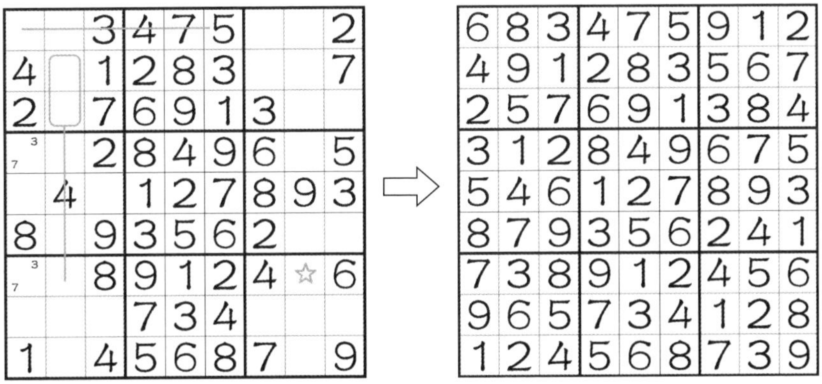

图7-53　解出终盘

行列隐性数对由区块形成，再形成宫内排除解

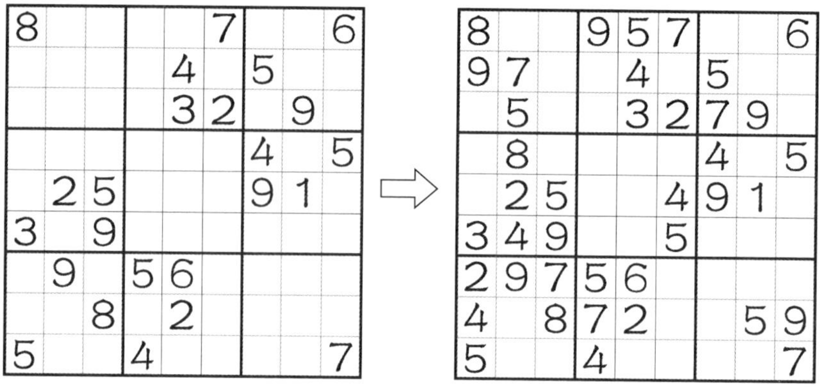

图7–54　行列隐性数对案例6

有时，隐性数对并非由已知的数字直接排除形成，可能经过了区块等步骤。这些步骤使这样的隐性数对更加难以观察。

本题中，行列隐性数对由经典模式形成，但其中数字3在第八宫的区块对于行列进行了排除，所以数对的隐蔽性更高。D4、D8的2、3数对占位之后，第六宫有宫内排除解F8=7。

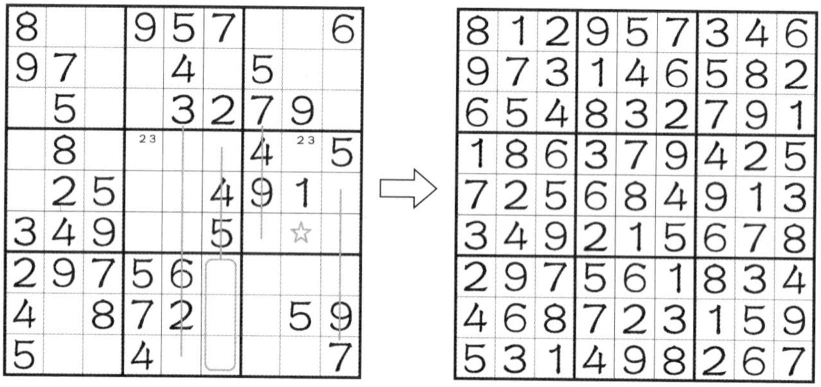

图7–55　解出终盘

行列隐性数对+宫内隐性数对，形成行列排除解

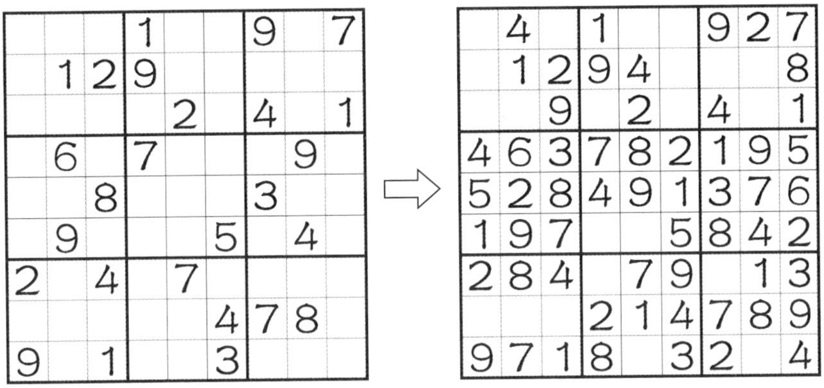

图7-56　行列隐性数对案例7

解题过程中，有时会出现两个或多个数对并联的情况。本题中需要用到第三行的7、8隐性数对，和第二宫的3、5隐性数对，两个数对彼此独立，但同时占据了第三行的部分单元格。占位后，第三行有行列排除解C8=6。

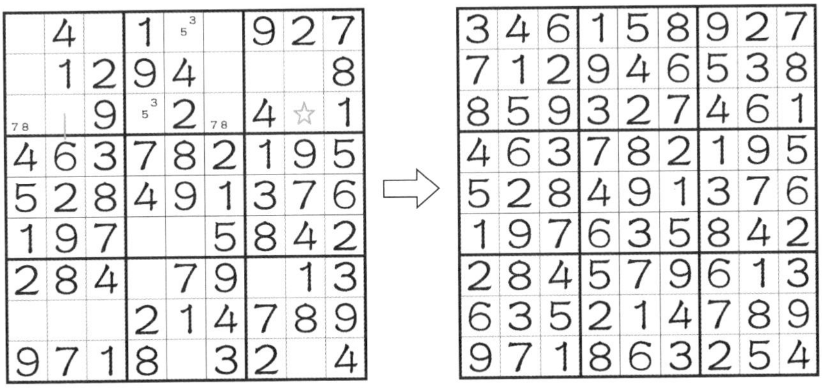

图7-57　解出终盘

多个数对先串后并，形成组合区块，再形成排除解

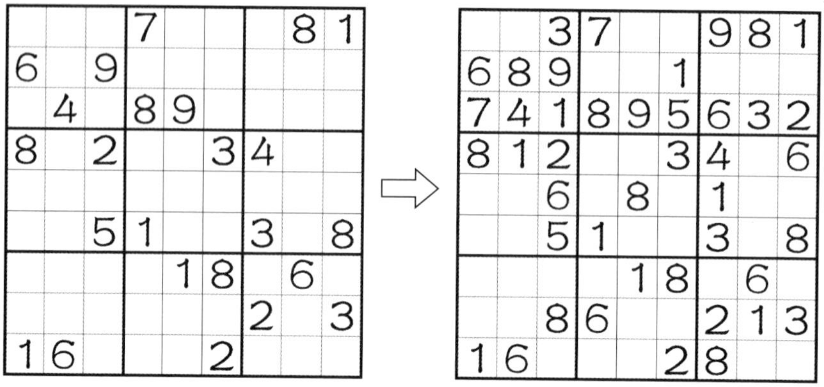

图7–58　多个数对先串后并案例

本题解题过程虽然步骤较多，但整体非常流畅。首先，第三列仅缺少两个数字，通过二余法易得G3、I3为4、7数对。之后可观察缺少四个数字，且空白为两组二格分布的第八行，易有H1、H2为5、9数对，H5、H6为4、7数对。

同时，观察类似结构的第一行，可得A5、A6为4、6数对。此时，由于A5、A6与H5、H6均位于第五、第六列，且都有数字4，因此构成4的组合区块，易得第五宫的宫内排除解E4=4。

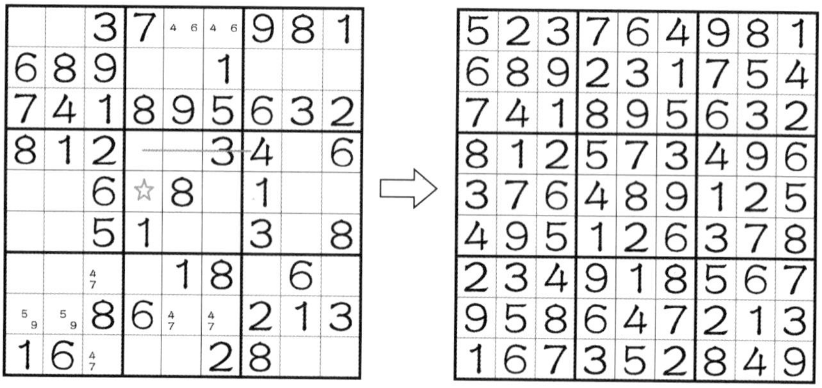

图7–59　解出终盘

挑战一下

E1

1					8		2	
8						6		4
		9	2		4			
	3	8		7				
			6		9			
				3		5	9	
			7		6	3		
7		6						8
	5		9					2

E2

4		2				9		6
			4	9	2			
3								4
	3			7			4	
	1		6		8		2	
	5			2			1	
8								2
			2	8	7			
6		3				4		7

E3

					5		9	
5		4				2		
	3			2	7		4	
6		8	9		4			
		3		6		5		
			1		3	9		6
	2		5	3			7	
		5				3		9
	8		4					

E4

7	1				5		4	
5								1
			3	2	1			
		4		8		3		7
		8	2		3	4		
2		7		1		6		
			7	4	6			
4								2
	6		9				7	4

E5

	2				3			8
7		1			2			
	9			5		3		
					8		5	6
		9				8		
6	8		2					
		2		7			1	
			3			7		5
9			5				2	

E6

7	5	4						
			5	1	4			2
						6		5
6	1				5			
	8		2		3		6	
			1				9	4
1		6						
3			4	6	8			
						7	2	6

E7

			9	6			8	
9		3					2	
7			5				4	
			2		4	8		
	7						1	
		5	7		3			
	4				8			6
	1					9		8
	3			2	9			

E8

			7	6	2			
						8	9	
2	5						6	
				4				8
		9	2		6	1		
3				5				
	8						2	1
	4	6						
			1	7	3			

E9

		4		3			6	
			1	7	8			
		7				5		1
5	4							6
			5		9			
1							5	2
7		2				1		
			7	9	2			
	9			6		8		

E10

5		4					1	
6					5		3	
		1	4		9		5	
4	3			5				
				2				
				7			9	4
	4		2		7	6		
	8		1					3
	6					9		1

Section 8 数组

当某N个数字只能在某N格，或者某N格内只能填入某N个数字，我们称这种情况为数组，前者称为隐性数组，后者称为显性数组。任何一个数组在形成时，都会同时兼具显性和隐性的特征。

隐性数组形成后，这N格会被这N个数字占据，无法填入其余数字，进而形成占位，往往形成相关区域内，其余数字的排除解；显性数组形成后，这个区域里其余格无法填入这N个数字，形成对于区域内其余格候选数的删减，形成区域内其余单元格的唯余解。

例图中展示了隐性数组的形成［图8-1（a）］和显性数组的删减域［图8-1（b）］。前三个盘面显示了三个数字构成的数组，称为三数组，第四个盘面显示了四个数字构成的数组，称为四数组。无论是三数组还是四数组，都有显性和隐性之分。

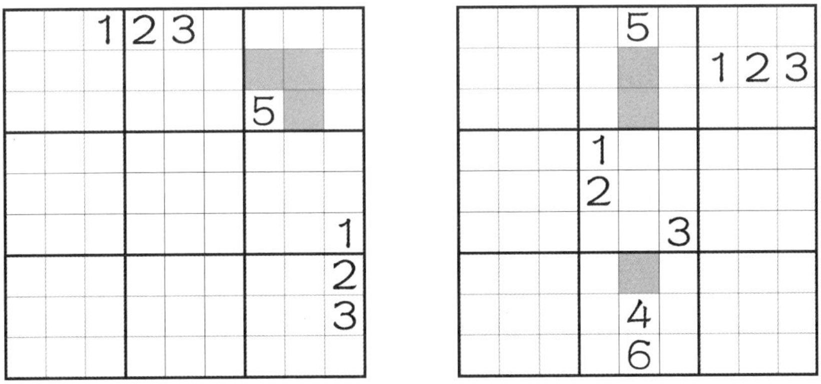

（a）隐性数组

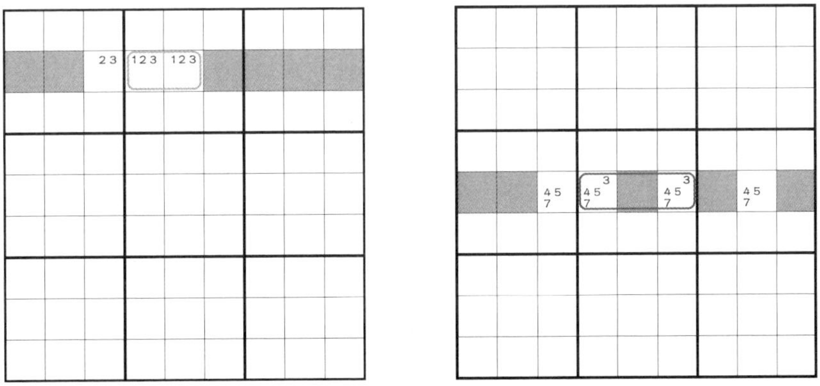

（b）显性数组的排除域

图8-1 数组

数对可以理解为数组在二元下的特殊情况，但数组和数对不同，数组可能是不完备的，某些候选数在某些格里不会出现（第三个盘面中，1、2、3数组里，B3不包含1），这一点与数对有所区别。同时，基于这种情况，数组内部会生成基于数组的区块，称为数组内区块，如第三个盘面中B4、B5为数组内的数字1的区块。

宫内显性数组形成唯余解（分散）

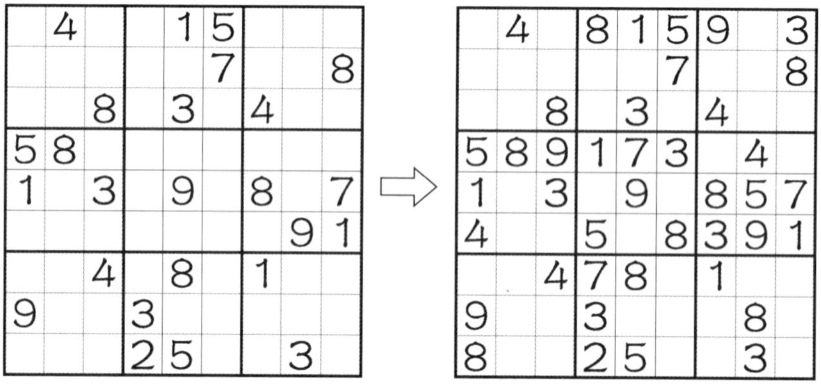

图8-2 宫内显性数组案例

本题中，A1、A3、C1形成2、6、7的显性数组，删减同一宫内其余单元格的2、6、7，得到唯余解B1=3。本题所用的数组是完备的，但是在宫内的位置较为分散，所以观察难度较高。

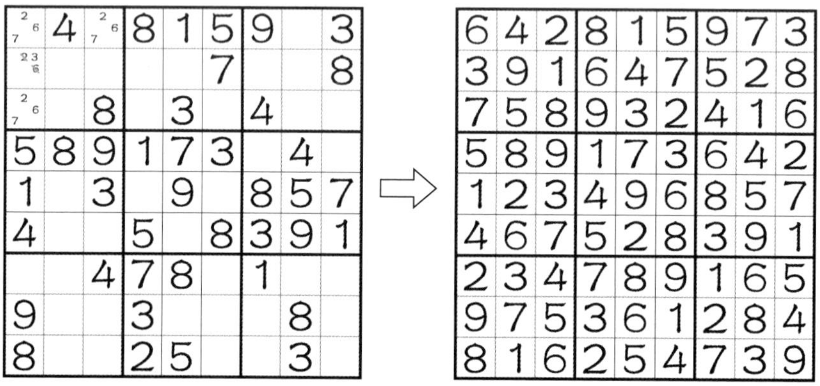

图8-3 解出终盘

行列显性数组形成行列排除解

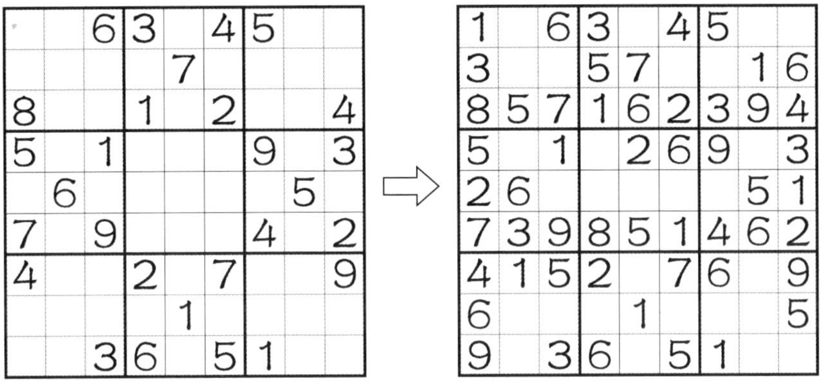

图8-4　行列显性数组案例1

有时，如果某宫内有三个待定空格（仅能确定其内部的数字，但不确定具体位置和对应关系），且其中两格在同一行列，那么可在这一行列之中，留心是否有其余单元格能与这两格形成数组。

本题中，H2、H3、H7形成2、7、8的显性数组，删减H行其余格的数字8，结合已知数可得到第六列的行列排除解B6=8。也可通过删减H6、H4的8后，得到第八宫的数字8的区块，进而得到B6=8的结论。

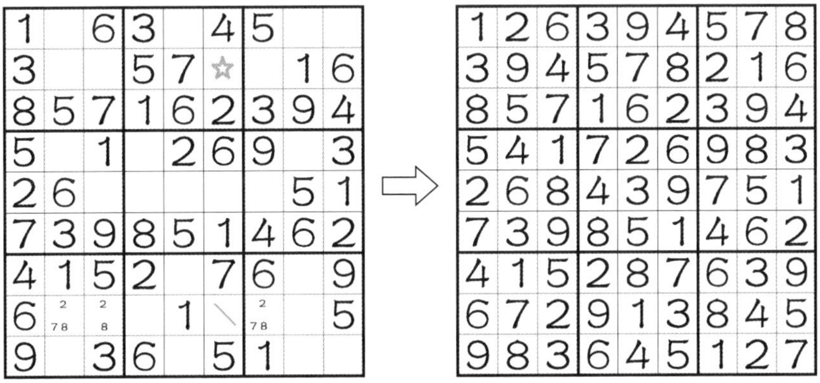

图8-5　解出终盘

行列显性数组形成行列显性数对，再形成唯余解

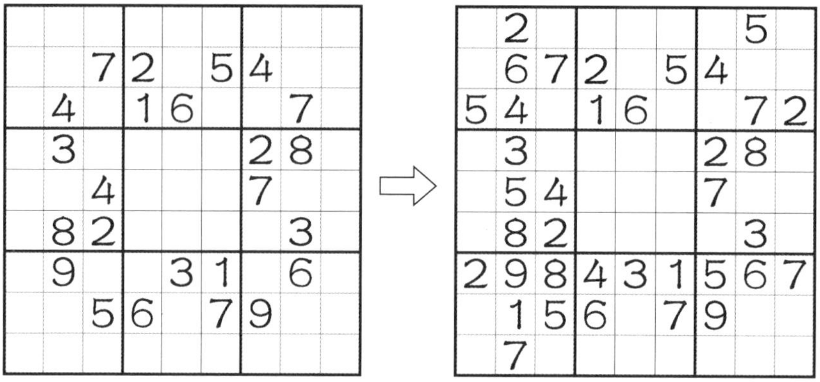

图8-6　行列显性数组案例2

本题中，E1、E8、E9形成1、6、9的显性数组，删减E5的1、9，得到E5=2、8，与H5形成显性数对，得唯余解B5=9。

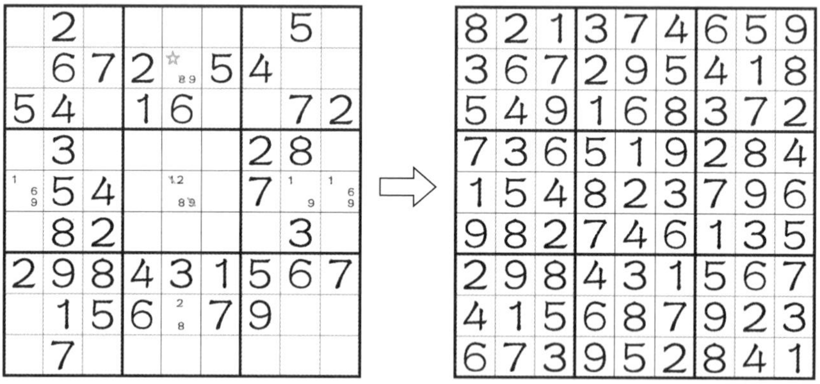

图8-7　解出终盘

宫内显性数组由区块形成，再形成唯余解

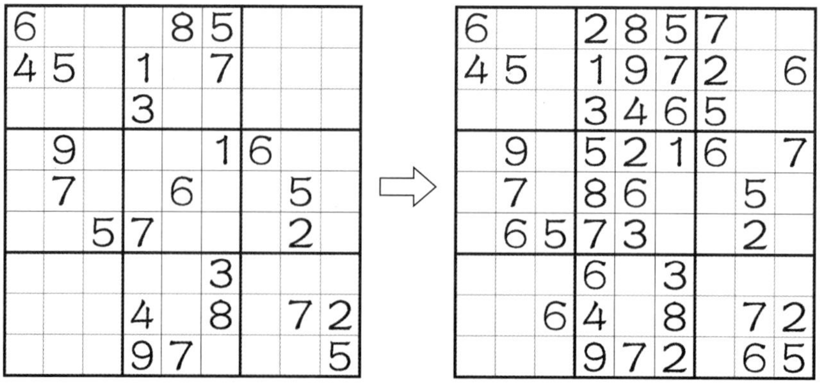

图8-8　由区块形成宫内显性数组案例1

图8-9中，第四宫的数字4的区块删减I3的4之后，H2、I1和I3构成了1、3、8的宫内显性数组，进而删减第七宫其余单元格的1、3、8。删减后有唯余解I2=4，进一步得唯余解G2=2。之后可利用基本功进行解题，但需要考虑G3格（也被数组删减1、3、8，还需要结合之后利用基本功推定的一些数字进行考虑）的候选数情况。

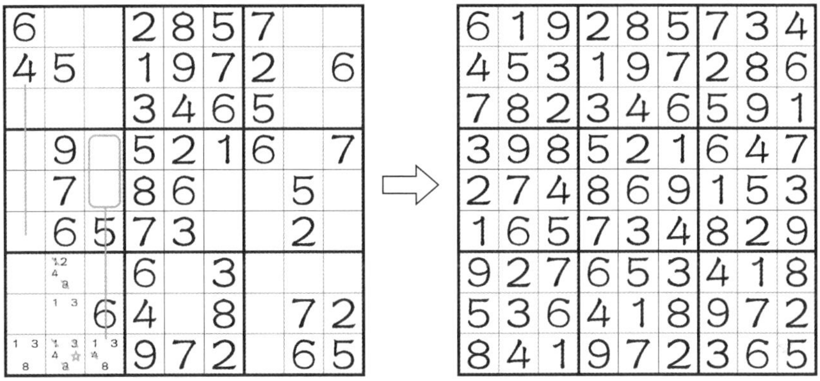

图8-9　解出终盘

宫内显性数组由区块形成，再形成行列排除解

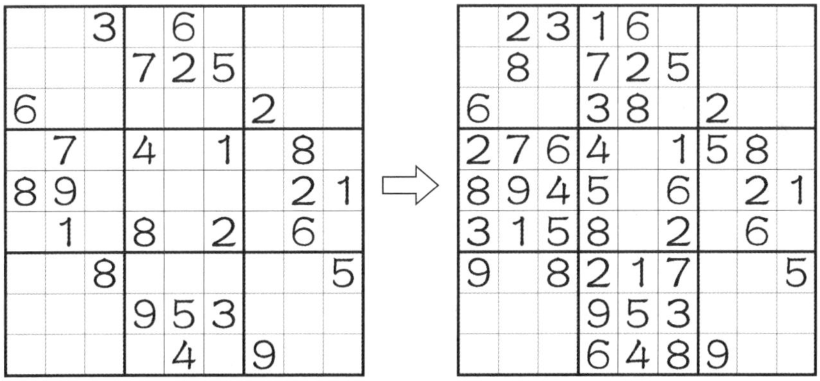

图8-10　由区块形成宫内显性数组案例2

本题中，经过第六宫的数字9的区块删减后，A7、A9和C9形成了4、7、9的显性数组，得第二行的行列排除解B1=4。

这一数组分布于第一、第三行，还可将其作为区块，与A6、C6的数字4的区块合并成组合区块进行观察。

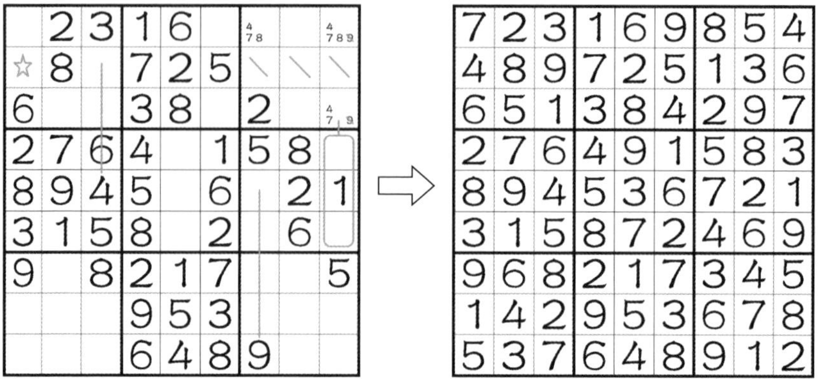

图8-11　解出终盘

行列显性数组由区块形成，再形成行列排除解

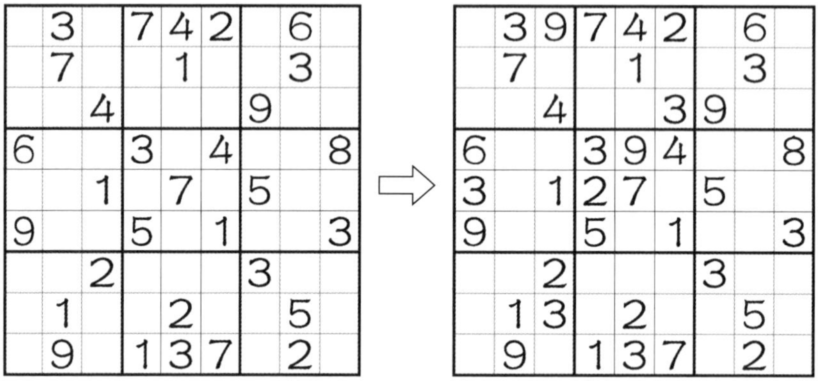

图8-12　由区块形成行列显性数组案例

通过第四宫的数字2的区块删减C2的2后，第三行有5、6、8的显性数组。这个数组删减C8的8，之后在第八列有行列排除解G8=8。

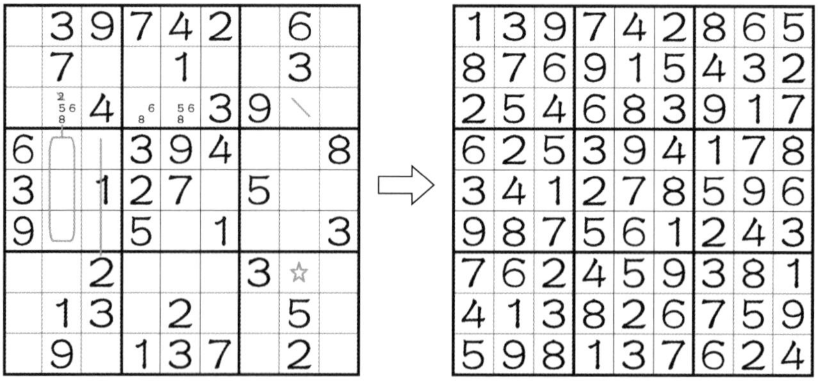

图8-13　解出终盘

行列显性数组由数对形成，形成隐性数对，再形成唯余解

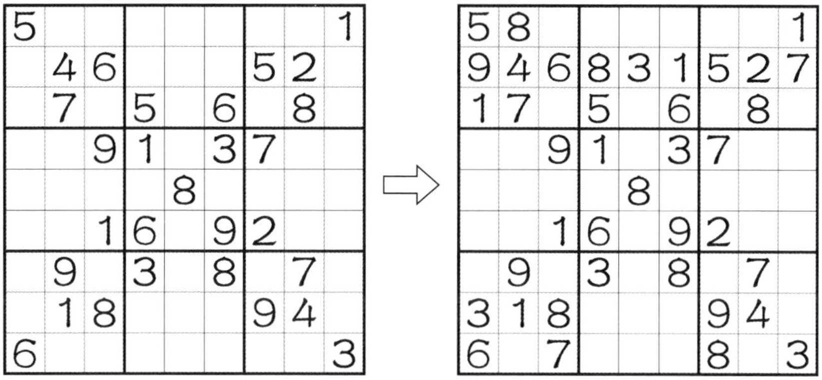

图8-14 由数对形成行列显性数组案例

本题中，E1、E3、E4、E6构成了四数组，构成时需要通过A3、C3组成的2、3数对，删减E3的2和3（此处仅用A3、C3的数对删减E3的3即可构成数组）。

四数组删减E行其余单元格的2、3、4、7后，第六宫内有数字4、8的宫内隐性数对，进一步得到唯余解C9=9。或可通过数组在第六宫排除，得到数字5的区块，在I8处形成唯余解I8=1。

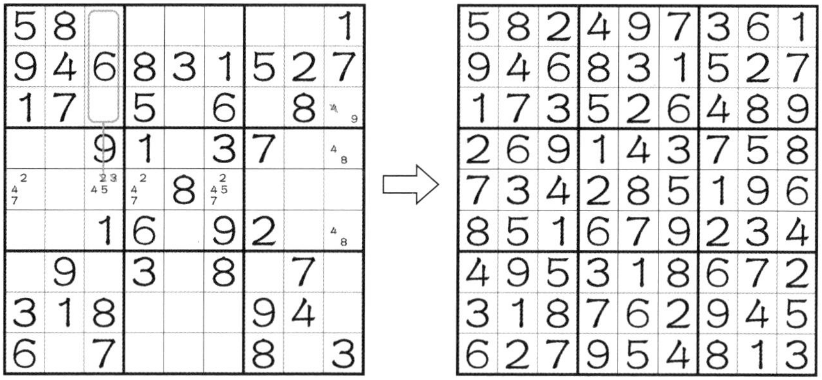

图8-15 解出终盘

宫内显性数组内部形成区块，再形成宫内排除解

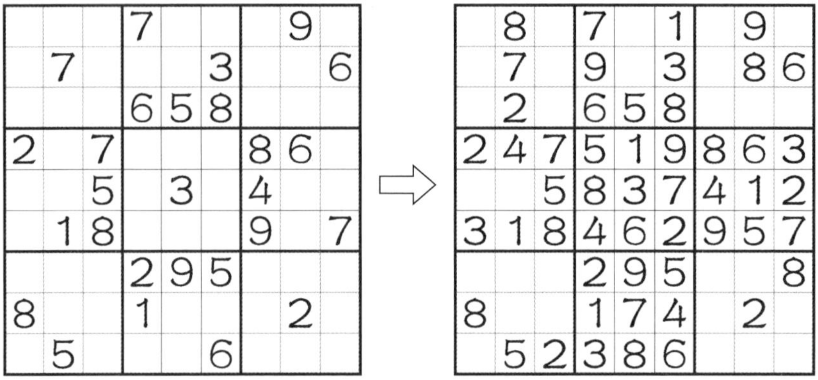

图8-16　数组内区块案例

本题中，第七宫内G2、H2、H3构成了3、6、9的显性数组。这个数组是不完备的，数字9只分布在H2、H3之中，因此H2、H3之中必定含有一个9，进而可构成数字9的区块。这种结构叫作数组内区块，隐蔽性和观察难度都较高。

H2、H3的9区块可对第九宫进行排除，得到宫内排除解I9=9。需要注意的是，数组内区块一般多形成于宫内显性数组，并且多形成于处于两行/列内的宫内显性数组中。

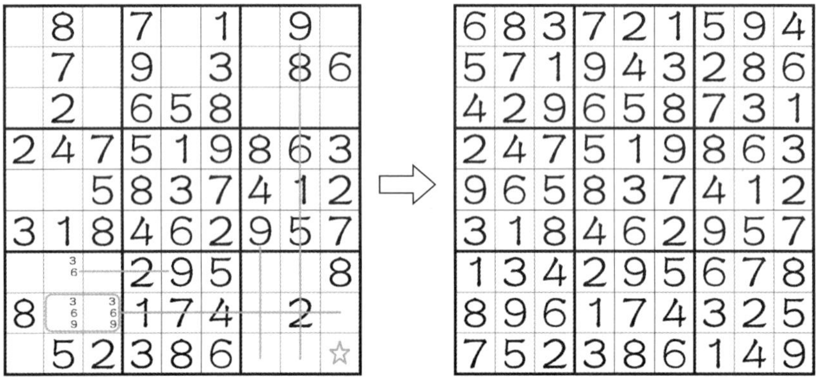

图8-17　解出终盘

行列隐性数组形成宫内排除解

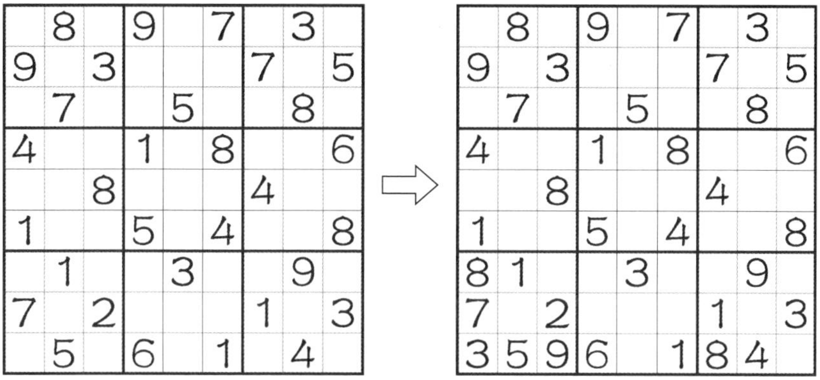

图8–18　行列隐性数组案例1

前文提到行列隐性数对有着经典的结构，行列隐性数组也有类似的构造。观察图中第五宫，数字1、4、8均不能位于第五宫的空白位置，因此在第五列中，数字1、4、8仅能位于A5、B5、H5和I5中。考虑到I5受到已知数限制不能是1、4、8中任何一个，故而1、4、8只能位于A5、B5和H5中，构成行列隐性数组。

数组占位后，第八宫有宫内排除解H6=9。

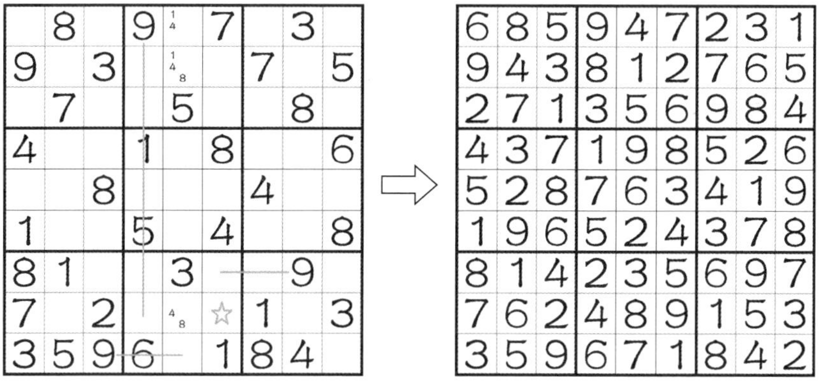

图8–19　解出终盘

行列隐性数组形成宫内隐性数组，再形成行列排除

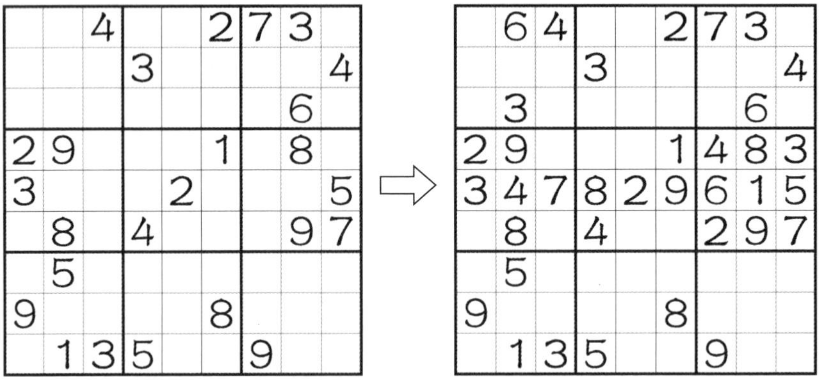

图8-20　行列隐性数组案例2

本题较难。先观察第八行，H2、H3都不为数字3、5，且都不为4（考虑E2和A3的排除），H4和H9也都不能为3、4、5，因此第八行中，3、4、5只能在H5、H7、H8之中，构成行列隐性数组。

数组占位后，第六列的1、2、9对于第八宫进行排除，结合第九行的1、9和E5的2，第八宫中的1、2、9只能在G4、G5和H4之中，形成宫内隐性数组。

宫内隐性数组和行列隐性数组占位后，第八行的7只能填在H2，即形成了行列排除解。

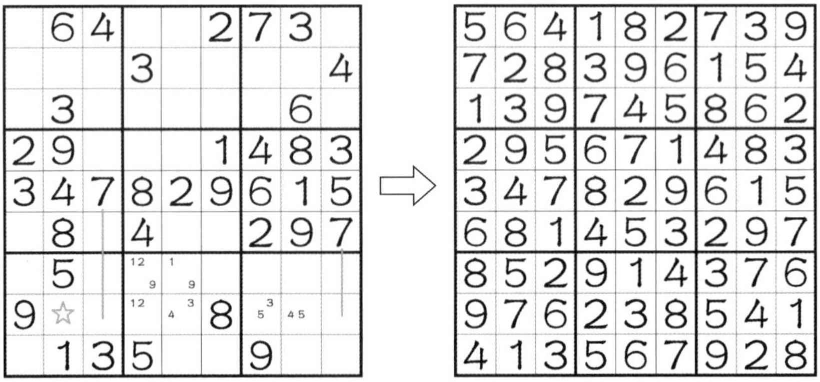

图8-21　解出终盘

行列隐性数组由显性数对形成，再形成宫内排除解

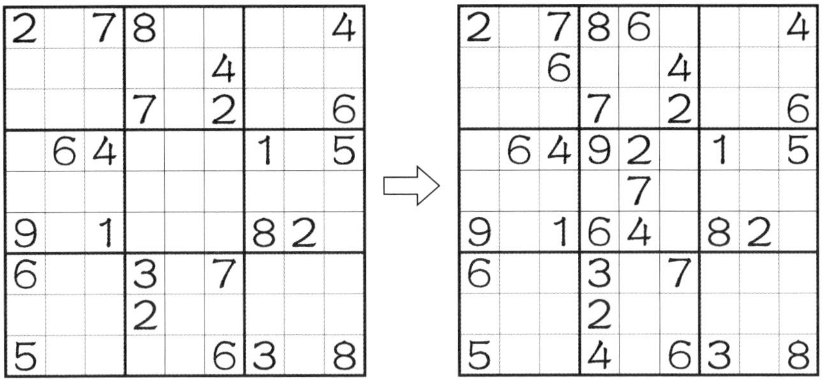

图8–22　行列隐性数组案例3

行列隐性数组的形成过程可能复杂而隐蔽，本题中的行列数组虽然也是经典结构，但关键性的数字却并不已知，而是包含在显性数对内。

观察第三宫，A7、C7为5、9的显性数对，进而第八列的4、5、6不能在A8、B8、C8，结合已知数可得第八列的行列隐性数组E8、G8和H8。这个4、5、6数组占位后，结合A7、C7的5、9数对，得到第六宫的宫内排除解E9=9，进一步得到第九宫的宫内排除解I8=9。

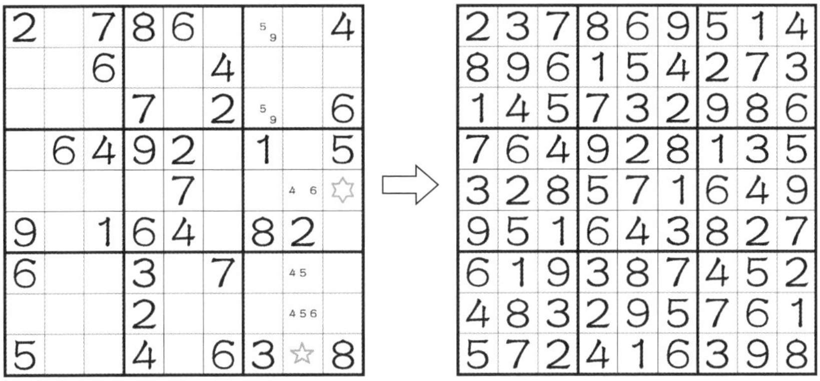

图8–23　解出终盘

区块、数对、数组综合

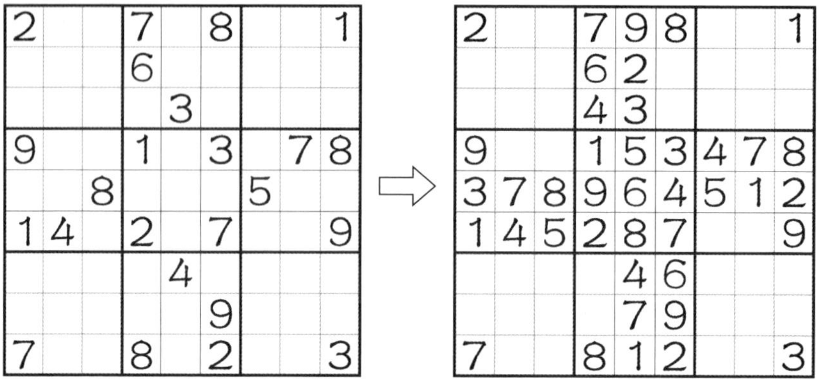

图8–24　综合案例

本题思路较为繁杂，此处按步骤进行整理：

· A7、F7为3、6的显性数对，得唯余解I7=9。

· G1、H1、I2、I3形成4、5、6、8的显性数组，数组内形成G1、H1的数字8的区块。

· A2、A3、B1、C1形成3、4、5、6的显性数组，数组内形成A2、A3的数字3的区块。

· 这个数字3的区块删减A7的3，得唯余解A7=6，另可得第三宫的宫内排除解B8=3（这一步需要结合A7、F7的数对进行观察）。

经过以上四步，此题可以顺利解开。需要注意一个宫内若有空白格组成了2×2的正方形，则该正方形内容易形成隐性四数组；若该正方形占据了宫内一角，而宫内与之相对的另一角已知时，余下四格可能形成显性四数组。

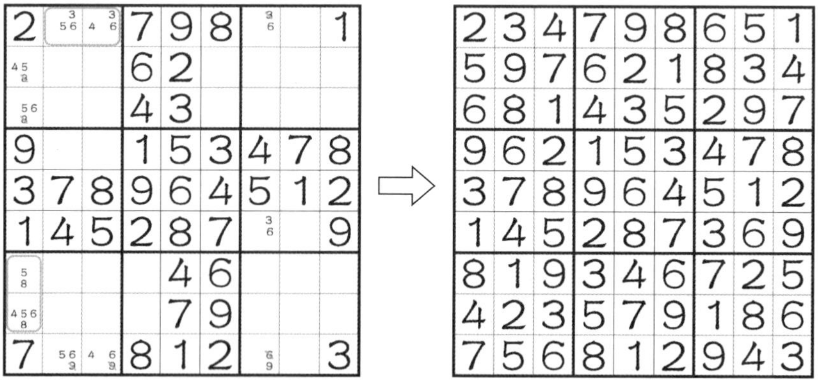

图8–25　解出终盘

挑战一下

F1

		2			9		3	
8								
	3		1			6	8	2
2		1		9			4	
3				5				8
	7			2		9		3
1	2	7			3		5	
								1
	6		9			3		

F2

8	6						5	
		3	8		6	4		
1		4		2		5		
			1		7			
		5		9		8		1
		1	5		4	3		
	3						7	4

F3

		1	3			6		
				9				
5			8		2			4
		8				4		6
	4						2	
7		3				9		
1			9		4			2
				5				
		4			6	3		

F4

					1		4	
						1		6
			8	7	6		5	
		2		6		4		8
		3	5		8	9		
6		4		1		5		
	4		6	8	9			
3		9						
	2		3					

F5

1		8		7			6	
				6		3		
	7		2			9		8
		9	3					
			7	8	4			
					2	5		
5		1			7		4	
		3		2				
	4			3		2		6

Section 9　唯一性解法

唯一性技巧是一种非常特殊的技巧，利用了“合格的标准数独仅有唯一答案”这个特征。当某些局部可能有至少两组解时，这种情况称为“致命模式”，必定是不成立的。通过破坏致命模式的形成，我们可以得到一些常规方法难以得到的结论，这种方法叫作“唯一矩形”，一般破坏的情形如图9-1（a）所示，仅有两种候选数，且仅存在于两行、两列、两宫，平行于坐标轴方向的矩形形状的致命模式。

另一种技巧称为“BUG”，当盘面内所有的单元格，都有且仅有两个候选数，且每行、列中每个候选数仅出现两次，这种情况称为“全盘致命模式”，即“BUG”，看似有两种解法，但实际上必定是无解的。实际情况下，盘面会

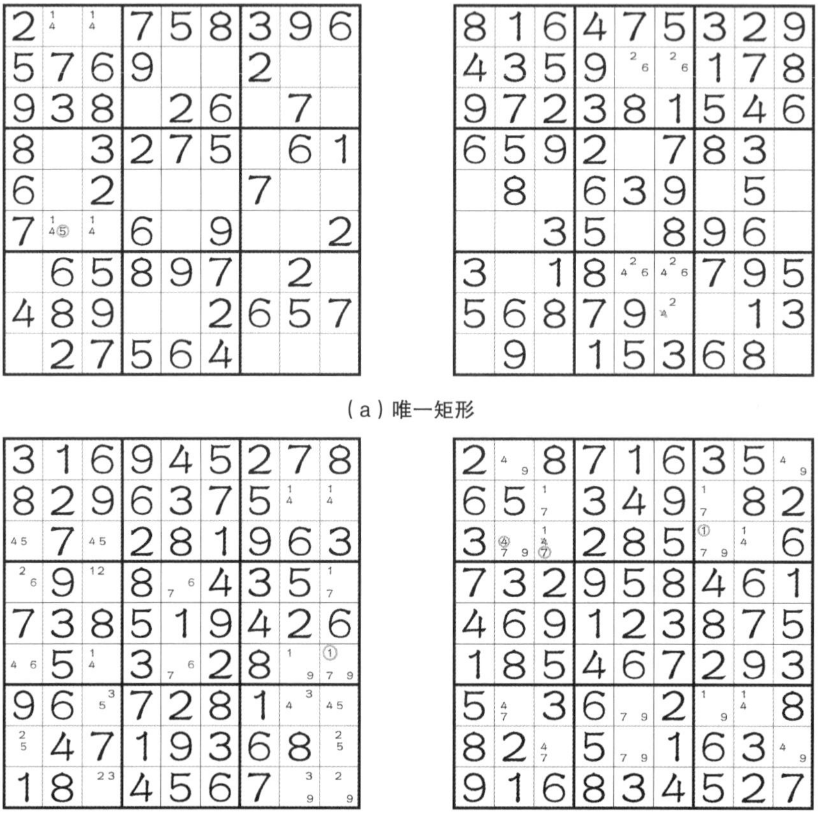

（a）唯一矩形

（b）候选数唯一　　（c）候选数不唯一

图9-1　唯一性解法

是“BUG+*N*”的情况，即比BUG盘面多了*N*个候选数。为了保证BUG不成立，则多余的*N*个候选数之中，至少应该有一个是对的。如果*N*=1，则这个候选数必定成立［图9–1（b）］，如果*N*>1，则这*N*个候选数能推导出的共同结论必定为真［图9–1（c）］。

UR形成唯余解

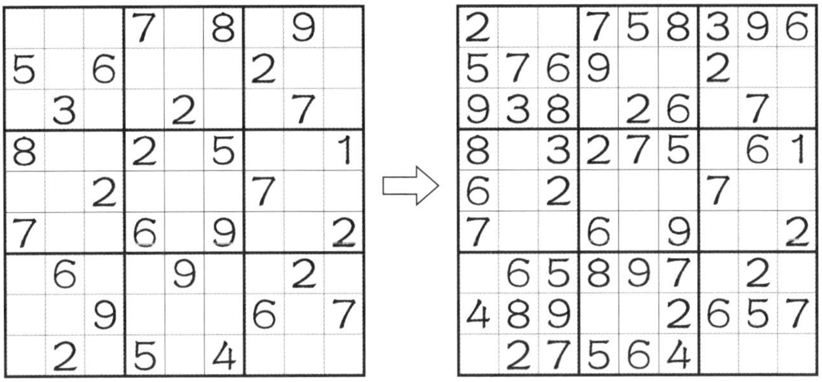

图9–2　UR形成唯余解案例

观察A2、A3、F2、F3，为了避免四格都为1、4形成致命模式，F2=5。

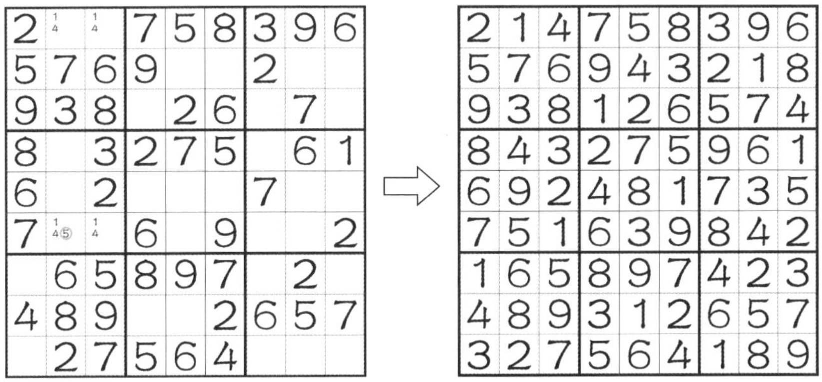

图9–3　解出终盘

UR形成宫内排除解

				3				
		2	5		8	9		
4			9		6			3
	5		4		1		6	
	1						4	
	8		3		2		5	
3			1		5			6
		5	6		9	1		
				4				

⇨

5	9			3	4	6		
6	3	2	5		8	9		4
4	7		9		6	5		3
7	5	3	4	9	1		6	
2	1	6	8	5	7	3	4	9
9	8	4	3	6	2	7	5	1
3	2		1	8	5	4		6
8	4	5	6		9	1	3	
1	6			4	3			5

图9–4　UR形成宫内排除解案例

本题中，G3、I3、G8、I8形成7、9的UR，删减I8的7、9，得到第九宫的宫内排除解G8=9。

还可观察发现第九宫的9只能在G8、I8中，为避免致命模式，这两格不能含有7，得唯余解G8=9。

5	9			3	4	6		
6	3	2	5		8	9		4
4	7		9		6	5		3
7	5	3	4	9	1		6	
2	1	6	8	5	7	3	4	9
9	8	4	3	6	2	7	5	1
3	2	7 9	1	8	5	4	7 9	6
8	4	5	6		9	1	3	
1	6	7 9		4	3		2 ~~7~~ 8 ~~9~~	5

⇨

5	9	1	2	3	4	6	7	8
6	3	2	5	7	8	9	1	4
4	7	8	9	1	6	5	2	3
7	5	3	4	9	1	8	6	2
2	1	6	8	5	7	3	4	9
9	8	4	3	6	2	7	5	1
3	2	7	1	8	5	4	9	6
8	4	5	6	2	9	1	3	7
1	6	9	7	4	3	2	8	5

图9–5　解出终盘

UR形成区块

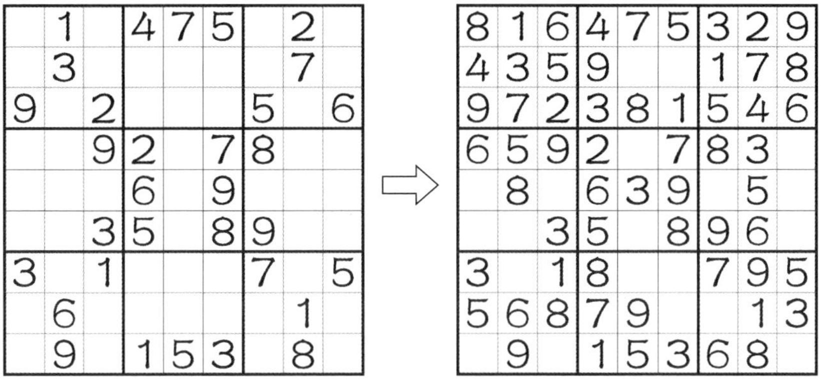

图9-6　UR形成区块案例

观察此题，为避免B5、B6、G5、G6形成致命模式，G5、G6中一定得有一个4，故而有唯余解H6=2。

也可切换视角观察，第八宫中，G5、G6内一定有一个6，因此不能再放入数字2，否则会形成致命模式，得第八宫的宫内排除解H6=2。

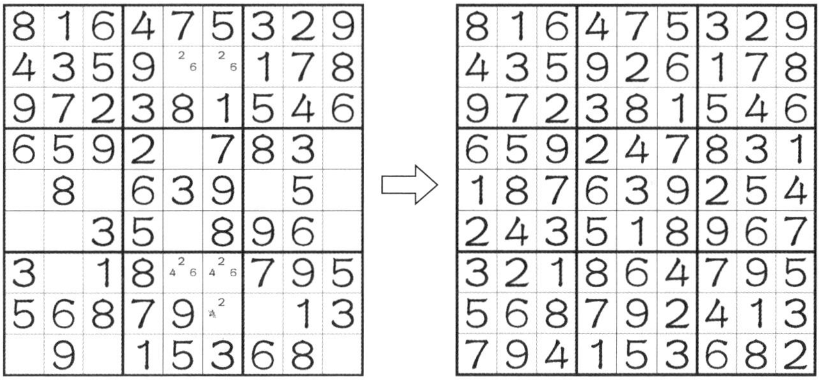

图9-7　解出终盘

三数两行列UR（1）

	9	3	4	5		7	8	
				9				5
			1			9	6	
		2			7			6
				8				
4			3			1		
	2	6			3			
1				2				
	7	8		1	4	2	3	

⇨

	9	3	4	5		7	8	1
		1	7	9		3		5
			1	3		9	6	
3	1	2		4	7	8		6
			2	8	1			3
4	8		3	6		1		
9	2	6		7	3		1	
1	3	4		2		6		
5	7	8	6	1	4	2	3	9

图9-8　三数两行列UR案例1

观察第二宫，易有A6、B6、C6为2、6、8的数组。若A1、B1、C1也为2、6、8，则这六格将有至少两种填法（如A1=C6=2，A6=B1=6，B6=C1=8，或A1=B6=6，A6=C1=2，B1=C6=8），矛盾。

因此，A1、B1、C1中，至少应有一个填入其余数字，观察候选数可得C1=7。

2 6	9	3	4	5	2 6	7	8	1
2 6 8		1	7	9	2 6 8	3		5
2 ⑦ 8			1	3	2 8	9	6	
3	1	2		4	7	8		6
			2	8	1			3
4	8		3	6		1		
9	2	6		7	3		1	
1	3	4		2		6		
5	7	8	6	1	4	2	3	9

⇨

2	9	3	4	5	6	7	8	1
8	6	1	7	9	2	3	4	5
7	4	5	1	3	8	9	6	2
3	1	2	9	4	7	8	5	6
6	5	7	2	8	1	4	9	3
4	8	9	3	6	5	1	2	7
9	2	6	8	7	3	5	1	4
1	3	4	5	2	9	6	7	8
5	7	8	6	1	4	2	3	9

图9-9　解出终盘

三数两行列UR（2）

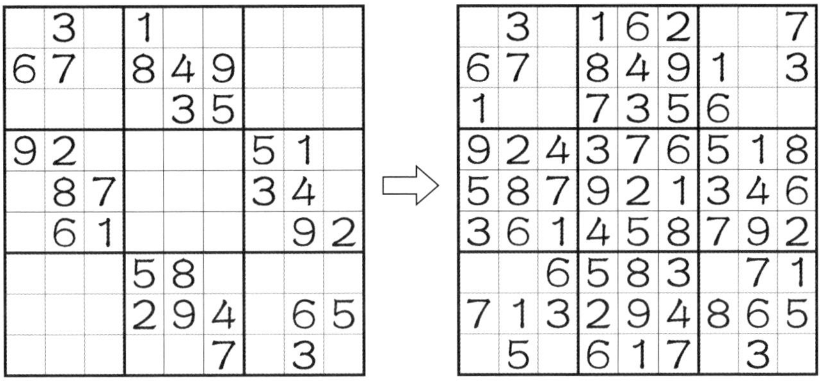

图9-10　三数两行列UR案例2

观察A3、B3、C3及A8、B8、C8，后者明显为2、5、8的数组。若前者亦为2、5、8的数组，那么这六格里会有至少两种填入2、5、8的方式，且可内部互换，矛盾。

因此，A3、B3、C3里至少有一格填入其余数字，观察候选数可知其中必定有数字9，故而形成9区块，得唯余解C2=4。

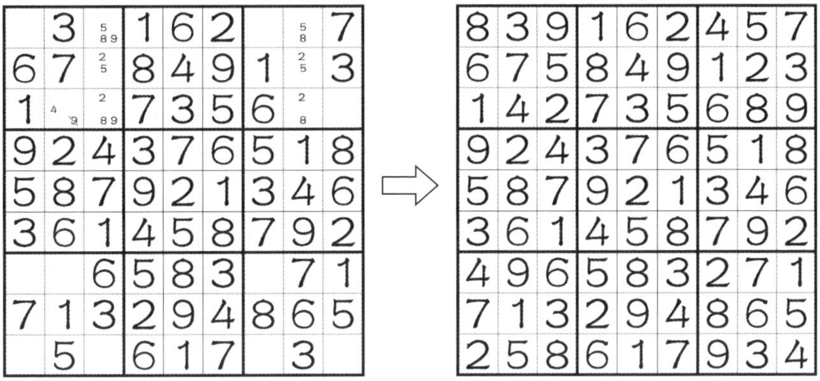

图9-11　解出终盘

三数三行列UR（1）

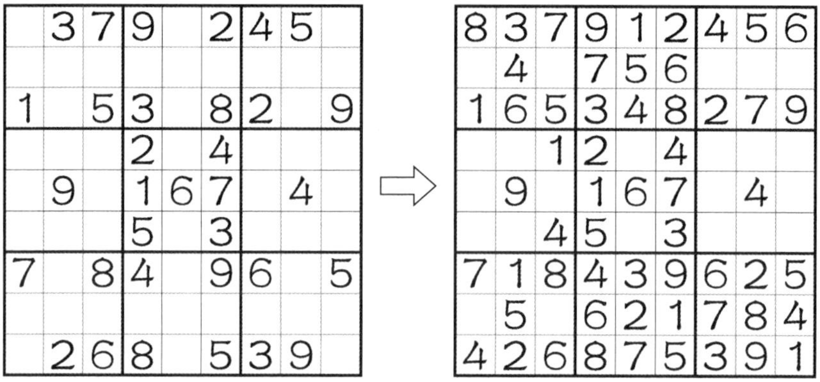

图9-12　三数三行列UR案例1

本题中，观察B1、B3、E1、E3、H1、H3，若E1≠5，则这六格内部有两种填法，数字2、3、9可互相置换而不受其余数字制约，形成2、3、9的致命结构，矛盾。故而此处有E1=5。

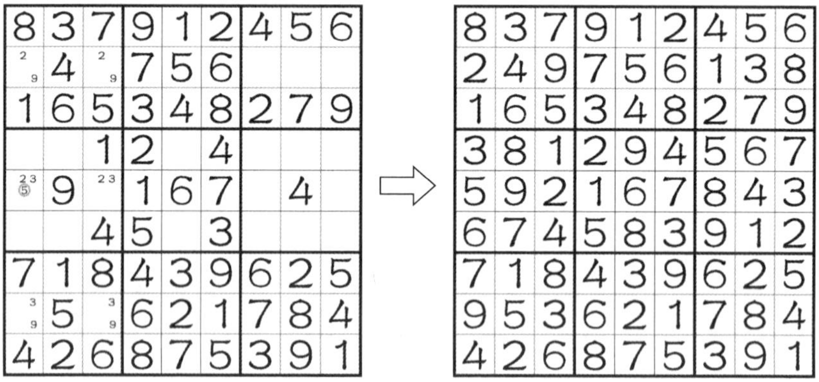

图9-13　解出终盘

三数三行列UR（2）

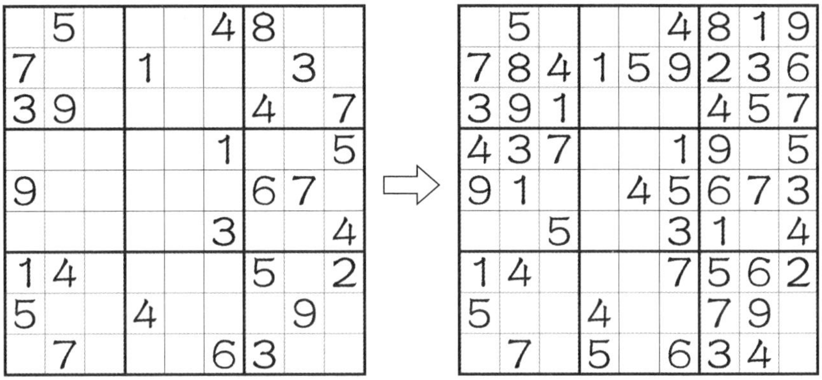

图9-14　三数三行列UR案例2

本题中，观察候选数易有A4、A5为3、7数对，F4、F5为7、9数对，而G4、G5均为3、8、9的候选。

若G4、G5中不含8，则其为3、9数对，与另两个数对构成一组致命模式，矛盾。故而G4、G5为8的区块，H6=2。

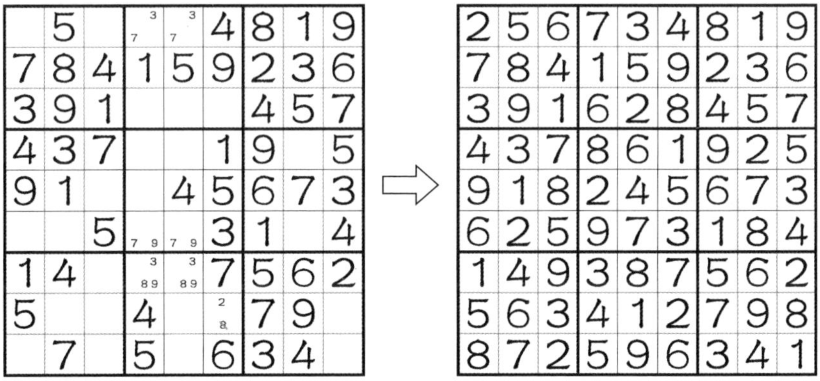

图9-15　解出终盘

行列UR

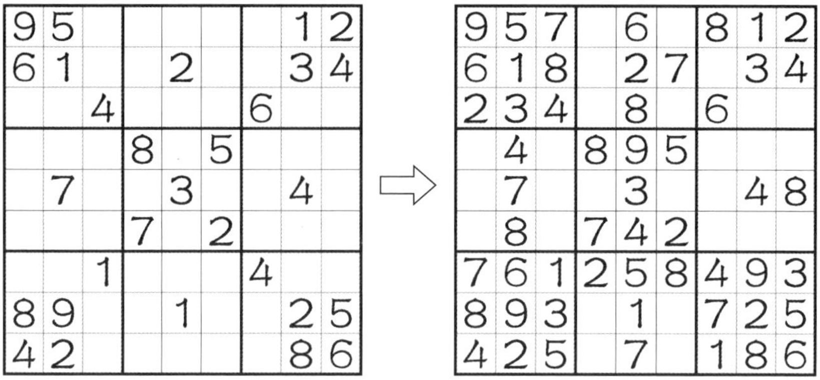

图9–16 行列UR案例

观察下图第四、第五、第六列。若C4≠5，则B4=5，除B4外，余下的10个空白格里填入1、3、4、6、9各两个，共有两组填数方式，形成10格的致命模式。

因此，C4=5，只有这样才能破除这10格内部的循环。

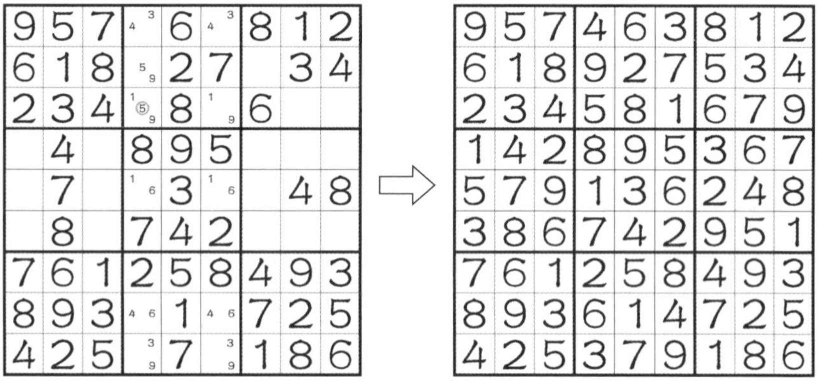

图9–17 解出终盘

两数三行列未定位UR

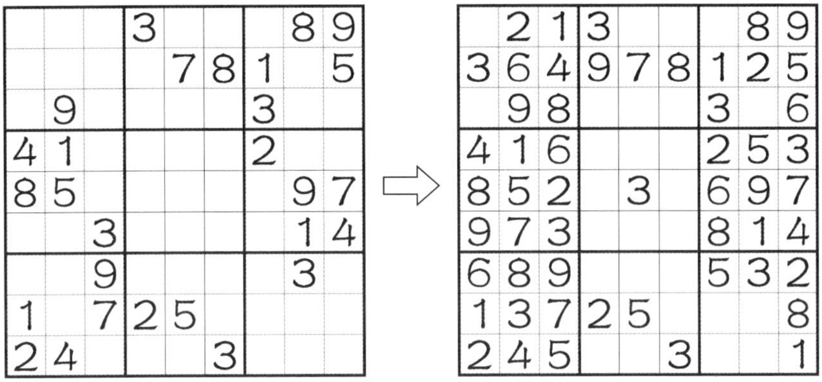

图9-18　两数三行列未定位UR案例

观察下图中第三、第五、第七行。第五行的1、4仅能在E5、E7中，第七行的1、4仅能在G4、G5、G6中。若第三行的1、4均在C4、C5、C6中，则这三行的八个未知数中，虽有两格为其余数字，但必定有六格为1、4的致命结构，无法通过外部排除确定内部1、4的具体位置及顺序。

故而，第三行中的1、4必有一个在其余位置，观察可得C8=4。

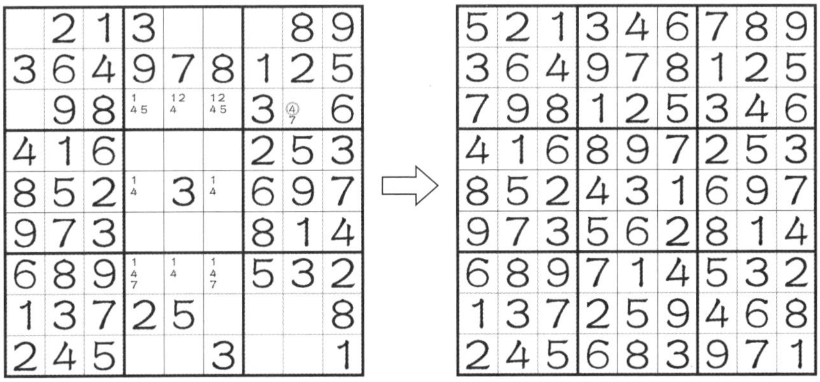

图9-19　解出终盘

复合UR

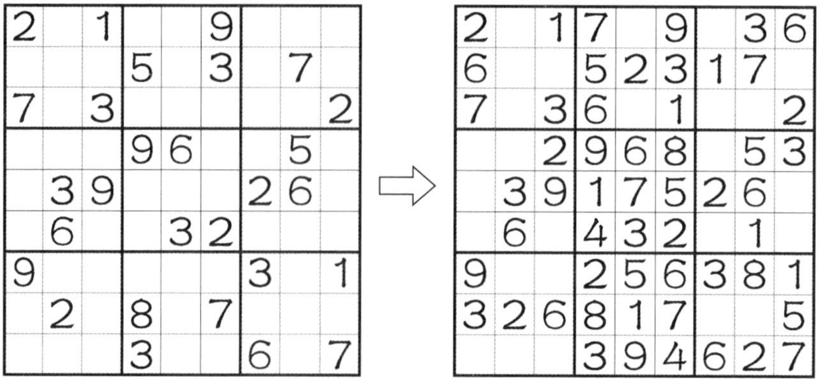

图9-20　复合UR安全

观察C7、C8及H7、H8，这四格为经典UR结构，删减C7的4、9，得C7=5、8。此时，观察A2、C2、A4、C4、A7、C7六格，除C2格外，余下格的候选数均为4、5、8，若C2≠9，则这六格必定形成关于4、5、8的致命结构。

因此，C2=9。

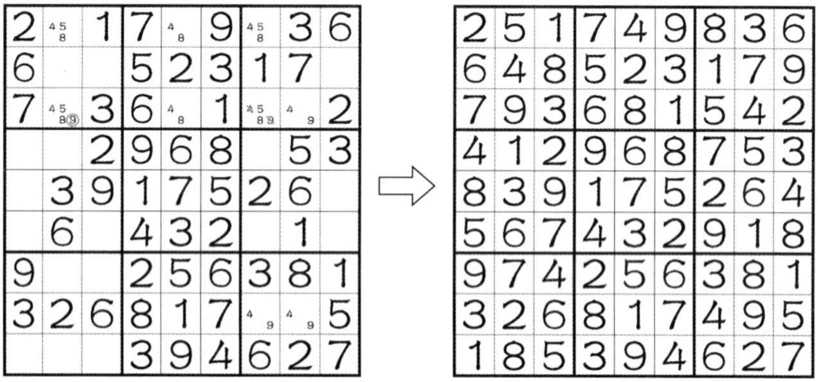

图9-21　解出终盘

HUR

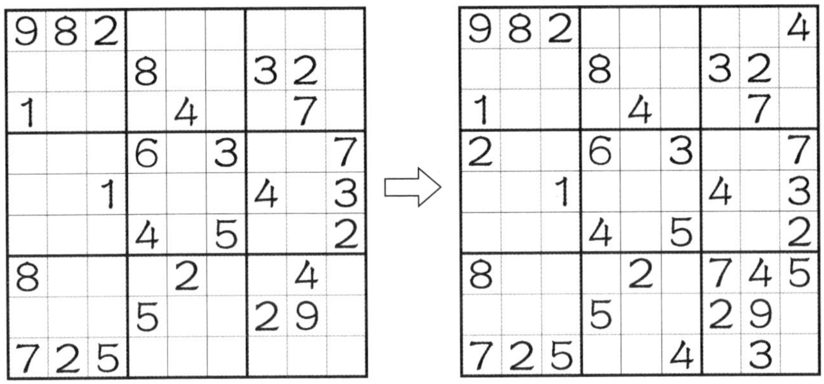

图9-22　HUR案例

本题中，注意C4、C6、E4、E6四格。这四格中必定含有两个数字2（考虑第二宫和第五宫内数字2的分布）；若此四格中另两格为9，那么必定形成致命模式。因此，这四格中最多只能有一个9。

考虑第六列中数字9的分布，只能在[B6、C6]与E6中（此处把B6和C6视为一个整体进行观察）。若C4=9，则B6、C6均不能是9，第六列的9只能在E6，即C4和E6均为9，与上一段的结论矛盾。

故而，C4≠9，结合第一宫的数字3的区块，有唯余解C4=2。本题中所用到的唯一矩形结构称为隐性唯一矩形（Hidden Unique Rectangle），简称HUR，属于高级技巧的一种。

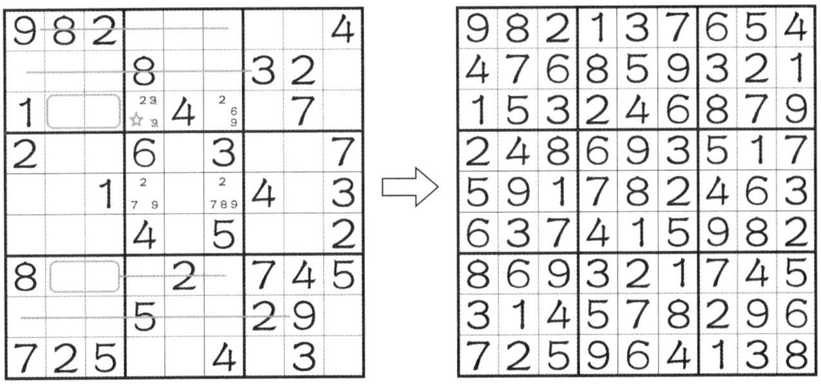

图9-23　解出终盘

反UR

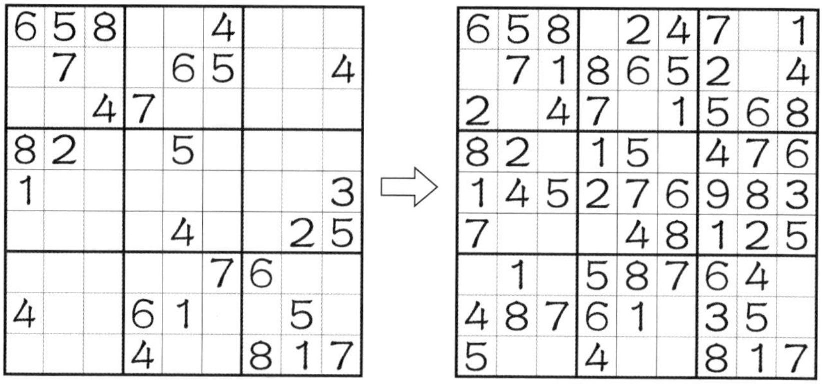

图9-24　反UR案例

本题中，观察数字3、9。除了第六、第九宫外，余下的数字3、9都无法推定，若H9=9，则余下七个宫内的3、9会形成内部循环，即可互换而不受已知数字的制约。

因此，H9≠9，得唯余解H9=2。注意本题中矛盾的情况下，数字A、B已知的线索形成了致命模式，而余下所有A、B均未知，且无法推断，在空白格里形成了位置待定的大型致命模式。这种结构称为“Reverse Unique Rectangle”，简称反UR。

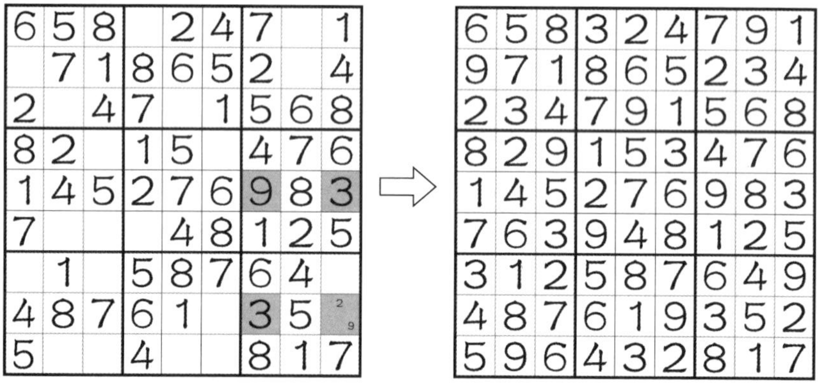

图9-25　解出终盘

UR链和UR特殊用法

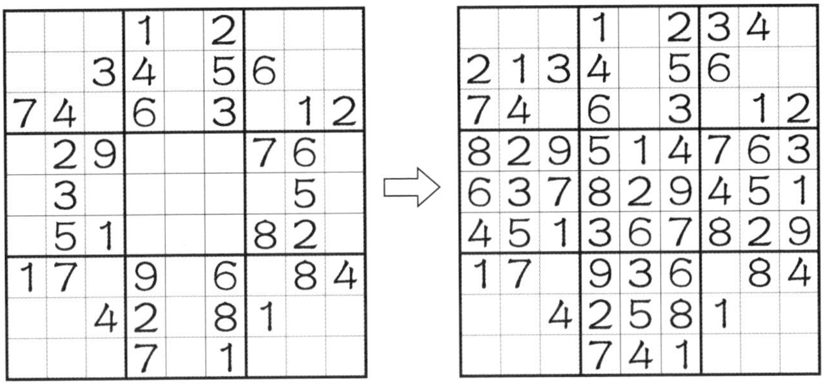

图9-26　UR链和UR特殊用法案例

此题有两处可用UR突破。观察右下角H1、I1、H8、I8。这四格接近于3、9的致命模式，且其中必定包含两个3（观察第一、第八列可得）。这两个3可能位于H1、I8，或是I1、H8，如果是第二种情况，那么H1、I8均为9，构成致命模式，矛盾。故而，H1、I8为3，这属于UR的一种特殊用法。在本题中，使用这种特殊用法可有一定突破，但如需解题，仍需其余高级技巧。

另有一处可观察A5、B5、A9、B9四格，为避免形成7、8的致命模式，A5（9）、B5（9）和A9（5）至少有一个为真。A5（9）或B5（9）为真时，C5≠9；A9（5）为真时，C7=9，C5≠9。无论哪一种情况，都有C5≠9，得唯余解C5=8，进一步可解开本题。

此处可用后文所述的链结构进行表达，即[A5、B5]（9）== A9（5）-- C7（5）== C7（9），进而删减C5的9。利用UR形成的链结构，是解决较难题目的一大利器。

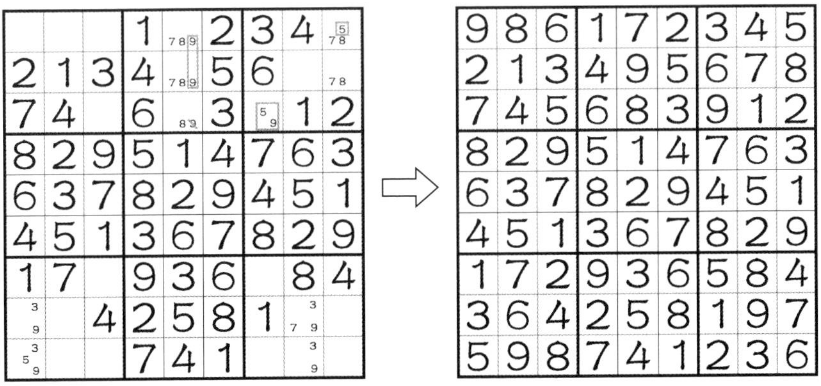

图9-27　解出终盘

BUG+1

			9	4				8
	2	9				5		
					1			3
			8		4		5	
7		8		1		4		6
	5		3		2			
9			7					
		7				6	8	
1				5	6			

⇒

3	1	6	9	4	5	2	7	8
8	2	9	6	3	7	5		
	7		2	8	1	9	6	3
	9		8		4	3	5	
7	3	8	5	1	9	4	2	6
	5		3		2	8		
9	6		7	2	8	1		
	4	7	1	9	3	6	8	
1	8		4	5	6	7		

图9-28　BUG+1案例

观察这个案例，此时如果删除F9的1之后，全盘的候选数符合以下特征：

·每个单元格内仅有两个候选数。

·每个候选数在其所在的行、列、宫内仅出现两次。

符合这种结构的盘面，我们称之为双值全体坟墓（Bivalue Universal Grave），简称BUG。这种结构下，两组候选数可以互相转换，形成全盘、多种数字的大型致命模式。

为了避免这种致命模式发生，正常的盘面会比BUG盘面多出若干个候选数。本题中，盘面比BUG模式多出的候选数即是F9的1，为了避免BUG模式成立，F9的1必定为真。

比BUG模式多出一个候选数的情况叫作BUG+1，当BUG+1发生时，多出的候选数必定为真。而当BUG+*N*（*N*>1）发生时，多出的*N*个候选数内，至少应有一个为真。一部分资料中，将Bivalue错写成Bivalve（双壳），并将这一技巧误翻为双壳全体坟墓。

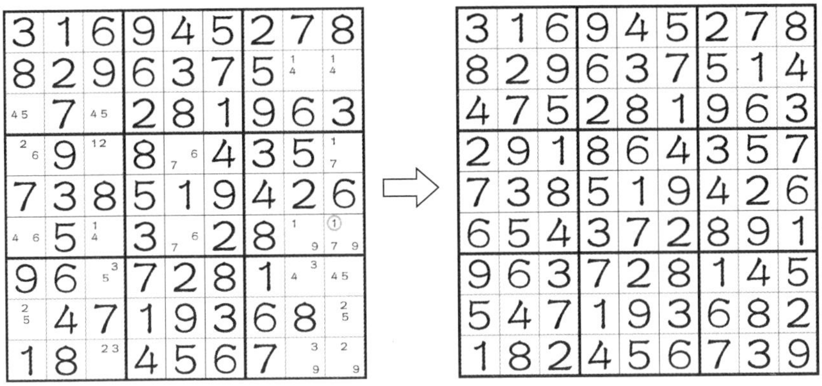

图9–29　解出终盘

BUG+2（异数）

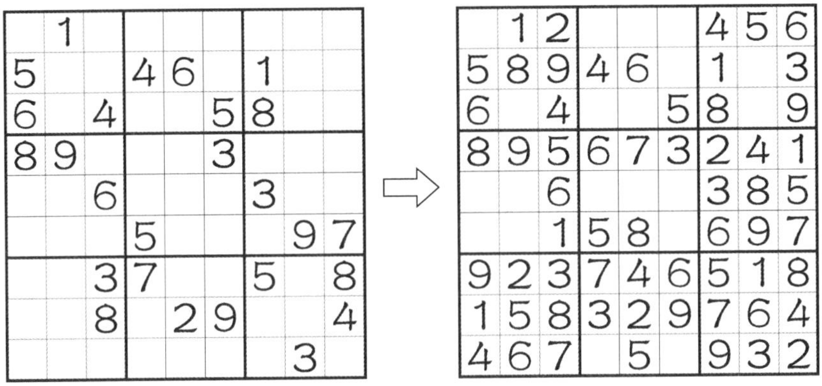

图9–30　BUG+2案例

本例为BUG+2的结构，多余的两个节点为E4（1）和E6（2）。若E4=1，则C4=2，B6≠2；若E6=2，B6≠2。

为避免BUG结构成立，E4（1）和E6（2）的两个节点必有至少一个真，无论哪一个真，都可以删减B6的2，得唯余解B6=7。

这样的结构可用后文提到的链结构表示为E6（2）== E4（1）-- C4（1）== C4（2），删减首尾两端共同影响的B6的2。

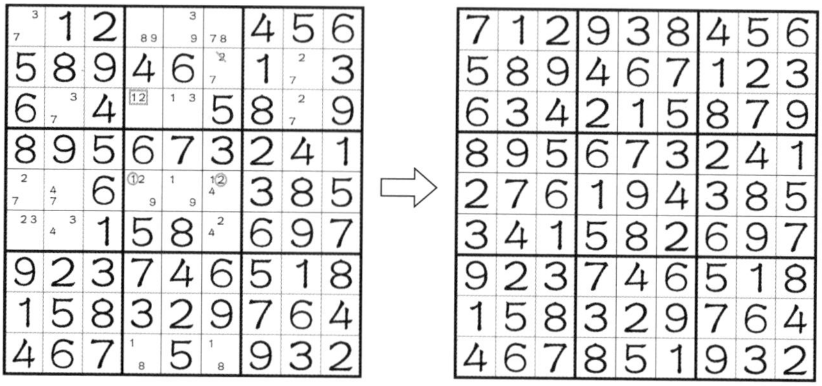

图9-31　解出终盘

BUG+3

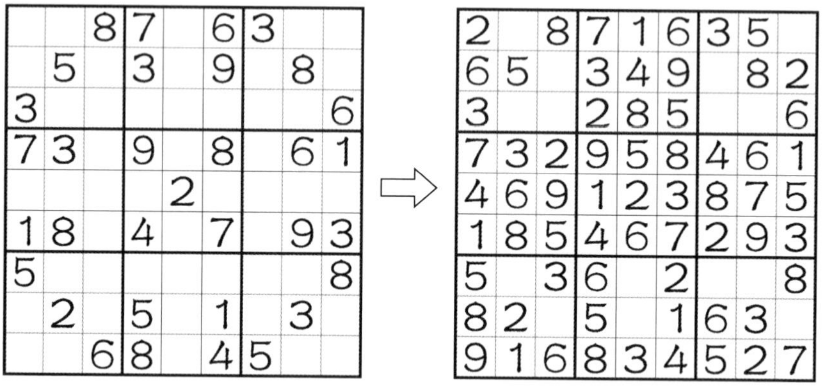

图9-32　BUG+3案例

图中是一个BUG+3的案例，多出来的三个候选数C2（4）、C3（7）和C7（1）至少应成立一个。观察可知，若C2=7，那么这三个候选数都不能成立，矛盾。故而C2≠7，得第二列的行列排除解G2=7。

观察BUG结构，多余的三个数字是C2（4）、C3（7）和C7（1），无论哪个数字正确，均有C3≠4的结论，因此删减C3的4，第三列的4在H3。

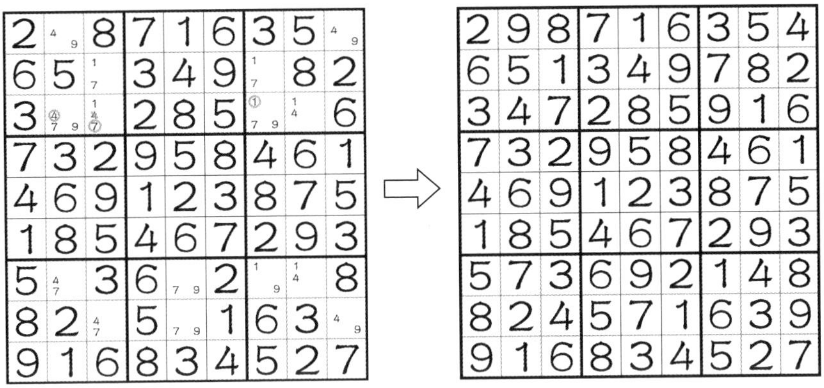

图9-33　解出终盘

BUG+4

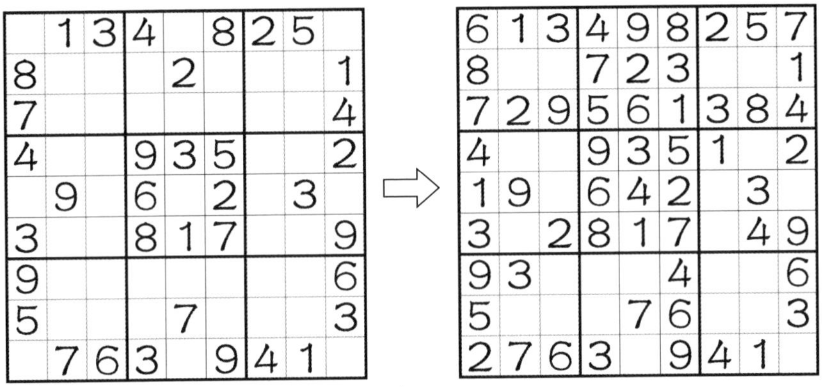

图9-34　BUG+4案例

本题是BUG基础上多了四个节点的BUG+4结构，多出的节点为E3（8）、H3（8）、G7（8）和E7（5）。

考虑到前三个节点都是关于数字8的，若前三者中有真节点，则G3=1，G4=2，G8=7，D8=6，F7=5。为避免BUG，四个节点中至少有一个真节点，可以推断出F7（5）与E7（5）至少应有一个成立，可得G7≠5。

之后可得行列排除解G5=5，宫内排除解I9=5，唯余解I5=8，E9=8。此时再度观察盘面，会形成BUG+1的形式，多余的节点为H3（8），为避免BUG模式，得H3=8。

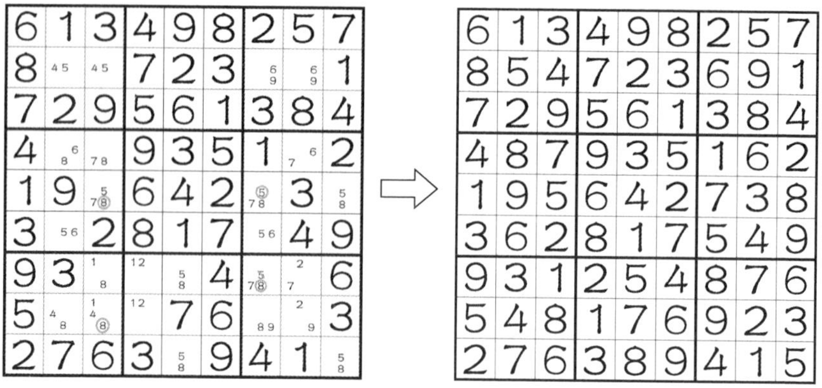

图9-35　解出终盘

待定BUG（A-BUG）

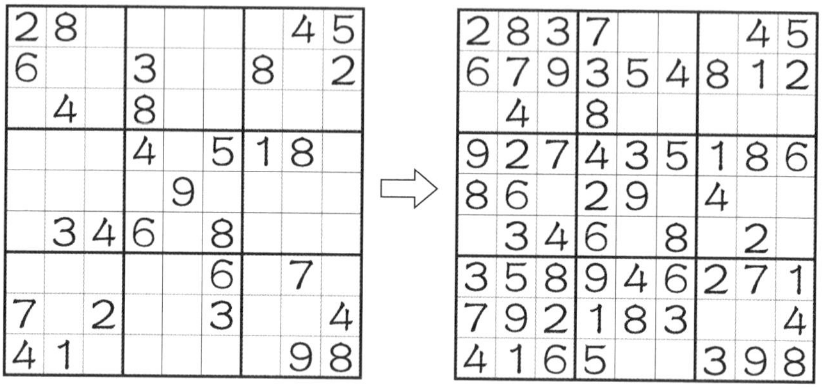

图9-36　A-BUG案例

本题中，观察候选数（需要利用C1、C3的1、5数对删减第三行其余格的1、5），一共有三个三值格。我们发现第六行中F7格、第九列中C9格都多余一个候选数7。但在第三行中，数字7仅出现了两次，如果删减了C9的9，马上能得到行列排除解，因此这里并不是一个合格的BUG结构。

但实际上，本题与BUG结构非常接近。考虑C7=7的情况，此时，F7和C9都不能是7，而第三个三值格C7已经变成了已知的数字，此时盘面构成致命模式，矛盾。故而C7≠7，得到行列排除解C9=7。

这种近似于BUG的结构称为Almost BUG，简称A-BUG。

2	8	3	7	1 6	1 9	6 9	4	5
6	7	9	3	5	4	8	1	2
1 5	4	1 5	8	2 6	2 9	[7 boxed] 6 9	3 6	3 [7 circled] 9
9	2	7	4	3	5	1	8	6
8	6	1 5	2	9	1 7	4	3 5	3 7
1 5	3	4	6	1 7	8	5 [7 circled] 9	2	7 9
3	5	8	9	4	6	2	7	1
7	9	2	1	8	3	5 6	5 6	4
4	1	6	5	2 7	2 7	3	9	8

2	8	3	7	6	1	9	4	5
6	7	9	3	5	4	8	1	2
1	4	5	8	2	9	6	3	7
9	2	7	4	3	5	1	8	6
8	6	1	2	9	7	4	5	3
5	3	4	6	1	8	7	2	9
3	5	8	9	4	6	2	7	1
7	9	2	1	8	3	5	6	4
4	1	6	5	7	2	3	9	8

图9-37 解出终盘

挑战一下

G1

						5		
		2			6		1	4
5	6		1		9			
	3		2				7	
2	8						5	1
	1				5		6	
			3		8		9	2
8	5		4			6		
		3						

G2

						7	8	
5	4					9		
			9	1	3			
						3		8
3			2	4	9			5
7		1						
			5	8	6			
		2					1	6
	7	6						

G3

4		2			7			
			4		2		8	
8		1					7	
		3		9		8		1
			8		5			
9		4		2		3		
	6					7		8
	2		9		6			
			1			2		9

G4

			8			2	3	
3					5	6		
9	1		4	3				
	2					1		3
		5		8		4		
4		9					7	
				5	4		2	6
		3	6					1
	5	8			1			

G5

		9	7		2	8		
		7				1		
	6	2				9	3	
7			6		4			5
	2						9	
4			5		9			6
	5	1				6	4	
		6				7		
		4	3		1	5		

G6

	1	6				2	3	
9				3				5
	4						8	
		4	9		1	8		
	6			2			9	
		1	6		8	5		
	5						4	
4				7				2
	7	2				1	5	

G7

				9				
9		7	8		2	3		5
		3				2		
	9		4		1		7	
5				2				1
	2		7		9		6	
		8				1		
6		2	3		7	8		9
				8				

G8

	7	3				9	1	
1				3				7
4			9		7			3
		1	6		2	3		
	5						9	
		9	1		5	7		
2			8		6			9
3				2				8
	8	4				2	7	

G9

2			4	7				
			1	2		8	5	7
1		6						
					7	6		5
	3			8			4	
6		1	3					
						4		6
7	2	4		6	1			
				9	4			8

G10

	2		6		4		8	
9				5				4
	5	8		2		6	3	
			1		9			
		9				2		
			5		2			
	9	2		6		3	1	
1				7				2
	3		2		1		5	

Section 10　鱼结构

当某个数A在某两行/两列中，只出现在两列/两行内，则删减这两列/两行其余的A，这种结构叫作Xwing［图10-1（a）］。

Xwing如果凝聚在同一大行/大列，那么就是组合区块；也可以用后文中提到的单链视角对这类题目进行观察。

Xwing有三阶的情况，那种情况称为剑鱼（Swordfish）。需要注意的是，剑鱼结构可能是不完备的。图10-1（b）展示的是完整的关于数字2的剑鱼结构，其中任意一部分单元格被其余的已知数占据，不影响整体结构的形成和删减。被无关已知数占据的剑鱼是不完备的。主要还是要检查概念与定义：当某个数A在某三行/三列中，只出现在三列/三行内，则删减这三列/三行其余的A。

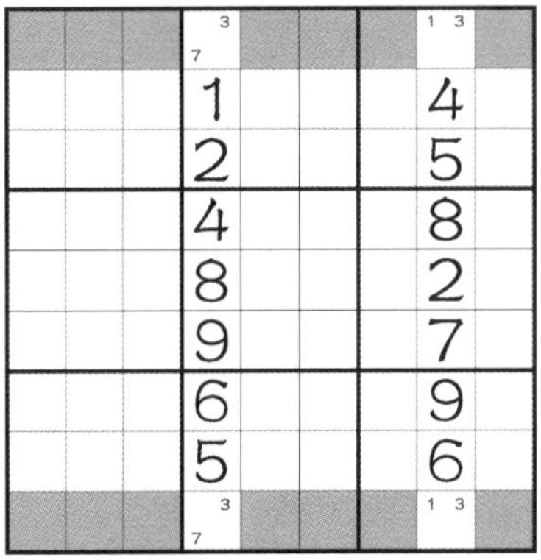

（a）Xwing

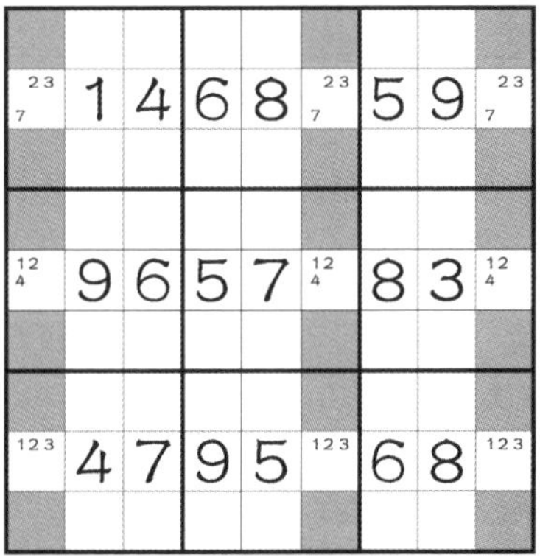

（b）剑鱼

图10-1　鱼结构

更高阶的Xwing情况会依据阶数不同而有着不同的命名，如水母、海怪等，均为海洋生物，统称为鱼结构。此外，鱼结构都可能有鳍（Fin），即形成结构的数字A，在形成鱼时，除了标准定义的部分外，还多出一些单元格，每多出一个格，就是这条鱼有一个鳍。带有单个鳍的结构在命名时，在结构本身之前加上“鳍”字，如鳍Xwing或鳍剑鱼。带有多个鳍的结构需要加上鳍的个数，如双鳍剑鱼。

除了鳍之外，鱼结构也有着极为复杂的变化（退化、正交等不同类型），本书不予以涉及，仅讨论不含或者含有较少鳍的Xwing或剑鱼。作为补充内容，会提及宫内鱼、秩、不饱和鱼、自噬等概念。

Xwing形成唯余解

			9	3	7			
		4				7		
	1		2		5		8	
4		5	3		1	9		8
3								6
8		1	5		6	2		4
	4		1		2		6	
		2				8		
			7	6	3			

⇨

			9	3	7			1
		4	6	1	8	7		
	1		2	4	5		8	
4	6	5	3	2	1	9	7	8
3	2		8		4	1	5	6
8		1	5		6	2	3	4
	4		1	8	2		6	
6		2	4	5	9	8	1	
1			7	6	3			

图10-2　Xwing形成唯余解案例

观察第二、第八行数字3的位置，只能在第二或第九列，构成Xwing，可删减这两列中其余单元格的数字3，得唯余解C9=9。

			9	3	7			1
		4	6	1	8	7		
	1		2	4	5		8	3 9
4	6	5	3	2	1	9	7	8
3	2		8		4	1	5	6
8		1	5		6	2	3	4
	4		1	8	2		6	
6		2	4	5	9	8	1	
1			7	6	3			

⇨

2	8	6	9	3	7	5	4	1
5	9	4	6	1	8	7	2	3
7	1	3	2	4	5	6	8	9
4	6	5	3	2	1	9	7	8
3	2	9	8	7	4	1	5	6
8	7	1	5	9	6	2	3	4
9	4	7	1	8	2	3	6	5
6	3	2	4	5	9	8	1	7
1	5	8	7	6	3	4	9	2

图10-3　解出终盘

Xwing形成行列排除解

				7				
	4	5	9		3	8	6	
	1		2		6		4	
	2	3				1	5	
1								8
	7	8				6	3	
	9		7		4		8	
	8	2	5		9	4	1	
				3				

⇨

	3		4	7				1
	4	5	9	1	3	8	6	
	1		2		6		4	
	2	3	6			1	5	
1			3					8
	7	8	1			6	3	
	9	1	7	2	4		8	
	8	2	5	6	9	4	1	
			8	3	1			

图10-4　Xwing形成行列排除解案例

本题中，观察数字7在第二行、第八行的分布，可得数字7的Xwing，删减第一、第九列其余单元格内的7，得行列排除解D6=7。

这个行列排除较难观察，但可通过删减后，第六宫形成的7区块，对于第五宫进行排除，得到第五宫的宫内排除解D6=7。

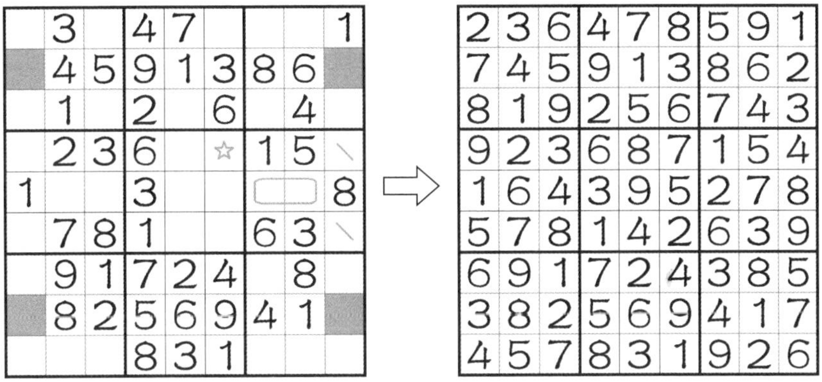

图10-5 解出终盘

鳍Xwing形成唯余解（1）

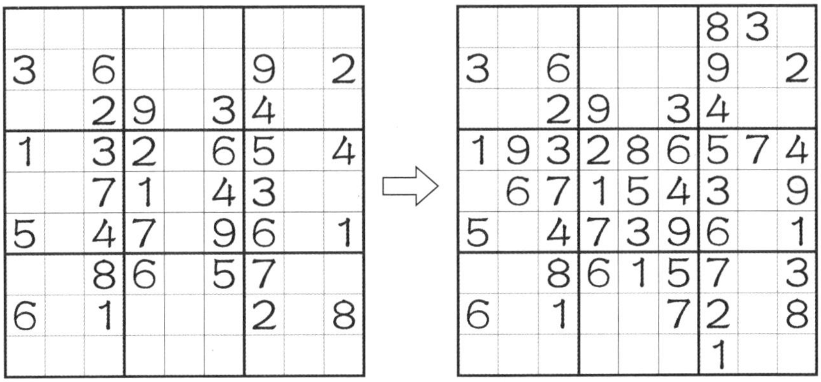

图10-6 鳍Xwing形成唯余解案例1

观察第三、第八行中数字5的分布，5只能在灰色的部分。此时，如果剔除C9格，那么灰色部分就是一个典型的Xwing结构，能删减第二、第八列其余的5。

若C9格成立，可删减其所在行、列、宫内的数字5。无论其是否成立，最终B8格都不能是5，得唯余解B8=1。

这种比Xwing多了若干单元格的结构叫作鳍Xwing（Finned Xwing），多余的单元格叫作鳍（Fin），讨论鳍Xwing时，要对鳍的真假进行分类讨论，找出无论鳍为真或者为假，都可删减的区域。

						8	3	
3		6				9	1 5	2
		2	9		3	4		
1	9	3	2	8	6	5	7	4
	6	7	1	5	4	3		9
5		4	7	3	9	6		1
		8	6	1	5	7		3
6		1			7	2		8
						1		

9	7	5	4	2	1	8	3	6
3	4	6	5	7	8	9	1	2
8	1	2	9	6	3	4	5	7
1	9	3	2	8	6	5	7	4
2	6	7	1	5	4	3	8	9
5	8	4	7	3	9	6	2	1
4	2	8	6	1	5	7	9	3
6	5	1	3	9	7	2	4	8
7	3	9	8	4	2	1	6	5

图10-7　解出终盘

鳍Xwing形成唯余解（2）

4		5	9	8				
6	8	9	1		2			
	2							
5		4					8	
7								1
	9					5		6
							3	
			3		9	6	1	4
				1	5	7		2

4		5	9	8	6	1	2	
6	8	9	1		2	4	5	
1	2			5		9	6	8
5		4					8	9
7	6		5	9			4	1
	9					5	7	6
9						8	3	5
	5		3		9	6	1	4
3	4	6	8	1	5	7	9	2

图10-8　鳍Xwing形成唯余解案例2

本题也是鳍Xwing的一种，但是与上文的不同，本题的鳍Xwing有一部分缺损（C5格）。在形成时，缺损的鱼结构也可以形成鳍鱼。

讨论数字7的分布，以C4、C6作为一个整体，将这个整体当成鳍。若鳍为假，那么第三、第八行中有一个缺损一角的Xwing，可直接得到C3=7，G5=7；若鳍为真，那么[C4、C6]中必有一个7。无论鳍为真或为假，都有B5≠7，得唯余解B5=3。

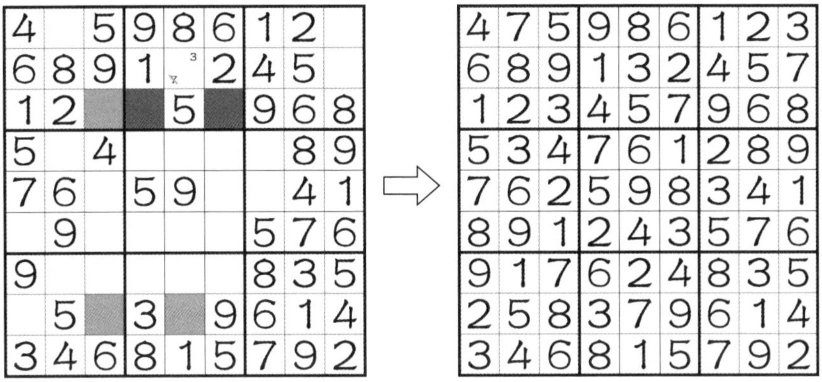

图10-9　解出终盘

鳍Xwing形成显性数对

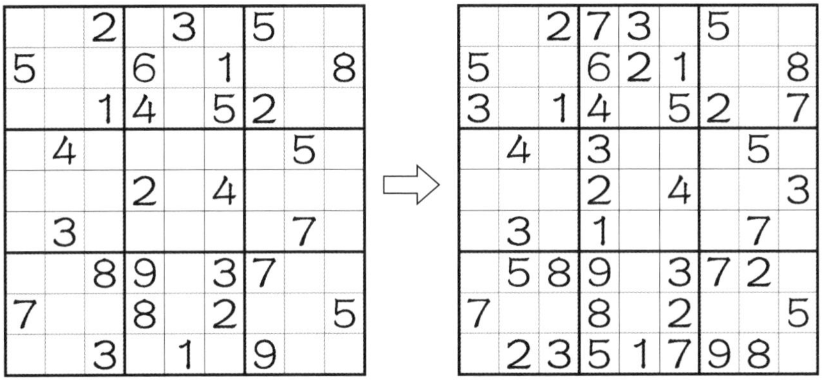

图10-10　鳍Xwing形成显性数对案例1

本题的鳍Xwing由第二列、第七列的1构成，其中[D7、F7]的整体为鳍，无论鳍的真假，都可以删减E8的1，得E8=6、9。

之后，E8、C8形成6、9的显性数对，A8≠6、9，且B8=3、4，与B7再度形成显性数对，得唯余解A8=1，并且由B7、B8的3、4数对可推出第一宫的宫内排除解A1=4。

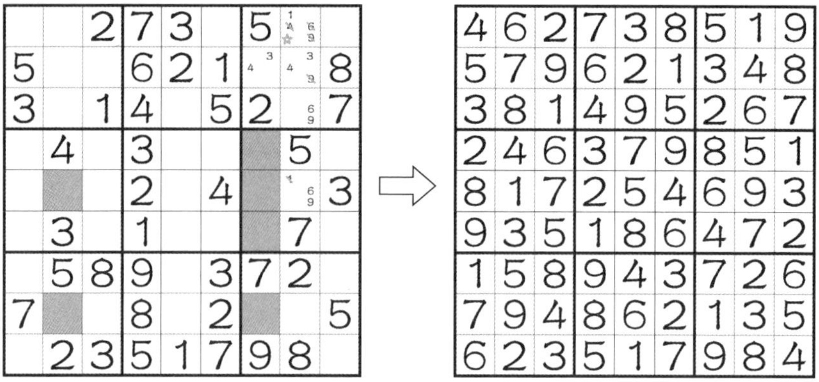

图10-11　解出终盘

鳍Xwing结合区块形成唯余解

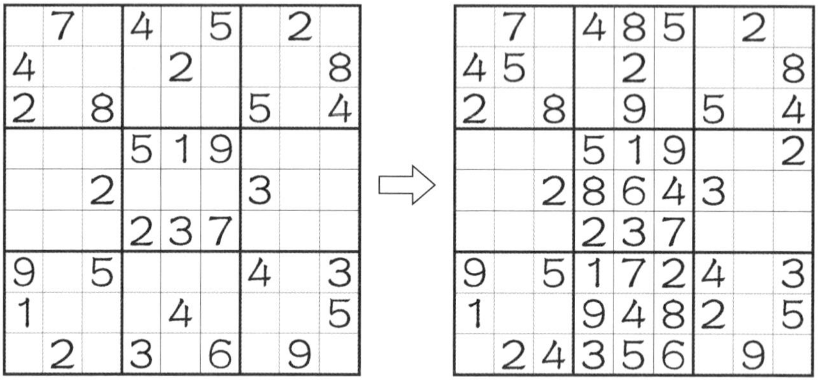

图10-12　鳍Xwing结合区块形成唯余解案例

本题中，考虑数字6的位置，第一列中A1、[D1、F1]与第九列中A9、F9构成了鳍Xwing（以D1为鳍），删减F3的6，结合第一宫的数字9的区块，得唯余解F3=1。

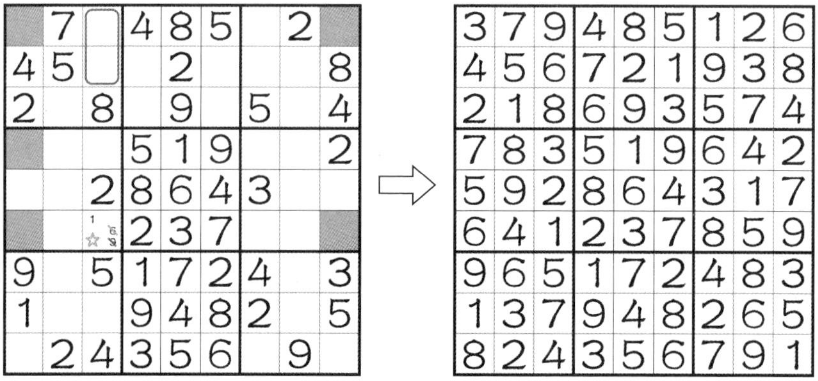

图10-13　解出终盘

鳍Xwing结合区块、数对得排除解

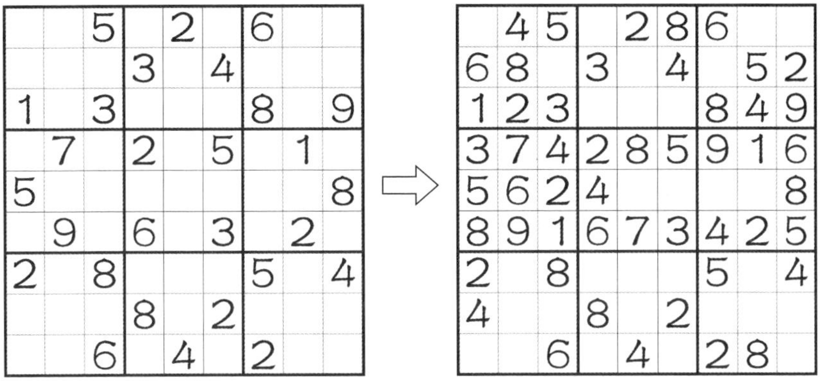

图10-14　鳍Xwing结合区块、数对得排除解案例

本题流程较为复杂，可分步进行：

· A8、E8为3、7数对，删减G8的3、7，第七行的7在G4、G5、G6之中，形成区块。

· 第七行的数字 7的区块删减I6的7，I6=1、9。

· E6、I6构成1、9数对，G6≠1、9。

· B5、E5构成1、9数对，G5≠1、9。

· 第一、第九行中，数字9的位置形成鳍Xwing，以I6的9为鳍，删减G4的9。

· 第七行有行列排除解G8=9。

多种技巧复合时，观察难度往往较高，但对于解题者提升自己的技巧理解水平，有非常大的帮助。之后，需要注意B5、E5的1、9数对，它可删减这一列其余位置的9，删减H5的9之后，结合G8的9，可得到第八行的9在H3。

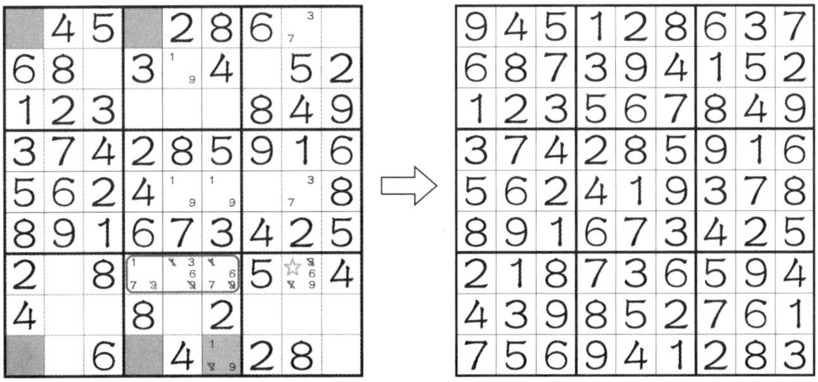

图10-15　解出终盘

剑鱼形成唯余解

6			1					7
	3			8			2	
		8				4		
								5
	7			2			3	
1								
		2				8		
	4			3			1	
7					5			6

→

6	2		1	4	3		8	7
4	3	7		8			2	1
	1	8			2	4		3
2								5
8	7			2			3	4
1						2		8
3		2				8		9
	4			3			1	2
7	8	1	2	9	5	3	4	6

图10-16 剑鱼形成唯余解

本题中，第一、二、五行的5只能位于第三、四、七列，因此构成剑鱼，删减这三列中其余位置的5，得唯余解H7=7。

6	2		1	4	3		8	7
4	3	7		8			2	1
	1	8			2	4		3
2								5
8	7			2			3	4
1						2		8
3		2				8		9
	4			3		7 5☆	1	2
7	8	1	2	9	5	3	4	6

→

6	2	5	1	4	3	9	8	7
4	3	7	9	8	6	5	2	1
9	1	8	7	5	2	4	6	3
2	9	3	8	1	4	6	7	5
8	7	6	5	2	9	1	3	4
1	5	4	3	6	7	2	9	8
3	6	2	4	7	1	8	5	9
5	4	9	6	3	8	7	1	2
7	8	1	2	9	5	3	4	6

图10-17 解出终盘

鳍剑鱼形成行列排除解

	6	3			8			
5						1	4	
4					2		6	
				6		8		4
			2		5			
2		6		3				
	3		6					7
	4	7						6
			9			4	5	

→

	6	3			8			
5					6	1	4	
4					2		6	
3	5			6		8	2	4
		4	2		5	6		
2		6		3				
	3	5	6					7
	4	7						6
6			9			4	5	

图10-18 鳍剑鱼形成行列排除解案例

本题中，观察第一、第四、第八列数字8的位置，在这些列中，数字8仅能分布于灰色部分中。

先将E1剔除，即考虑E1≠8的情况，则灰色部分形成剑鱼结构，删减第六、第七、第八行其余单元格内的数字8。接着考虑E1=8的情况，此时F2≠8。两种情况合并考虑，无论E1是否等于8，F2≠8。

删减F2的8后，在第六行有行列排除解F4=8。这种“长歪”，需要剔除部分格进行讨论的剑鱼，称为鳍剑鱼（Finned-Swordfish，简称Fin-Swordfish），本题中我们剔除的E1则为这题的“鱼鳍（Fin）”。

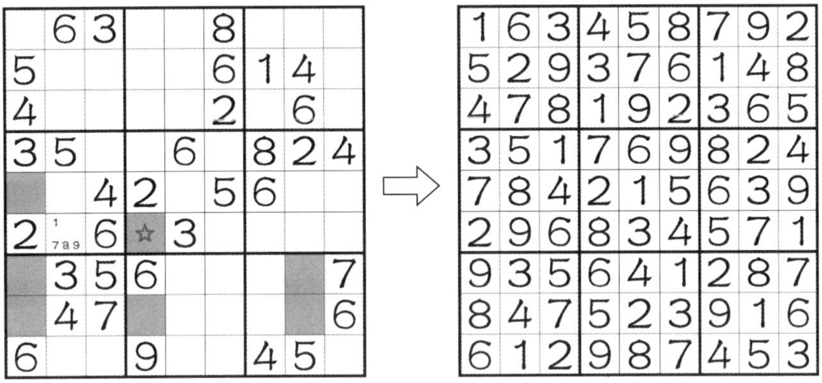

图10-19　解出终盘

两个重合的鳍剑鱼对同一格唯余

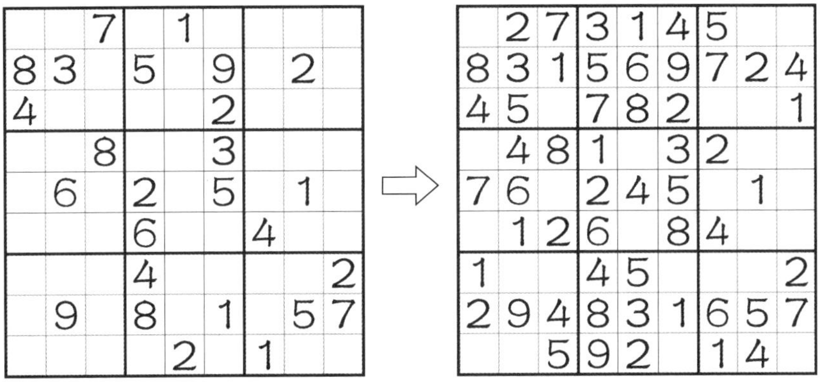

图10-20　两个重合的鳍剑鱼案例

有时会有不同数字的鱼结构，其所在位置重合或近乎重合的情况。在这个案例中，第三、第五、第七行的9只能存在于灰色部分，形成了鳍剑鱼，删减

D8、F8的9。在同样的三行中，数字3也只能存在于灰色部分（此处有一个微小的区别，3不能存在于C3格，但不影响剑鱼整体结构），可删减F8的3，得唯余解F8=7，进一步得唯余解D8=6。

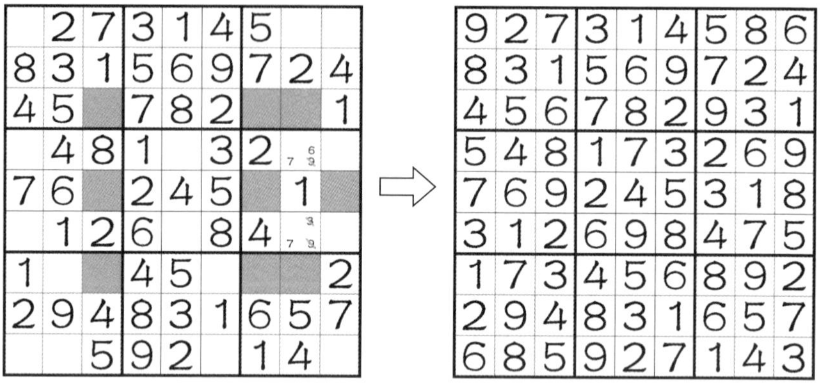

图10-21　解出终盘

带鳍宫内鱼

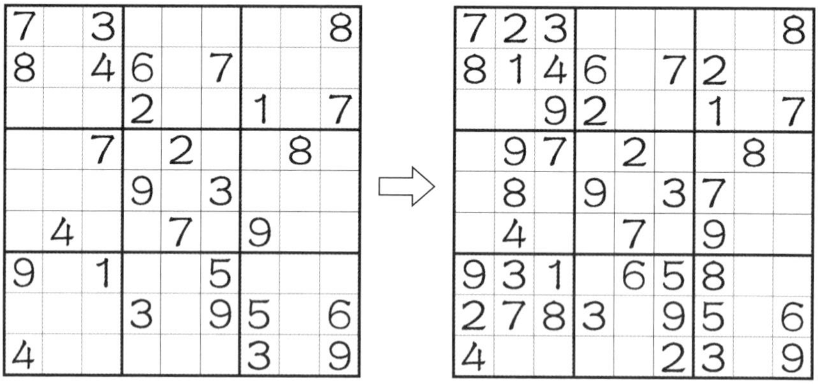

图10-22　带鳍宫内鱼案例

鱼结构的定义域可能是由宫+行列组成，定义域有宫的鱼称为宫内鱼。观察下图中灰色部分，第三宫、第五行、第八行中共有三个4。

以深灰色格E9为鳍，设E9为假，那么此处就是一个典型的宫内鱼结构，定义于两行+一宫的浅灰色部分有三个4，恰巧位于三列之中，故而删减第五、第七、第八列其余格的4。

若E9为真，也可删减一部分单元格的数字4。无论这两个结论哪个为真，均有D7≠4，得唯余解D7=6。

由宫+行列形成的鱼称为宫内鱼Franken Fish，本题中所用的鱼是三阶，且有鳍，因此本题中使用的技巧全称应为Finned Franken Swordfish，即带鳍宫内剑鱼，属于带鳍宫内鱼结构的一种。

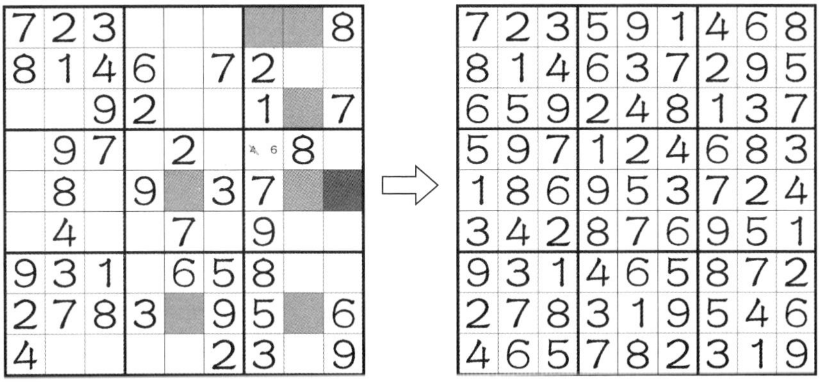

图10-23　解出终盘

复杂鱼结构

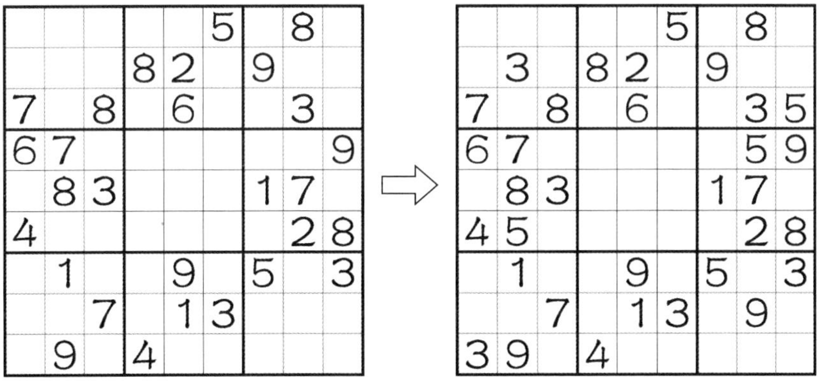

图10-24　复杂鱼结构案例

观察本题中数字4的分布，在空白的单元格中，4仅能位于灰色部分（此处需要注意第三行的2、4数对，删减C6的4）。这些灰色区域里存在鱼结构，但是比较复杂，观察、理解都较为不易。

若E5=4，可推断B6、D7、A9、C2、G3等格为4，此时第九宫的4将无处可填，矛盾。因此E5≠4。此题使用的鱼结构与前文不同，是不饱和鱼（Unsaturated Fish），不饱和鱼与前文的常见鱼结构的区别在于秩（Rank）。前文所提到的鱼，其秩都为0，可以立即进行删减。而若秩为负数，那么鱼结构内部会立即矛盾。

灰色部分内部的多个节点形成了不饱和鱼，通过秩的定义，进行一定推断后（由于篇幅所限，且技巧理解难度较高，此处省略关于秩的定义及此处推断过程），可证明A5、E9两格至少有一为真，否则秩会为负数引起矛盾。这两格为这条鱼结构的守护者（Guardian），最终删减E5、A9格。而A9格为鱼自身内部的节点之一，这种删除自身部分节点的方式叫作自噬（Cannibalism）。

不饱和鱼结构的观察和理解难度都较高，大多数案例用秩进行理解的难度也较高，直接带入数字引起矛盾反而更加容易理解。本题删减E5的4后，得到唯余解E5=5，之后本题即简化为利用区块、数对技巧即可完成的题目。

					5		8	
	3		8	2		9		
7	4 2	8		6		4 2	3	5
6	7						5	9
	8	3		4 5		1	7	
4	5						2	8
	1			9		5		3
		7		1	3		9	
3	9		4					

⇨

1	2	9	3	4	5	6	8	7
5	3	6	8	2	7	9	4	1
7	4	8	9	6	1	2	3	5
6	7	2	1	3	8	4	5	9
9	8	3	2	5	4	1	7	6
4	5	1	6	7	9	3	2	8
8	1	4	7	9	2	5	6	3
2	6	7	5	1	3	8	9	4
3	9	5	4	8	6	7	1	2

图10-25　解出终盘

挑战一下

H1

		4	1					5
		5		2	6			
1	9							
7				1			3	
	5		7	6	8		1	
	6			5				9
							9	8
			3	8		2		
8					4	1		

H2

	3		2			7		
	4			8			9	1
5		8		1		2		
			8		2			9
	1	2				6	7	
9			7		1			
		3		2		9		7
6	9			7			2	
		1			9		5	

H3

9	2		5		6		1	8
5	6		8		1		3	4
6	9		4		3		5	7
1	4		9		7		2	6
3	8		6		5		7	2
4	7		3		2		9	5

H4

	4		1		6		2	
9			3	2	4			8
5	8			7			6	3
		2				7		
4	7			6			8	1
6			5	4	3			7
	9		2		8		5	

H5

2								8
	1	8	4	7			2	
					6		7	
		9	8		4		6	
	6						3	
	4		5		1	7		
	3		6					
	8			1	9	3	4	
1								6

H6

6		7		1	4			
3			8	9		7		
		1	9		6			2
2		5				3		7
9			7		3	5		
		6		3	8			5
			6	7		9		8

H7

			1		5		4	
		8				1		3
	1				7		8	
8				2		6		4
			8		4			
4		5		1				9
	8		2				9	
1		2				5		
	7		4		1			

H8

		3		8				7
	5		9			6		
6		9					2	
	3			5				
7			4		1			9
				7			1	
	7					2		8
		8			7		9	
2				4		3		

H9

				8	1			
	4					8		9
	9	6						
4			8			7		3
		3	7		4	6		
5		7			6			2
						5	3	
6		8					1	
			6	4				

H10

	3		9			1		
9					8	3	6	
		7			2		9	8
3						8	7	
				5				
	8	9						3
4	9		7			6		
	1	3	6					9
		6			9		5	

Section 11　单链结构

如果两个命题［如F1（2）和D6（3）等］不能同时为假，称为强关系，用灰色方框标记，表示为A==B；如果两个命题不能同时为真，称为弱关系，用灰色线联结，表示为C--D。

如果四个命题，P1、P2和Q1、Q2，有如下关系：P1==P2—Q1==Q2，那么可以推断得P1、Q2不能同假，否则会引起矛盾，因此P1、Q2必有一真，如果命题R和P1不同真，且与Q2不同真，那么R必定为假。这样的结构称为双强链结构，基础的链结构即是“以一条弱链联结的两条强链”。

考虑的命题都是关于某一个数字时，如图11-1（a），C7（4）== C3（4）-- G3（4）== G9（4），进而C7（4）和G9（4）必有至少一真，能删除灰色区域的4。图11-1（b）是关于5的链结构，能删减灰色格的5。

单链结构包括了双强链结构，和其余更为复杂的结构。双强链结构自身也分为平行型［两条强链平行，如图11-1（a）］、垂直型［两条链垂直，如图11-1（b）］、直斜型（一条链平行于坐标轴之一，另一条链形成于宫内且与坐标轴方向不平行）三种基础类型。其中以平行型的删减域为最广，另两种双强链结构都只能删减单个单元格。

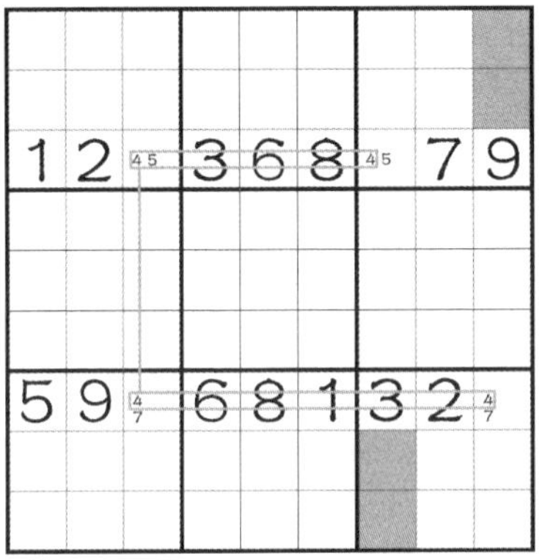

（a）两条强链平行

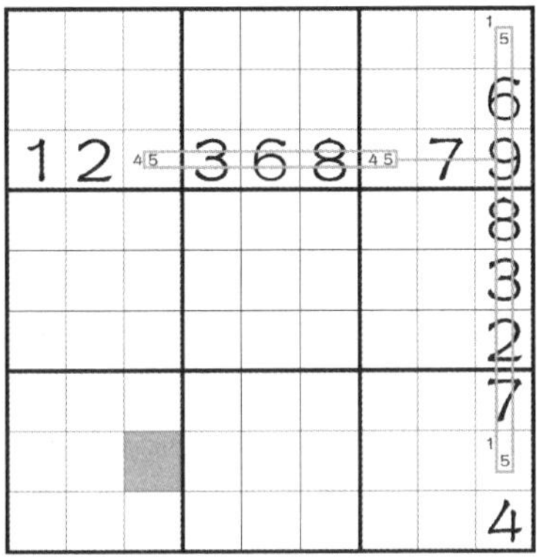

（b）两条强链垂直

图11-1　单链结构

单链形成唯余解

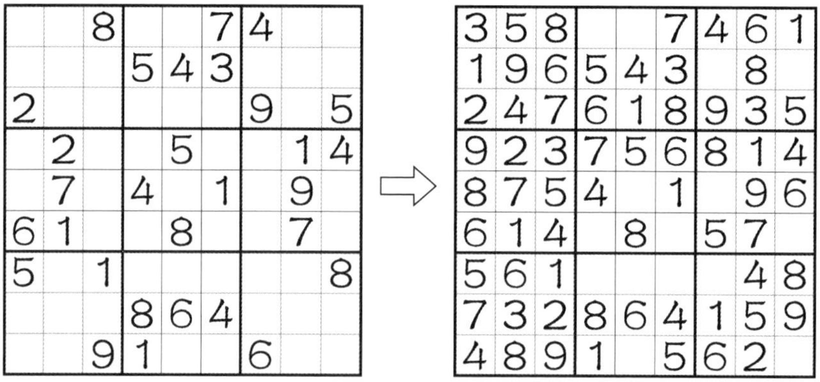

图11-2　单链形成唯余解案例

多数使用单链的题目，使用单链的时机会处于解题的中后期，此时很多行列宫内仅缺少2~3个数字，可使用的强关系较多，有时可以从不同的视角观察到多条单链。

此处选择了较为容易观察的平行链，删减G7、F9的3，均可形成唯余解。也可选择垂直链E5==E7--F9==I9，删减I5的3，或是直斜链E5==E7--G7==I9删减I5的3，通过这两种思路可得到唯余解I5=7。

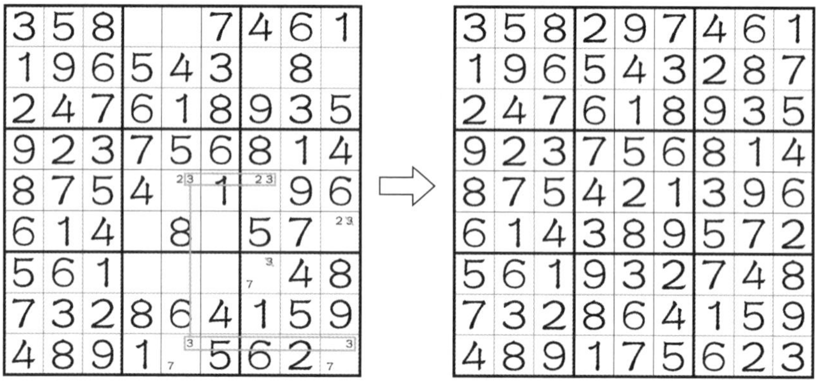

图11-3　解出终盘

单链形成唯余解（隐蔽）

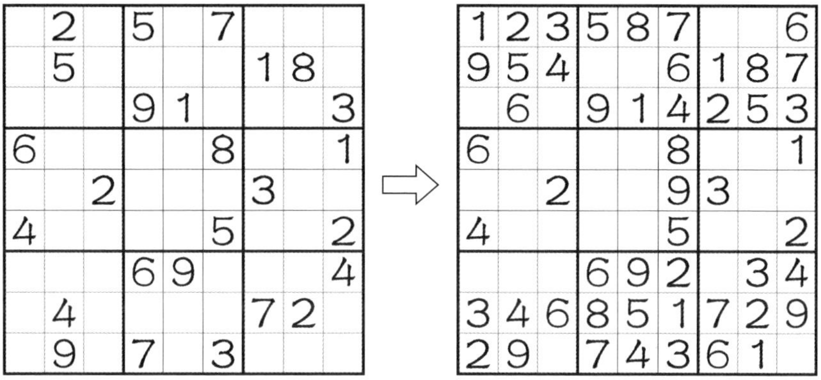

图11-4　单链形成唯余解（隐蔽）案例

本题也为经典的平行链构造，但D3、D7的5形成的强关系需要通过多次行列排除才可得到，隐蔽性较高。

一般地，跨越很远的行列数对容易成为单链的一部分，如本题中，观察到第九行仅缺少5、8时，可观察有哪些行在第三、第九列缺少5和8，再看看这些行中5和8可能存在的位置，通过这样的方式去寻找强关系，构造单链。

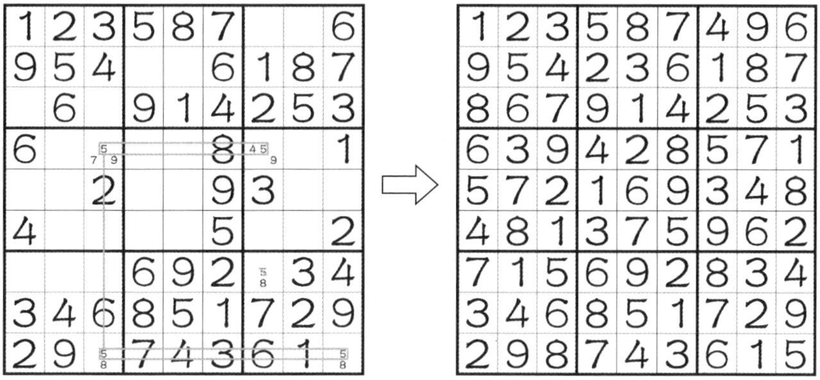

图11-5　解出终盘

单链形成宫内排除解

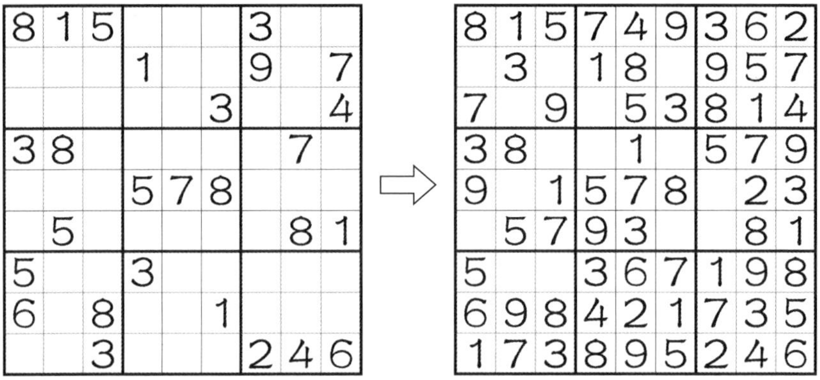

图11–6　单链形成宫内排除解案例1

本题用的单链为6的平行链，构造时C4、D4部分较为直观，但C2、E2的6需要通过H1的6排除G2才可形成强链关系，相对更隐蔽。

单链删减D3的6之后，在第四宫有宫内排除解E2=6。

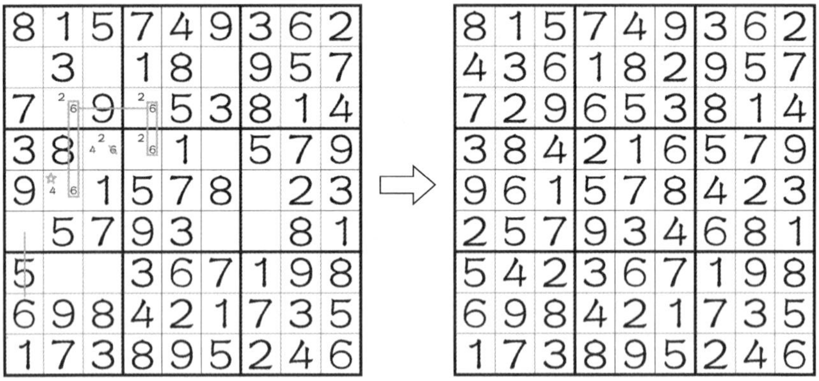

图11–7　解出终盘

单链形成宫内排除解（隐蔽）

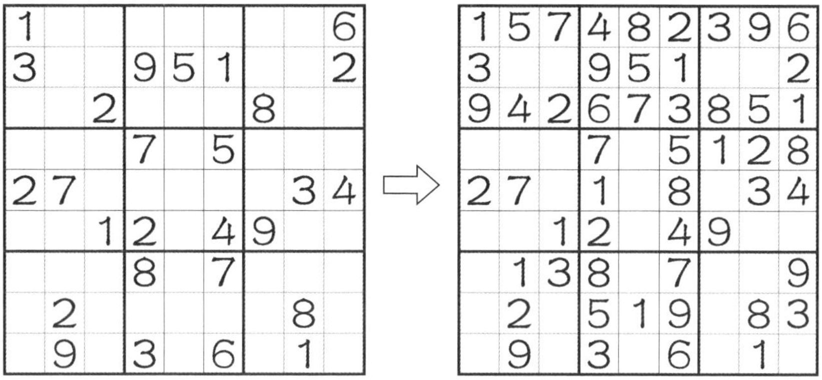

图11-8　单链形成宫内排除解案例2

本题也是由单链形成宫内排除解，E3、E7与G7、G1构成5的单链，删减F1的5。删减后可结合排除得到第四宫的宫内排除解E3=5。

较之上一题，此题单链并不直观，删减之前5在第四宫有两个可能位置，且不在同一行、同一列之中，很容易被忽略。此题中我们可以采取一种观察策略：使用单链删减时，先不考虑已知数的影响，仅考虑单链的删减结果。此时可以同时删减D1、F1的5，之后结合A2的5，我们确定数字5在D3、E3之中，之后再寻找相关的宫内是否有已知数线索。这种方式优先观察了单链的删减结果，删减过后再结合已知数，调整了一下顺序，会跳过不容易发现的“第四宫的5在E3和F1之中”这个壁垒。

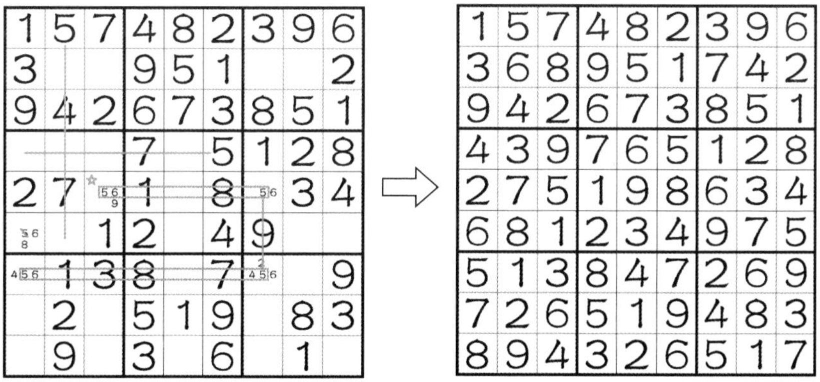

图11-9　解出终盘

单链形成行列排除解

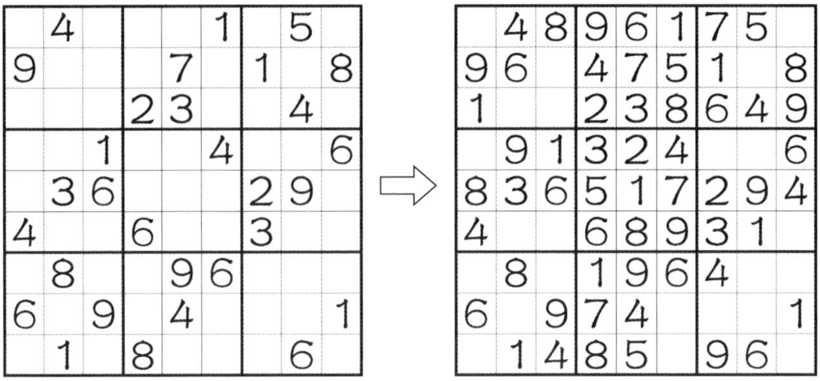

图11-10　单链形成行列排除解案例

本题中，D1、D7，以及H7、H2构成5的单链，删减G1的5，得到第一列的5在D1。通过单链形成行列排除解往往较难观察，解题过程中可善用组合区块等视角，对于行列排除进行转化。

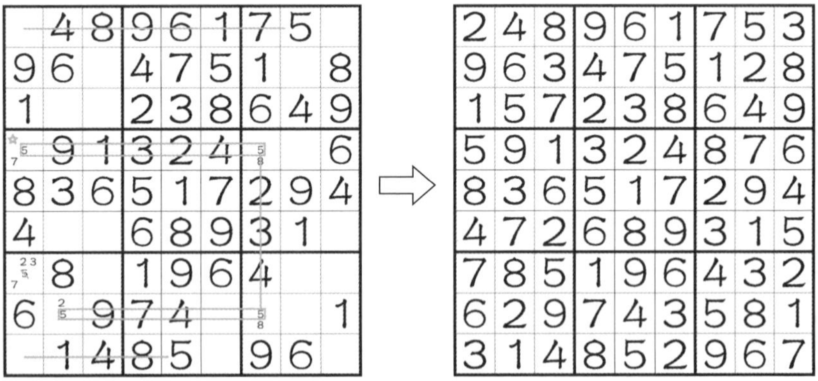

图11-11　解出终盘

单链形成唯余解（垂直型）

6			8		9			2
		4				8		
9			3		1			4
	1		9		5		2	
	5						7	
				3				
			2		3			
	3	8				2	9	
		2		6		5		

6	7		8	4	9		5	2
	2	4				8		9
9	8	5	3	2	1	7	6	4
	1		9		5		2	
	5						7	
				3				5
5			2	9	3			
	3	8				2	9	6
	9	2		6	8	5		

图11-12　单链形成唯余解案例1

垂直型单链和直斜型单链都较少，且大多数都能被平行型单链所替代，尤其是解题后期所需的链。但在解题前期或中期，线索较少时，有可能会有这类型单链的结构。

本题中，D7、D1、F2、G2构成垂直型单链，删减G7的4，得唯余解G7=1。

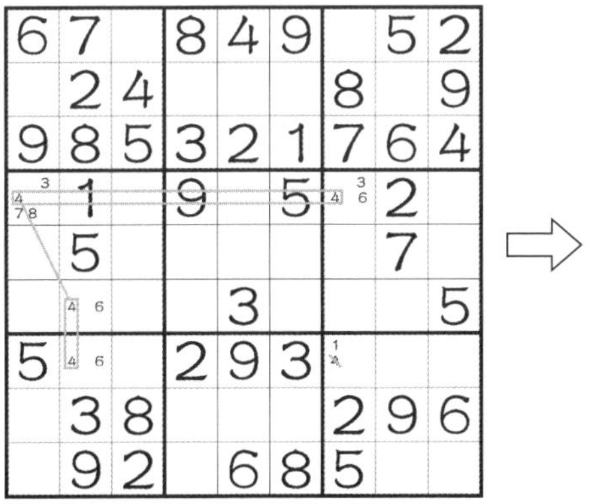

6	7	1	8	4	9	3	5	2
3	2	4	7	5	6	8	1	9
9	8	5	3	2	1	7	6	4
8	1	6	9	7	5	4	2	3
2	5	3	6	8	4	9	7	1
7	4	9	1	3	2	6	8	5
5	6	7	2	9	3	1	4	8
4	3	8	5	1	7	2	9	6
1	9	2	4	6	8	5	3	7

图11-13　解出终盘

单链形成唯余解（垂直型，交错）

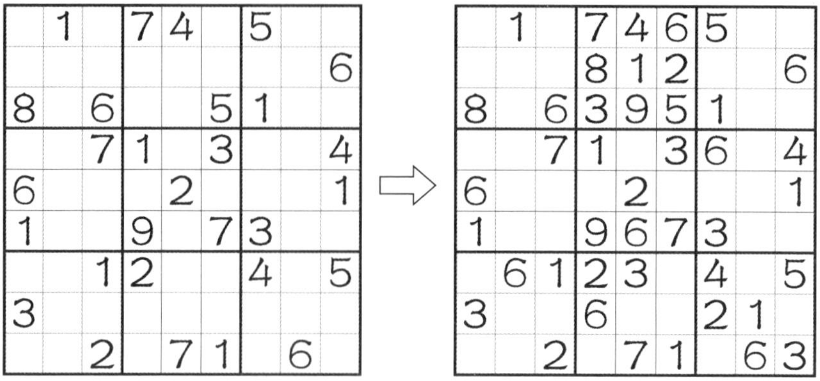

图11-14　单链形成唯余解案例2

从外观而言，下图的单链结构（8的单链，G6==G8--I7==E7）也是垂直型的，但与上文的结构较为不同，这一结构从直观上而言是内部交错的，因此隐蔽性往往较高。

在学习技巧的途中，不能过于重视技巧的外观，需要对其内在原理进行分析，真正理解原理之后，无论技巧呈现的外在构成如何改变，都很容易理解及发现。

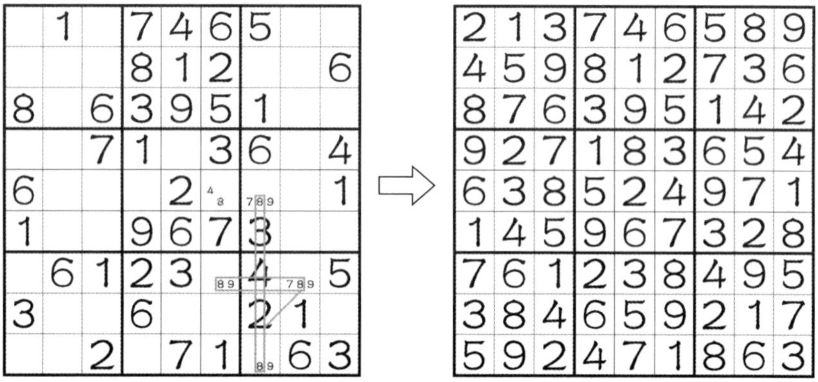

图11-15　解出终盘

单链形成宫内排除解（六格单链）

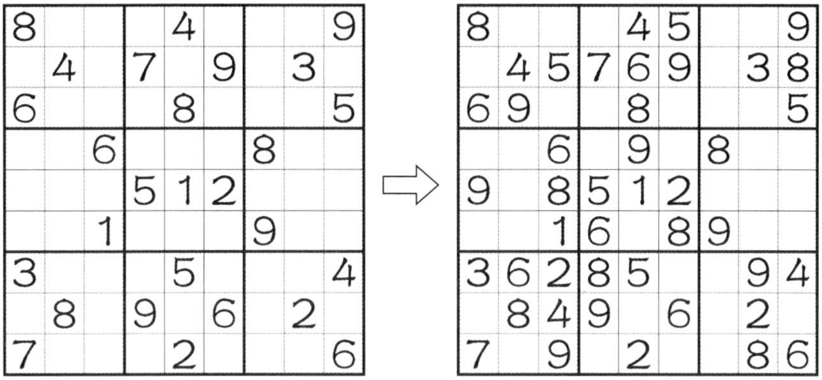

图11-16　单链形成宫内排除解案例

本题中，我们观察第二、第七列及第七宫，这些区域中有数字1的单链：G6==G7--B7==B1--H1==I2。这条单链由三组强关系构成，一共有六个节点。

虽然节点较之于常规单链更多，但性质依旧相同，目标格为首尾两端共同影响的单元格，即I4、I6。本题中删减I4、I6的1后，得到第八宫的宫内排除解G6=1。注意单链结构在英文命名时，除了平行型（Skyscrapers）和垂直型（Two String Kite）之外，余下所有类型的链结构均为Turbot Fish，包括这类型多格的单链。

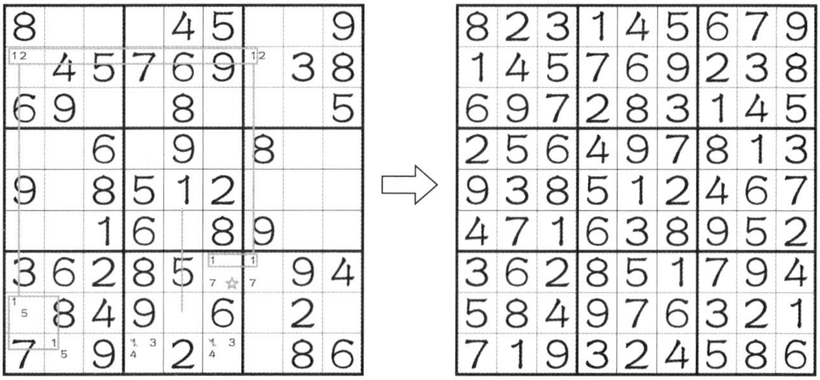

图11-17　解出终盘

远程数对形成唯余解

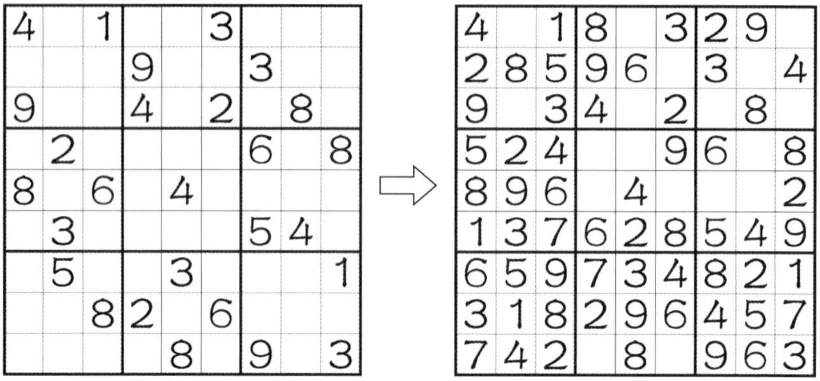

图11-18　远程数对形成唯余解案例1

本题中B5、B8、C7、E7构成1、7的远程数对，删减F6的1、7，得唯余解F6=5。远程数对作为单链的特殊情况，往往构成唯余解，目标格多数为三候选数的情况（有时也会有两个候选数，删减后得唯余解的情况，还有时有更复杂的情况），删减远程数对所涉及的两个数字后得唯余解。

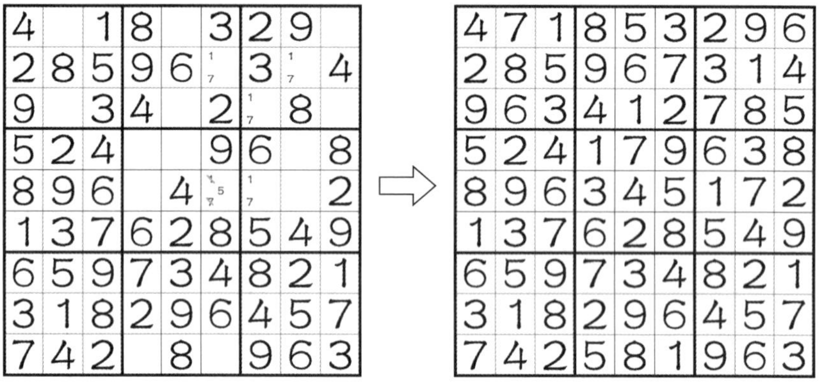

图11-19　解出终盘

远程数对形成唯余解（六格）

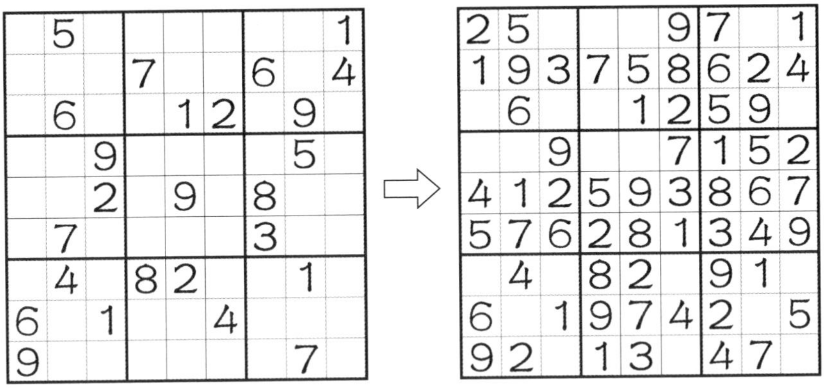

图11-20　远程数对形成唯余解案例2

本题中用到的远程数对涉及六个单元格，由C9起，经过A8、H8、H2、D2，最终在D1结束，C1与首尾两格都不同，故而不能是3或8，得唯余解C1=7。

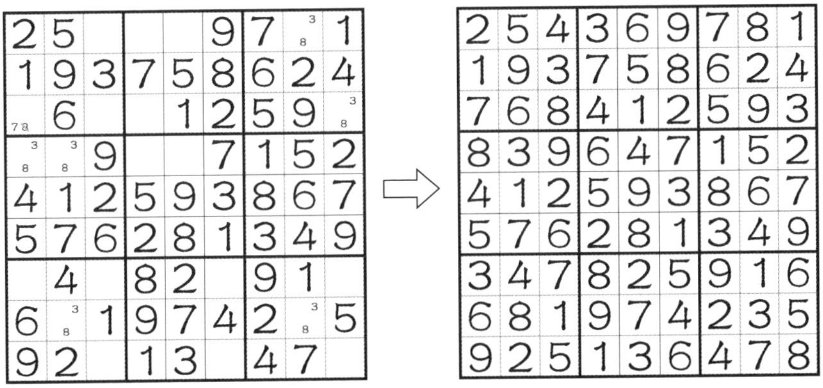

图11-21　解出终盘

远程数对形成行列排除解

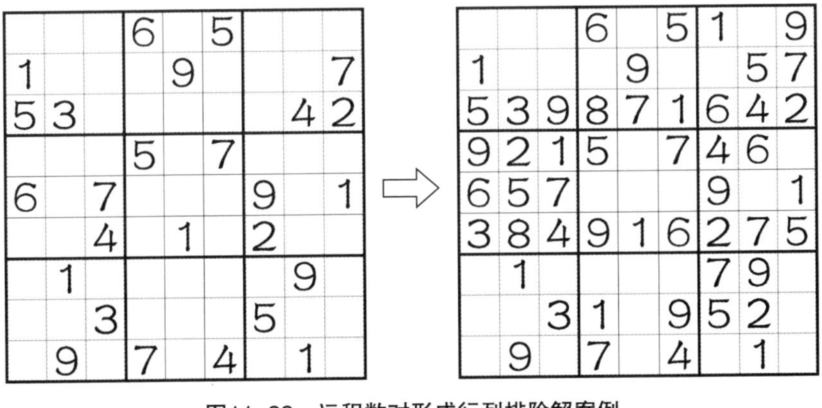

图11-22　远程数对形成行列排除解案例

本题中远程数对A8、E8、D9、D5可删减A5的3，之后得到第一行的行列排除解A8=3。观察时，删减A5后，不能直接得到唯余解，可转而观察A5所在的行、列、宫的排除解的情况。本题亦可在删减后，通过第二宫的数字3的区块，得到A8=3的结论。

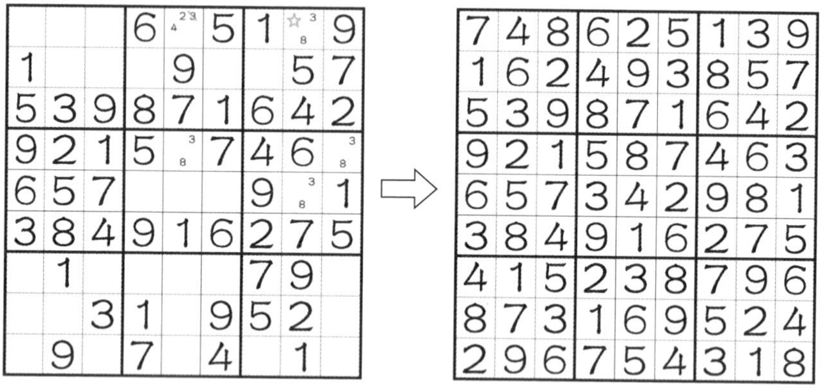

图11-23　解出终盘

单链形成宫内区块，再形成唯余解

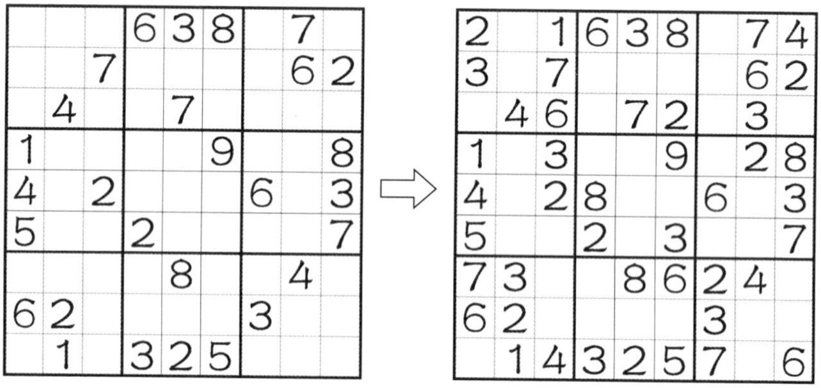

图11-24　单链形成宫内区块案例

本题中，A7、A2、E2、E8构成9的单链，删减F7的9，之后得到六宫的数字9的区块。利用该区块，可得唯余解I8=8。

本题观察难点在于链引发的区块，可参考前文单链形成宫内排除（隐蔽）一节，先忽略已知数，仅考虑单链的删减结果，此时可删减D7、F7的9，此时六宫内的9只能在E8或F8。再检索已知数，发现不能确定9的具体位置，但此处可形成区块，再利用区块的观察法，即可得I8处的唯余解。

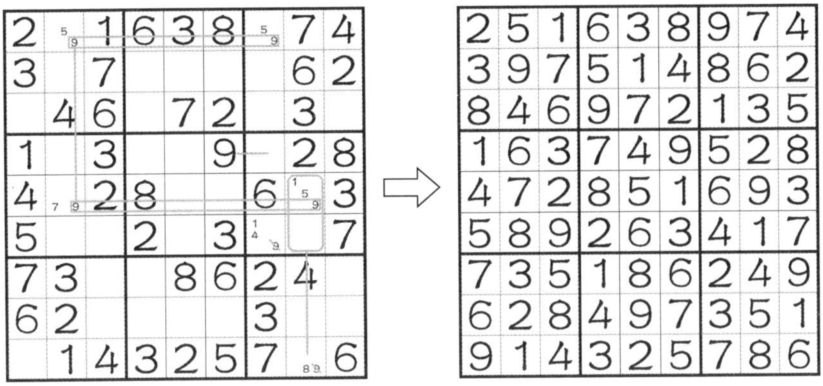

图11-25　解出终盘

单链形成宫内显性数对，再形成唯余解

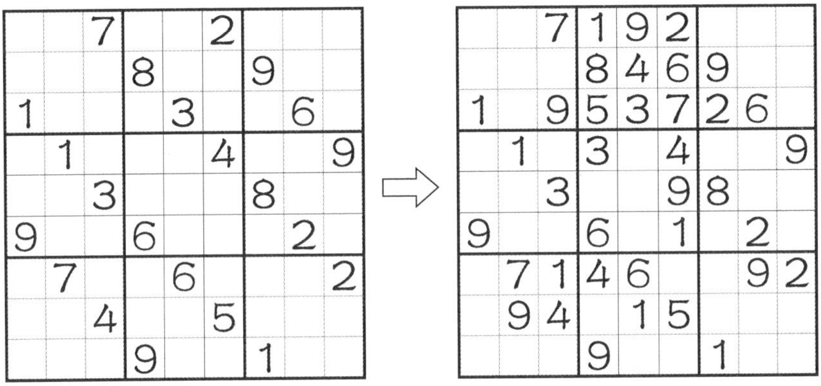

图11-26　单链形成宫内显性数对案例

本题的难点在于前期线索较少，因此解题思路相对单一。由B5、D6、G4、B3等已知数对于第一、第七列进行排除后，得到两组强关系构成单链，删

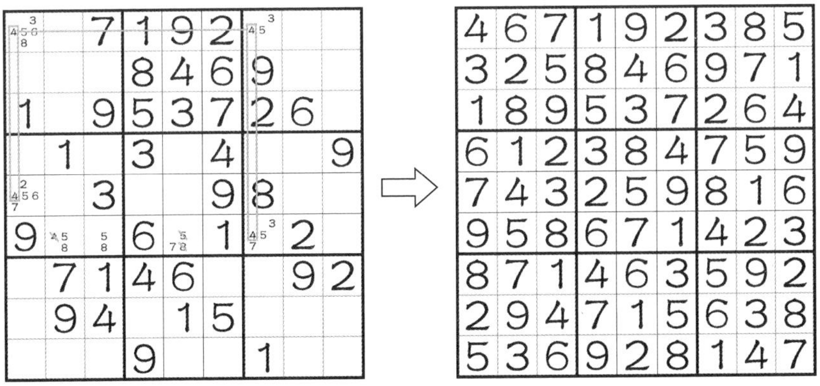

图11-27　解出终盘

减F2的4，虽然不能直接得到排除或唯余解，但F2和F3构成5、8的显性数对，进而得到唯余解F5=7。

单链+区块形成唯余解

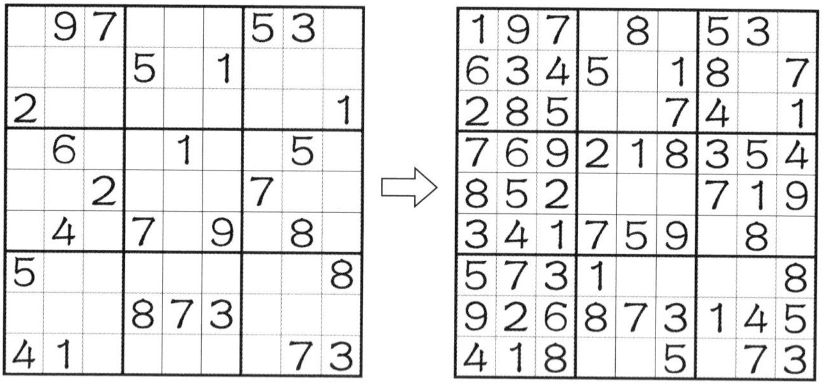

图11–28　单链+区块形成唯余解案例

本题也是平行链结构，形成较简单，目标格也仅有H8一格。但H8原本有三个候选数，要形成唯余解时，除了单链结构外，需要另一步骤对其进行删减，即为第三宫的数字9的区块。

此处所用的单链结构和区块结构彼此独立，需要同时观察到这两个结构，本题方可得解。这种情况属于技巧并联，在更复杂的题目中，可能出现更多的技巧并联的情况。

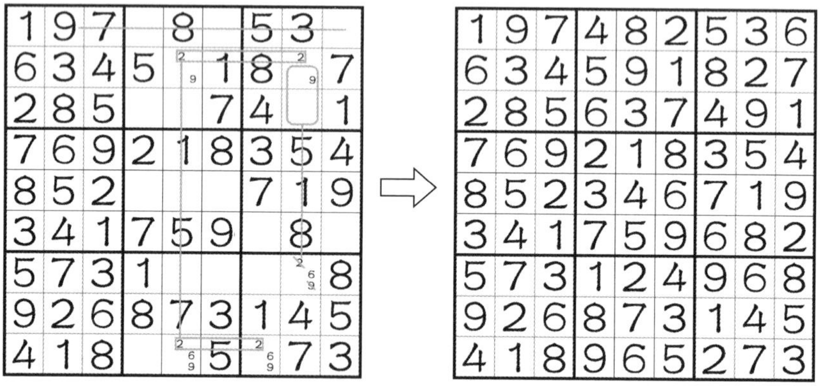

图11–29　解出终盘

单链+远程数对形成唯余解

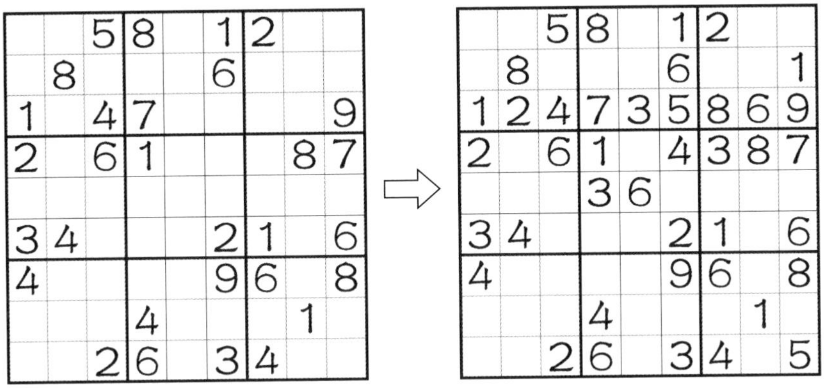

图11-30　单链+远程数对形成唯余解案例

本题所需步骤较多，大致思路如下：

· 第六行中，数字7、8只能存在于F3、F5中，形成数对。

· 观察第六行、第六列，F3、F5、E6、H6形成7、8的远程数对，删减H3的7、8。

· 在第二行和第九列中，有数字3的单链B3==B8--A9==H9，删减H3的3。

· 得到唯余解H3=9，进一步可解开题目。

这种复合类技巧观察难度一般较高，前文中提到远程数对一般容易形成唯余解，在通过远程数对删减后，目标单元格内尚有较少的多余候选数时，应再对这个单元格进行进一步检索，可考虑其中的候选数有无相关的链结构可对其进行删减。

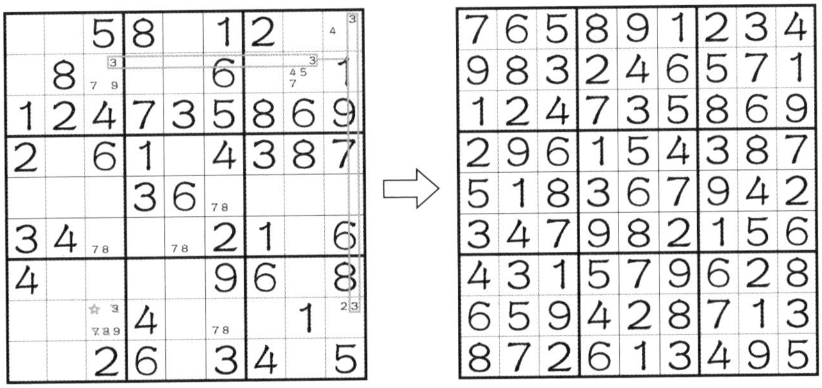

图11-31　解出终盘

空矩形形成唯余解

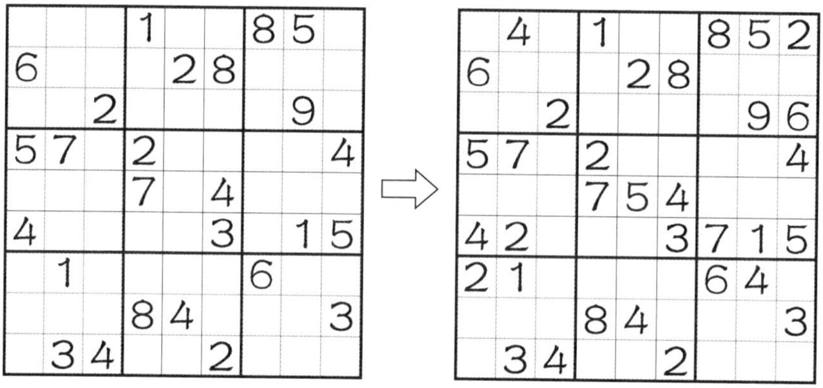

图11-32　空矩形形成唯余解案例

单链的另一特殊情况称为空矩形。本题中，考虑数字8的位置，有G9==G3--[D3、E3、F3]==[E1、E2]，此处将部分单元格形成的区块视为一个整体进行考虑，这种情况的链称为Grouped链，也称为区块链。在区块链之中，有一种特殊的情况为空矩形。

本题中，链结构的目标格应为首尾两端同时影响的单元格，即同时受到G9、E1、E2三格的影响。显而易见必为E9格，这一格不能为8，得唯余解E9=9。

若E9=8成立，则必有G3=8，导致第四宫无“空”可填数字8，即使对链结构不熟悉的解题者也可以很容易理解这一点，因而这一特殊情况得名空矩形。

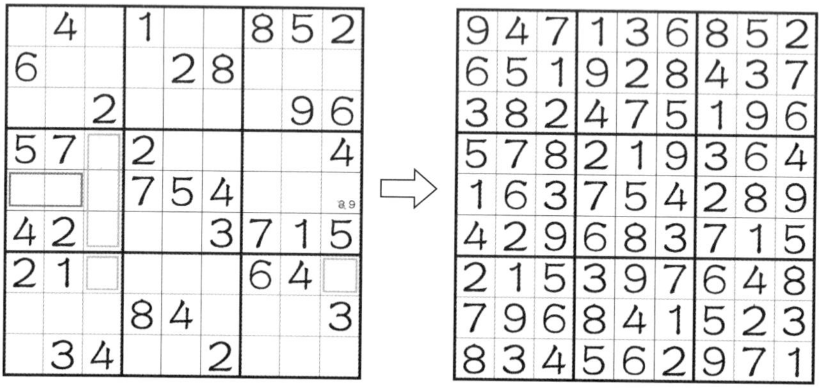

图11-33　解出终盘

空矩形结合区块形成唯余解

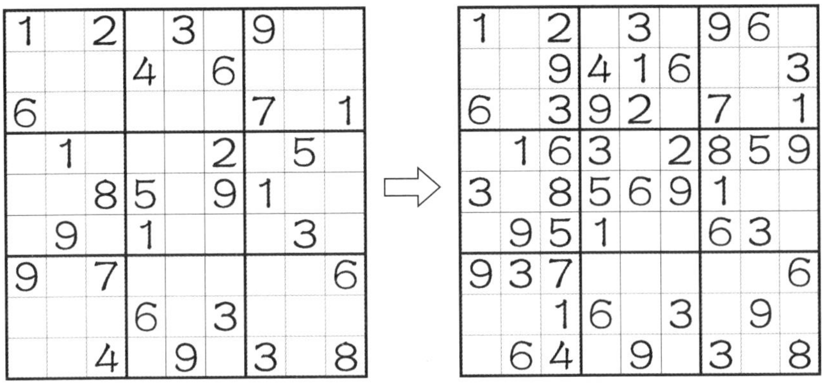

图11-34　空矩形结合区块形成唯余解案例

本题亦为空矩形的使用案例，当F9=7时，H5=7，则第五宫被删空，矛盾。故而F9≠7，结合第五行的数字4的区块（由第一宫的数字4的区块排除第五行形成），有唯余解F9=2。

若要彻底解开本题，后续还需要几次区块技巧，注意观察数字5的位置即可顺利解题。

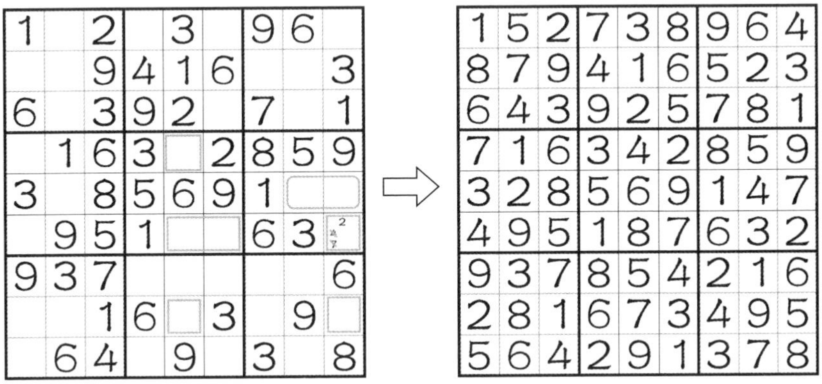

图11-35　解出终盘

Grouped单链

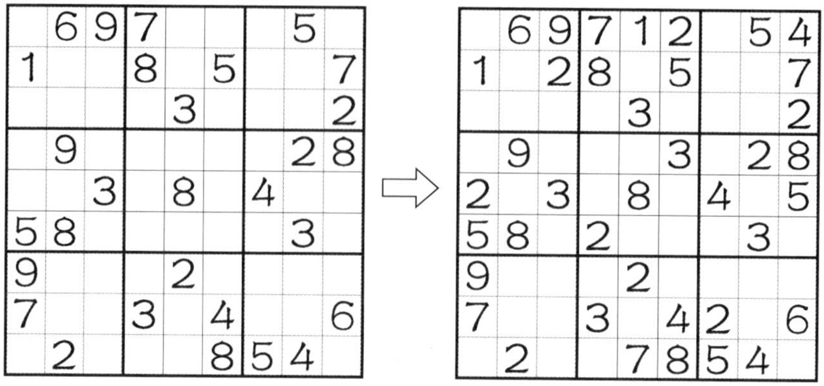

图11-36　Grouped单链案例

前两题讨论了区块链的特殊情况——空矩形，本题将对一般情况进行讨论。观察数字6的分布，第五列有B5==[D5、F5]，第五行中有[E4、E6]==E8。而第五宫中仅能存在一个6，所以[D5、F5]--[E4、E6]，写成单链结构即为B5==[D5、F5]--[E4、E6] ==E8，可删减B5和E8两格共同影响的B8格的6。

区块链是链结构的拓展，并不仅限于单链结构，而是在更广义上将链的节点从单个单元格拓展成区块，在更复杂的链结构之中，可能有一个或多个区块节点。

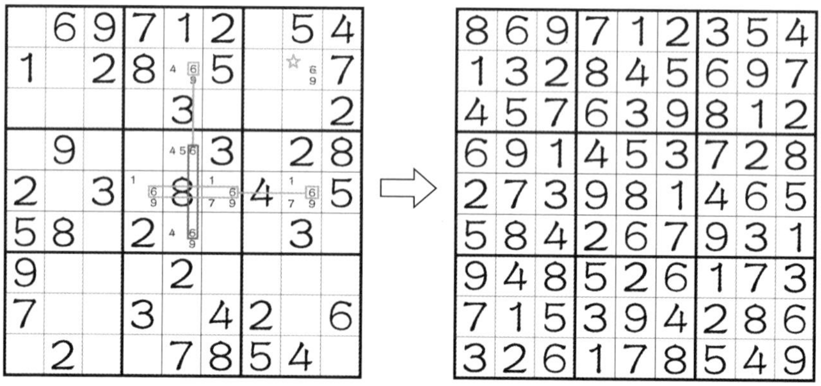

图11-37　解出终盘

挑战一下

11

4		7		3	1			
			4			9	3	
3		2		9			5	
	7							5
1		5		4		7		9
9							4	
	3			6		5		2
	5	6			3			
			9	2		6		3

12

5				7	1		8	3
2								
		7			5	9		
8		9	7		3			
4								8
			1		4	3		5
		3	4			1		
								6
1	6		3	2				4

13

			3	9	2			
		7		8		1		
	3						5	
4			1		7			5
2	1						4	6
7			4		3			2
	5						2	
		2		7		4		
			2	1	9			

14

	9		4		6			
1		2					7	
	6			7	2			
4			1			8		9
		1		5		2		
5		7			8			6
			3	9			6	
	1					7		5
			7		1		2	

15

	6							
					3		7	9
	5	7		4				
5			8			7	9	
1			9		2			6
	9	8			5			4
				9		4	5	
8	3		5					
							6	

16

6			5					
	8					9		
				6	9	5	7	
7				3	2	1		
		6	7		4	8		
		1	6	8				9
	6	3	4	5				
		7					4	
					1			8

I7

2			3		5			
		3			8			
	4	5	9	1				
5		8		3			1	4
		9	6		1	8		
1	7			5		9		6
				8	6	3	4	
			1			7		
			2		7			9

I8

	4		3	8				
		9				4		1
	6			9			8	
			2		9			3
5		3				6		9
9			4		5			
	5			2			3	
2		8				9		
				7	8		5	

I9

		8			7	6		9
			6	9	2			
9					5			7
	7					8	6	2
	4			6			5	
6	3	5					7	
5			2					1
			5	7	9			
7		4	3			5		

I10

8		5					7	
			9				2	3
	6		2					
1				9		7		2
2			8		6			4
4		6		1				8
					9		4	
6	8				4			
	9					6		5

Section 12　XYwing及XYZwing

如果三格A、B、C，候选数分别为XZ、XY、YZ，且A、B不相同，B、C不相同（A、C可能相同），则A、C两格共同影响的单元格里一定不能填入Z，否则A、C分别为X和Y，B格无数可填，矛盾，这种技巧称为XYwing。

XYwing分为直角型［图12-1（a），删减灰色格的2］和偏移型［图12-1（b），删减灰色格的2］，前者可能有并生的情况，后者相对更为隐蔽，且轴心格（B格）所在的宫内也有删除域，这里的删减容易被忽视。

如果轴心格（B格）的候选数为XYZ，且C格与B格在同一宫，那么此时构成XYZwing的情况，如图12-1（c）所示。A格对B、C格所在的宫进行排除，所影响的单元格（B格除外）删减数字Z。这种技巧称为XYZwing。

理解XYZwing时，可以理解为“轴心格多了一个候选数”的XYwing。

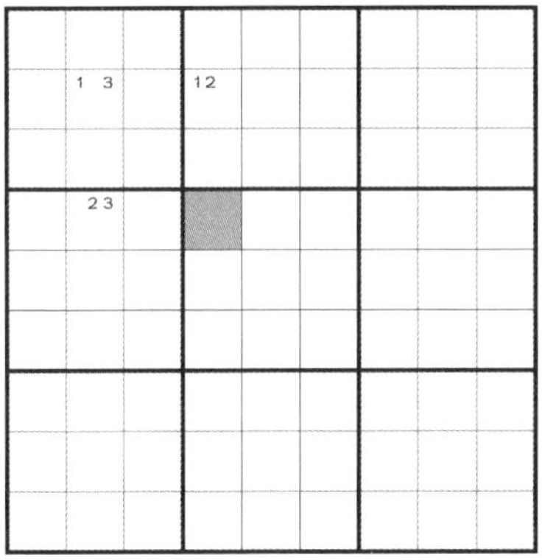

（a）直角型XYwing

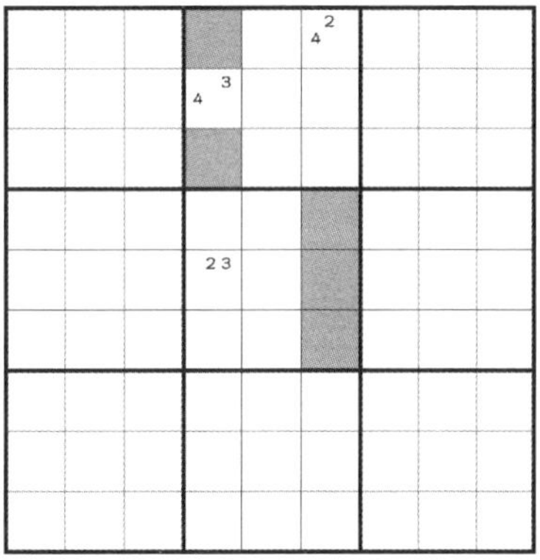

（b）偏移型XYwing

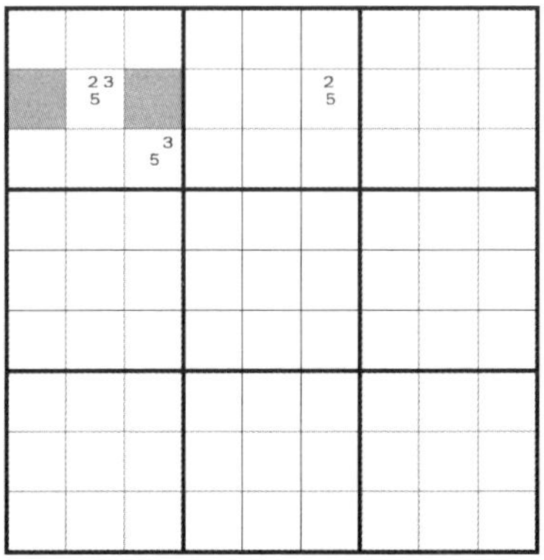

（c）XYZwing

图12-1　XYwing及XYZwing

XYwing形成唯余解（直角型）

4	3						5	2
			2	6	5			
2				9				1
		5	9		6	2		
8								6
			8		1			
	7	9				5	8	
	2						4	
			7	3	8			

⇨

4	3	6	1	8	7	9	5	2
9	8	1	2	6	5	3	7	4
2	5	7		9		8	6	1
		5	9		6	2	3	8
8	9	2					1	6
		3	8	2	1		9	5
	7	9			2	5	8	3
3	2	8			9		4	7
5		4	7	3	8		2	9

图12-2　XYwing形成唯余解案例1

本题为直角型XYwing构成唯余解的经典案例，以D5为轴心，D1和G5构成两翼，删减G1的1。

4	3	6	1	8	7	9	5	2
9	8	1	2	6	5	3	7	4
2	5	7		9		8	6	1
1 7		5	9	4 7	6	2	3	8
8	9	2					1	6
		3	8	2	1		9	5
1 6	7	9		1 4	2	5	8	3
3	2	8			9		4	7
5		4	7	3	8		2	9

⇨

4	3	6	1	8	7	9	5	2
9	8	1	2	6	5	3	7	4
2	5	7	3	9	4	8	6	1
1	4	5	9	7	6	2	3	8
8	9	2	5	4	3	7	1	6
7	6	3	8	2	1	4	9	5
6	7	9	4	1	2	5	8	3
3	2	8	6	5	9	1	4	7
5	1	4	7	3	8	6	2	9

图12-3　解出终盘

XYwing形成唯余解（直角并生）

	2		4	3	1			
		4				8		
1		5					6	
	5				8			3
			9	7		6		
	4				2			9
8		9					4	
		3				5		
	6		8	1	4			

⇨

6	2	8	4	3	1	9	7	5
7	9	4				8	3	1
1	3	5	7	8	9	4	6	2
9	5			4	8			3
2	8	1	9	7	3	6	5	4
3	4				2		8	9
8		9	3				4	6
4		3		9		5		8
5	6	2	8	1	4	3	9	7

图12-4　XYwing形成唯余解案例2

本题的XYwing为并生XYwing，以D4为轴心，H4和D8为两翼，构成直角型XYwing，删减H8的2，得唯余解H8=1。也可以H4为轴心，D4和H8为两翼，删减D8的1，得唯余解D8=2。

两翼其中之一为数对的其中一格，经常出现并生XYwing的情况，这种情况下目标格是数对的另一格。

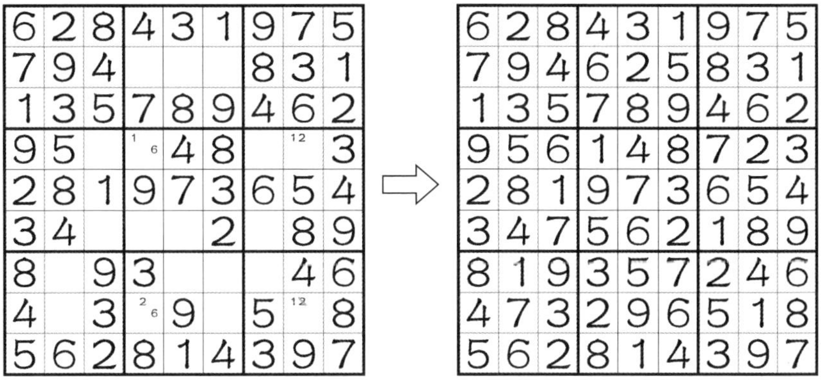

图12-5　解出终盘

XYwing形成唯余解（隐蔽）

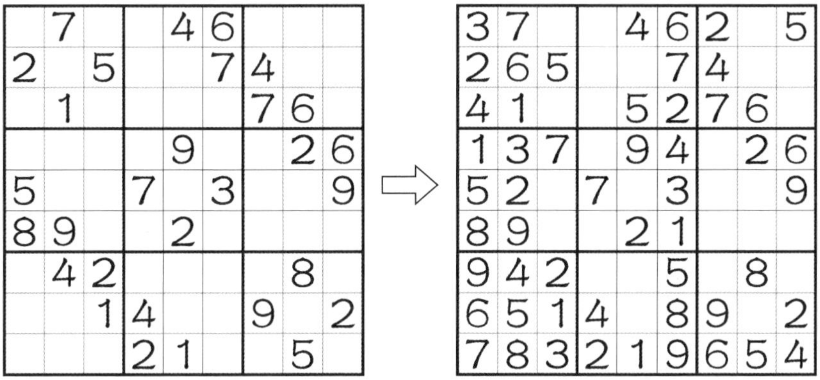

图12-6　XYwing形成唯余解案例3

大多数题目中，XYwing形成时，双值格所在的行列宫内都有较多的已知数，可以从空白较少的行列宫进行观察，寻找双值格的位置。但在部分题目中，双值格可能需要通过点算的方式进行观察。

本题中，F4、G4都很容易发现，但F7的观察难度相对较高，这也是一部分题目的难点所在。突破这一难关之后，本题以F4为轴心，G4和F7为两翼，构成XYwing删减G7的3，得到唯余解G7=1。

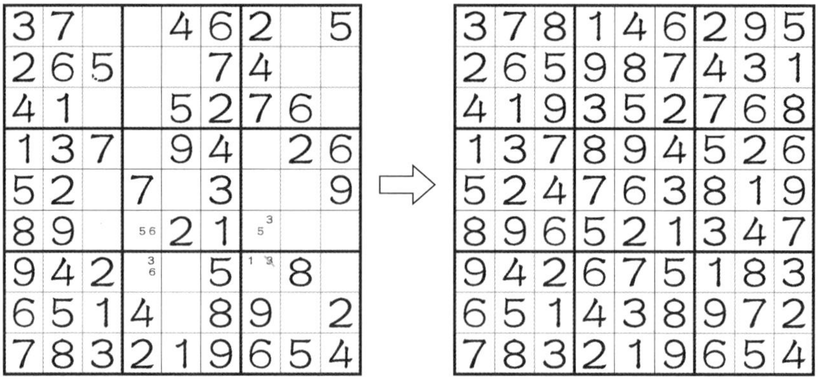

图12-7　解出终盘

XYwing形成唯余解

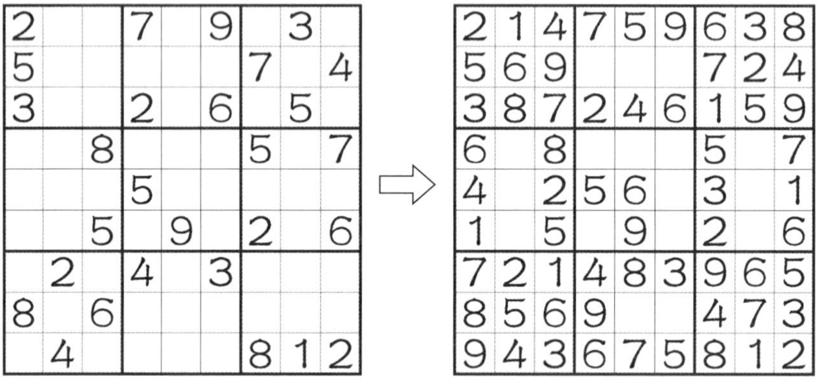

图12-8　XYwing形成唯余解案例4

以F4为轴心，F2、E6为两翼，形成了XYwing，删减E2的7，得唯余解E2=9。

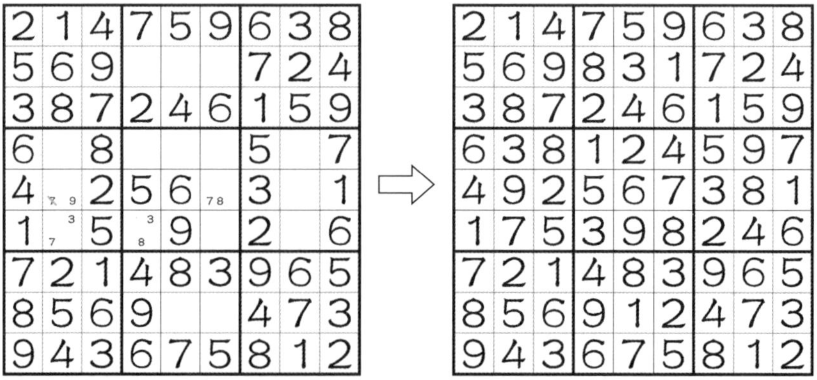

图12-9　解出终盘

XYwing形成唯余解（偏移）

		5			9			4
		9			3			7
8					1			9
	8			2		9	7	
	3		5		7		2	
	1	7		9			3	
3			9					2
4			1			6		
6			8			7		

→

7		5		8	9	3	1	4
1		9			3			7
8		3	7		1			9
5	8		3	2		9	7	1
9	3		5	1	7		2	
2	1	7		9	8		3	
3		8	9			1		2
4		2	1		5	6		
6		1	8		2	7		

图12-10　XYwing形成唯余解案例5

直角型XYwing的目标格仅有一格，但非直角型的XYwing的目标格理论上有5格，实际解题时依据已知的数字的位置，会有所区别，但往往不仅有一格。

下题以I9为轴心，I5和G8为两翼构成XYwing，能删减G5、G6、I8三格中的数字4。大多数人容易观察到G5，本题中则在G6处形成了唯余解G6=6。

G6仅与其中一翼在同一行，与另一翼不在一侧，有轻微的偏移，很多初学者学习XYwing时，容易漏掉这种偏移的情况。

7		5		8	9	3	1	4
1		9			3			7
8		3	7		1			9
5	8		3	2		9	7	1
9	3		5	1	7		2	
2	1	7		9	8		3	
3		8	9		~~4~~ 6	1	45	2
4		2	1		5	6		
6		1	8	43	2	7		53

→

7	6	5	2	8	9	3	1	4
1	2	9	4	6	3	5	8	7
8	4	3	7	5	1	2	6	9
5	8	6	3	2	4	9	7	1
9	3	4	5	1	7	8	2	6
2	1	7	6	9	8	4	3	5
3	5	8	9	7	6	1	4	2
4	7	2	1	3	5	6	9	8
6	9	1	8	4	2	7	5	3

图12-11　解出终盘

XYwing形成唯余解（回马枪）

4	3		2		1			
	7					4		3
	1		4			5		
				3		7	8	1
				5				
6	8	3		4				
		1			9		4	
9		4					2	
			7		4		9	5

⇨

4	3	5	2		1	9		8
2	7					4	1	3
8	1		4		3	5		2
5	4	2	9	3	6	7	8	1
1	9	7	8	5	2	6	3	4
6	8	3	1	4	7	2	5	9
7		1			9		4	6
9		4		1			2	7
3		8	7		4	1	9	5

图12-12　XYwing形成唯余解案例6

非直角型XYwing还有一种相对隐蔽的情况。本题中，G4为轴心，G7、H6为两翼构成XYwing，可以删减H7的8，得唯余解H7=3。但同时，这个XYwing亦可删减G5的8，得唯余解G5=2。这种类似于回马枪的删减经常被很多初学者所忽略，观察难度相对较高。

4	3	5	2		1	9		8
2	7					4	1	3
8	1		4		3	5		2
5	4	2	9	3	6	7	8	1
1	9	7	8	5	2	6	3	4
6	8	3	1	4	7	2	5	9
7		1	3 5	2 ~~8~~	9	3 8	4	6
9		4		1	5 8		2	7
3		8	7		4	1	9	5

⇨

4	3	5	2	7	1	9	6	8
2	7	9	6	8	5	4	1	3
8	1	6	4	9	3	5	7	2
5	4	2	9	3	6	7	8	1
1	9	7	8	5	2	6	3	4
6	8	3	1	4	7	2	5	9
7	5	1	3	2	9	8	4	6
9	6	4	5	1	8	3	2	7
3	2	8	7	6	4	1	9	5

图12-13　解出终盘

XYwing由区块形成，再形成唯余解

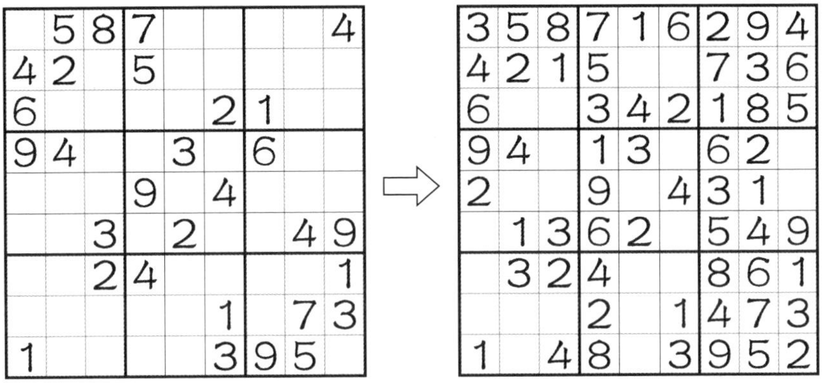

图12-14　由区块形成XYwing案例1

XYwing由三个双值格组成，但直观上有时未必三格都是双值。下题中轴心格H3的候选数是5、6、9，需要通过第四宫的数字5的区块删减这里的5，才可与两翼C3、I2构成XYwing。

本题的XYwing最终删减了C2的7，得唯余解C2=9。

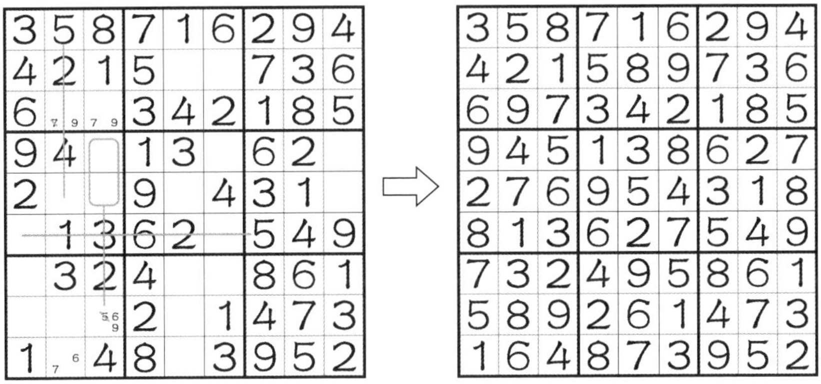

图12-15　解出终盘

XYwing由区块形成，再结合区块形成唯余解

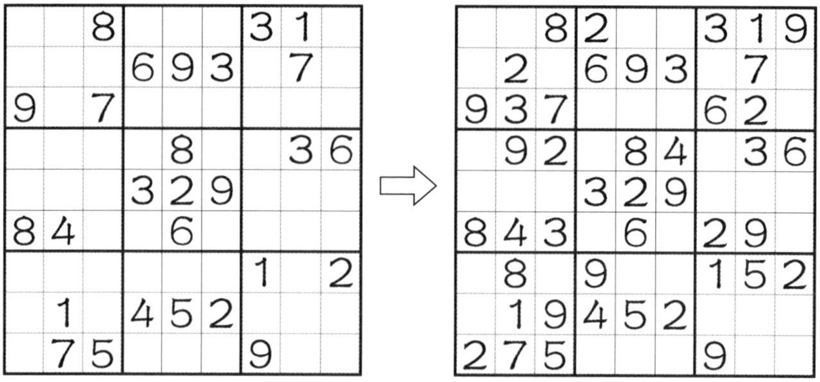

图12-16　由区块形成XYwing案例2

本题中，第八宫的数字8的区块删减I9的8后，I9=3、4，与I5、C5组成XYwing，删减C9的4。同时，另有一个独立的区块——第二宫的数字8的区块，删减了C9的8，得到唯余解C9=5。

这些技巧之中，第一个区块与XYwing形成串联，再与第二个区块进行并联，形成“先串后并”的结构，对于观察的要求非常高。

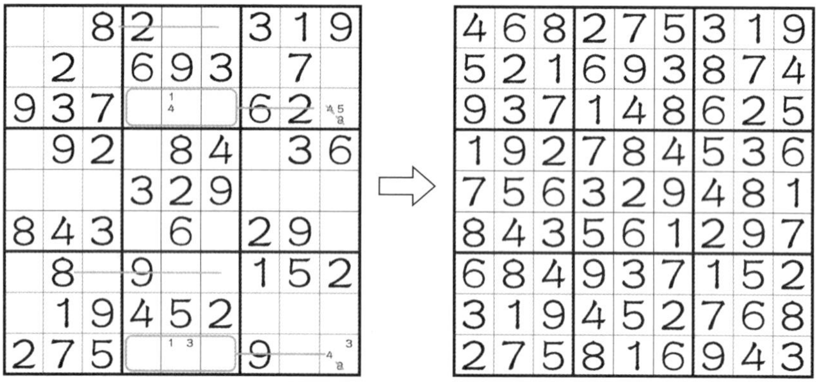

图12-17　解出终盘

XYwing形成唯余解（数对并生）

3		9						
			4		2	9		
7						3		1
	9			4			5	2
			8					
	5					7		8
	8	1			6			
			2				7	6
		4	3		1		2	

3		9		1		2		5
5	1		4	3	2	9		7
7			5			3		1
8	9		1	4		6	5	2
1			8		5	4	9	3
4	5					7	1	8
2	8	1			6	5	3	4
9	3	5	2	8	4	1	7	6
6	7	4	3	5	1	8	2	9

图12-18　XYwing形成唯余解案例

本题中A4、C5、G5构成XYwing，删减G4的7。需要注意的是删减格G4和一翼G5位于同一个数对之中。这种情况下当其中一翼参与构成XYwing时，另一翼往往也可以与XYwing中的另两格构成XYwing。

若以A4为轴心，G4、C5为两翼，则可形成新的XYwing，删减G5的9，与上文的情况类似，也为并生XYwing。

3		9	7 6	1		2		5
5	1		4	3	2	9		7
7			5	6 9		3		1
8	9		1	4		6	5	2
1			8		5	4	9	3
4	5					7	1	8
2	8	1	7 9	7 9	6	5	3	4
9	3	5	2	8	4	1	7	6
6	7	4	3	5	1	8	2	9

3	4	9	7	1	8	2	6	5
5	1	6	4	3	2	9	8	7
7	2	8	5	6	9	3	4	1
8	9	3	1	4	7	6	5	2
1	6	7	8	2	5	4	9	3
4	5	2	6	9	3	7	1	8
2	8	1	9	7	6	5	3	4
9	3	5	2	8	4	1	7	6
6	7	4	3	5	1	8	2	9

图12-19　解出终盘

XYwing形成宫内排除解

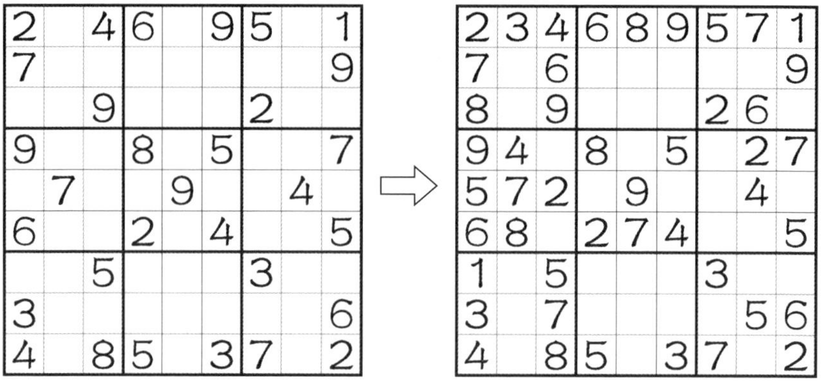

图12-20　XYwing形成宫内排除解案例

XYwing形成排除解的案例较少，但也有一定的隐蔽性。本题中B7、C9、E9形成XYwing，删减E7的8。此时无法形成唯余解，但可形成第六宫的宫内排除解E9=8。

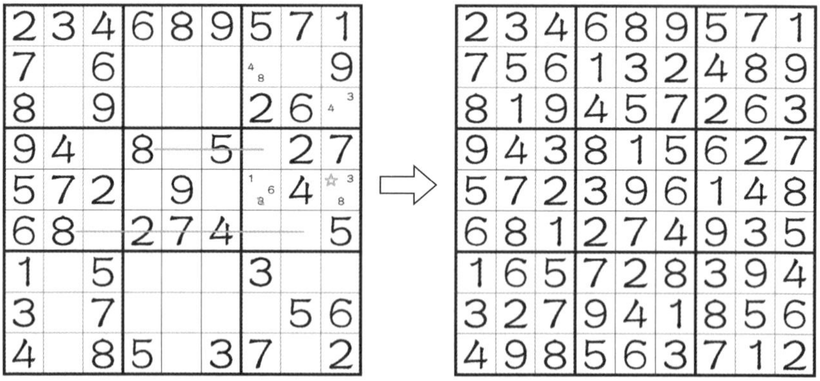

图12-21　解出终盘

XYwing形成行列排除解

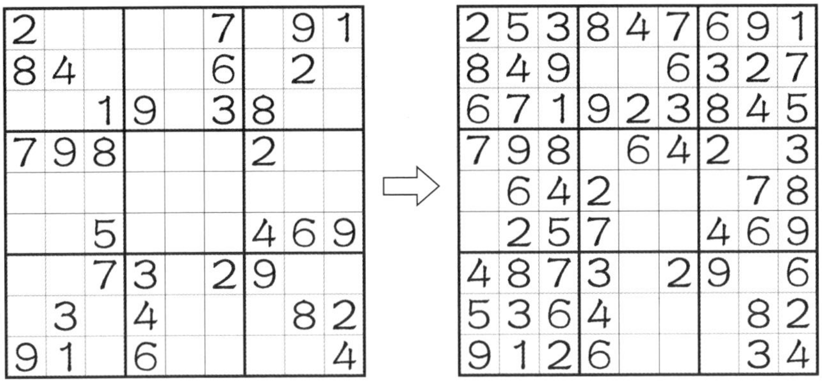

图12-22　XYwing形成行列排除解案例

XYwing形成排除解一般较为隐蔽，本题中D4、F6、I6构成了XYwing，删减E6的5，得到第六列的行列排除解I6=5。

本题观察难度较高，解题时观察到目标格E6格不能形成唯余解，就应当转化视角，观察该格所在的区域中，是否有排除解的存在。

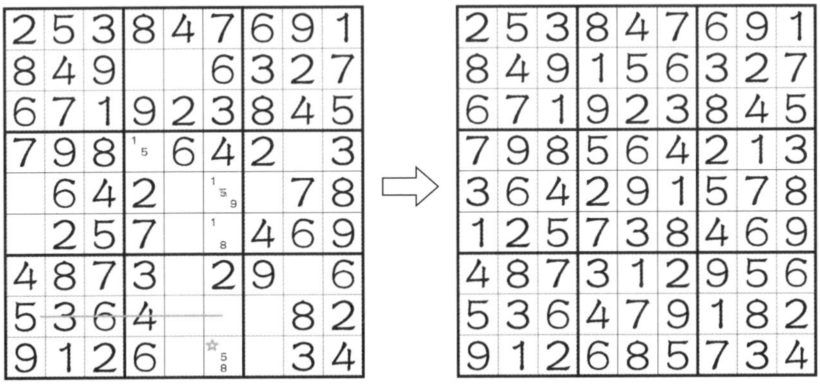

图12-23　解出终盘

XYwing由Xwing形成，再形成唯余解

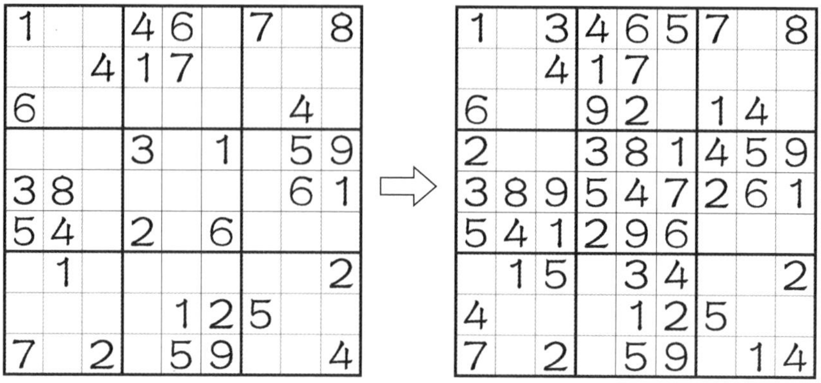

图12-24　由Xwing形成XYwing案例

观察第一、第八行数字9的位置，可知A2、A8、H2、H8构成Xwing，删减第二、第八列中其余单元格内的9。删减后B2=2、5，B8=2、3，结合C9=3、5，形成XYwing，删减C2的5，得唯余解C2=7。

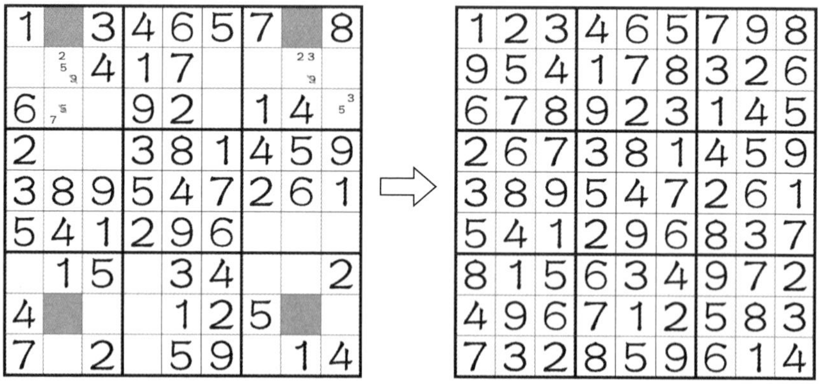

图12-25　解出终盘

XYwing由剑鱼形成，再形成唯余解

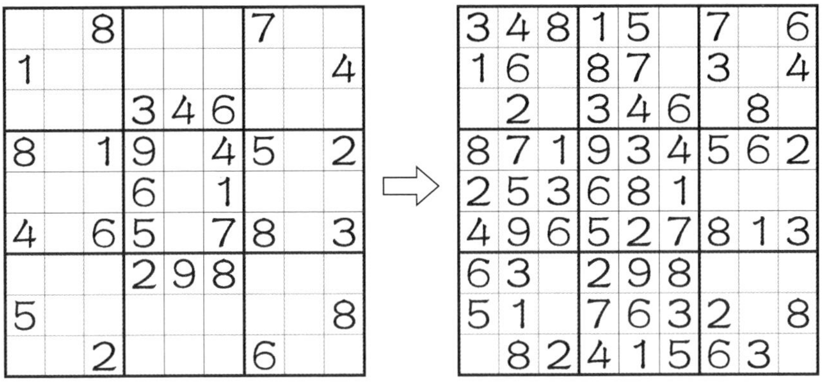

图12-26 由剑鱼形成XYWing案例

本题中，A、B、H行有数字9的剑鱼（灰色部分），可删减C3、G3、E8、G8的9。删减后，E8格为双值格，可作为轴心，以E9、H8为两翼形成XYwing，删减I9的9，得到唯余解I9=7。

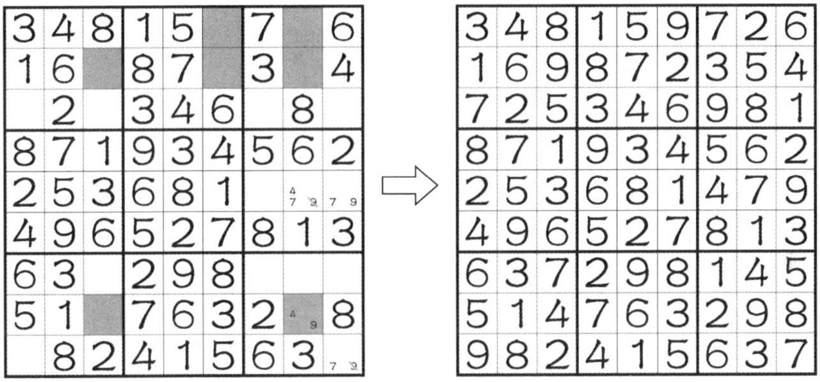

图12-27 解出终盘

XYwing由鳍鱼形成，再形成排除解

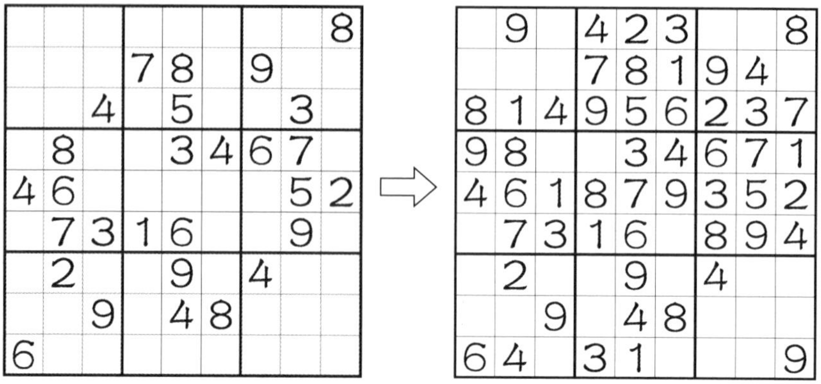

图12-28　由鳍鱼形成XYwing案例

当高阶技巧进行串联或并联的时候，题目的分析难度就已经很高了，此时题目已经不适合竞速，而是侧重于解题者对于题目的分析，如何使用最为简洁优雅的方式解题。

此处使用了第二、第九列的数字5的鳍鱼，删减H7的5。之后H7、A7和A1形成XYwing结构，删减H1的7，得第八行的排除解H7=7。

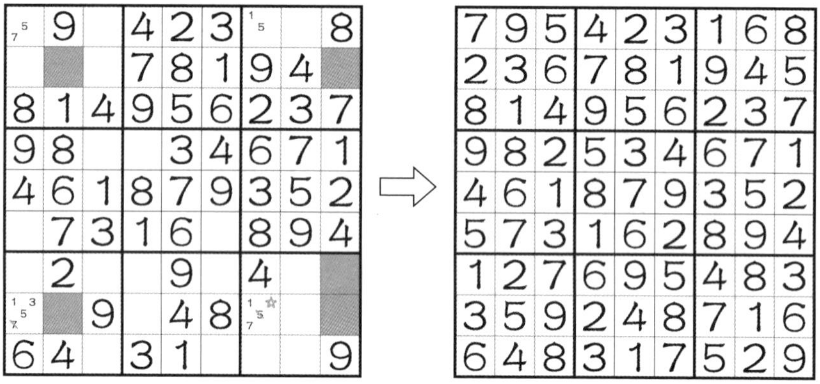

图12-29　解出终盘

XYZwing形成唯余解

1	4					7		
9	3			8	1			
				7				4
			7				5	
	5	3				2	4	
	6				4			
5				3				
			2	5			9	3
		8					1	2

⇨

1	4		3	6		7	8	9
9	3	7	4	8	1	6	2	5
			9	7		1	3	4
			7	2	3	9	5	6
7	5	3	8	9	6	2	4	1
2	6	9	5	1	4	3	7	8
5			1	3			6	7
			2	5			9	3
3		8	6	4		5	1	2

图12-30　XYZwing形成唯余解案例

下题中，以H3为轴心，H1和D3为两翼，形成XYZwing，删减G3的4，得唯余解G3=2。

1	4		3	6		7	8	9
9	3	7	4	8	1	6	2	5
			9	7		1	3	4
		1 4	7	2	3	9	5	6
7	5	3	8	9	6	2	4	1
2	6	9	5	1	4	3	7	8
5		2 ~~4~~	1	3			6	7
4 6		1 4 6	2	5			9	3
3		8	6	4		5	1	2

⇨

1	4	5	3	6	2	7	8	9
9	3	7	4	8	1	6	2	5
8	2	6	9	7	5	1	3	4
4	8	1	7	2	3	9	5	6
7	5	3	8	9	6	2	4	1
2	6	9	5	1	4	3	7	8
5	9	2	1	3	8	4	6	7
6	1	4	2	5	7	8	9	3
3	7	8	6	4	9	5	1	2

图12-31　解出终盘

XYZwing形成行列排除解

8	9	6				3		
			8		4			7
							9	
7		3		6				
			7	8	1			
				4		6		5
	3							
5			4		6			
		2				9	8	1

⇨

8	9	6	1			3		
3			8	9	4		6	7
	7		6				9	
7		3		6			1	
			7	8	1			
	1	8		4		6	7	5
1	3	7	9	2	8			6
5	8	9	4	1	6	7		
		2				9	8	1

图12-32　XYZwing形成行列排除解案例

本题观察方式不唯一，若以D2为轴心，B2和E3为两翼，形成XYZwing可删减E2的5，得到第五行的行列排除解E3=5。

也可利用区块技巧，通过第五宫的数字5的区块删减D2的5，则B2、D2、E3可构成XYwing，删减E2、B3的5，除了能在第五行得到行列排除解E3=5之外，也可得到唯余解B3=1。

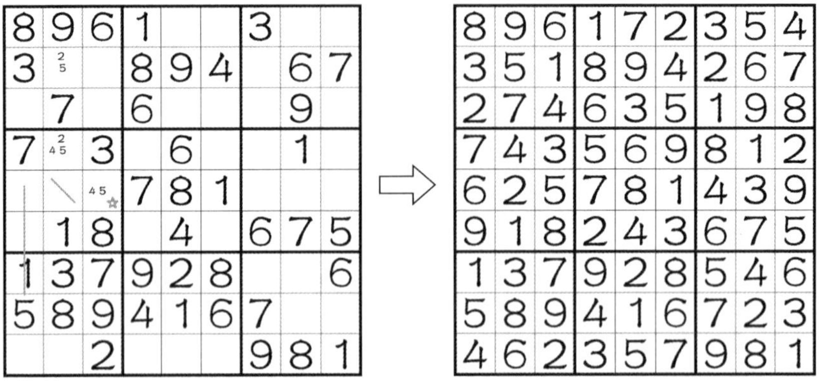

图12-33　解出终盘

XYZwing结合多个区块形成唯余解

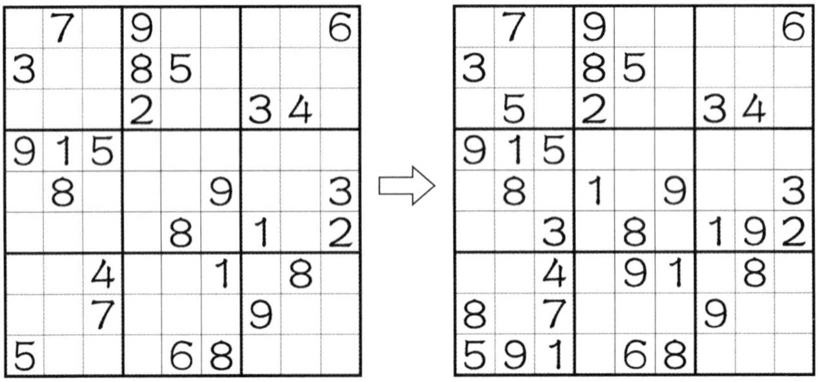

图12-34　XYZwing结合多个区块形成唯余解案例

本题中，B7、I7和I9构成的XYZwing仅可删减G7格的7，无法直接获得唯余解或关于7的任何排除解。此时我们针对G7进行观察，另有两个独立的行列区块（第九列的数字5的区块、第九行的数字2的区块）可删减G7格，得唯余解G7=6。

在图12-35左边盘面的状态下，G7格有四个候选数，此时常规思路不应对其加以标记，但通过XYZwing删减过后，需要对此格的候选数进行重新检索，确定是否能产生唯余解。

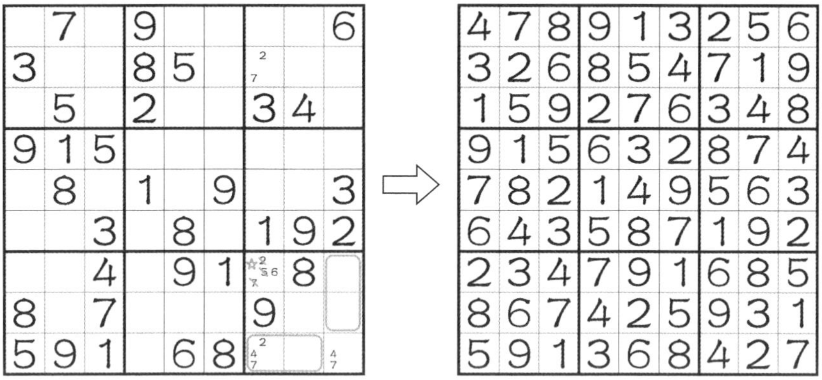

图12-35　解出终盘

XYZwing结合区块形成，再形成唯余解

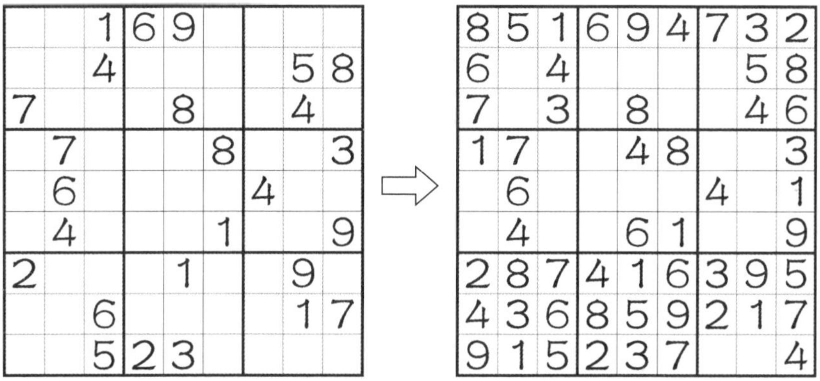

图12-36　结合区块形成XYZwing案例

本题XYZwing较为隐蔽，需要通过第五宫的数字2的区块，删减E8的2，之后才能形成以F8为轴心，E8和F3为两翼的XYZwing，进一步删减得到唯余解F7=5。

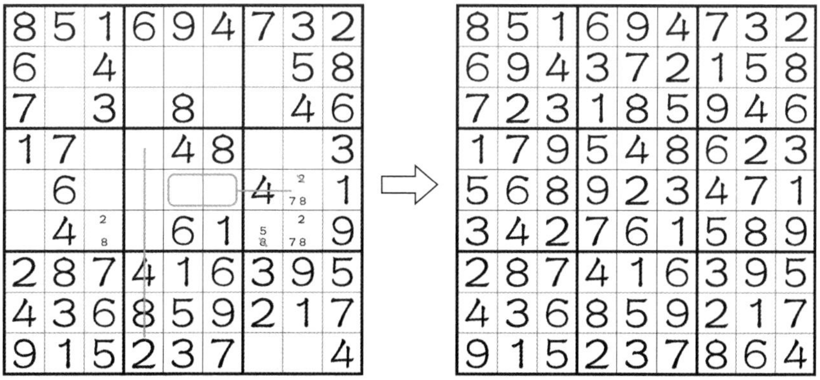

图12-37　解出终盘

XYZwing结合多个区块形成，再结合区块形成唯余解

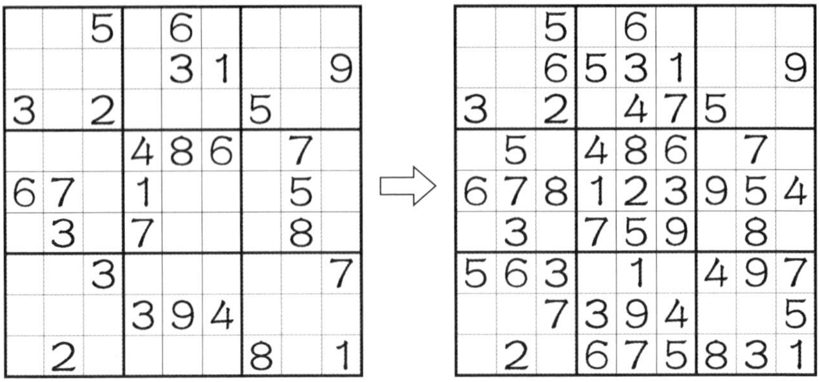

图12-38　结合多个区块形成XYZwing案例

本题仅需区块和XYZwing技巧，但观察较为复杂，难度也较高。我们可以对步骤进行逐一梳理：

1.第二行有8的行列区块，删减A1、A2、C2的8。

2.第二列有4、9的行列区块，删减A1的4、9。

3.第二宫有2的宫内区块，删减A8的2。

此时，A1=1、7，A2=1、4、9，A8=1、4，C2=1、9。以A2为轴心，A8、C2为两翼，可构成XYZwing，删减A1的1，得到唯余解A1=7。此题虽然使用的技巧难度不高，但步骤繁多，漏掉任何一步都很难有所进展，因此对于解题者的要求也非常高。

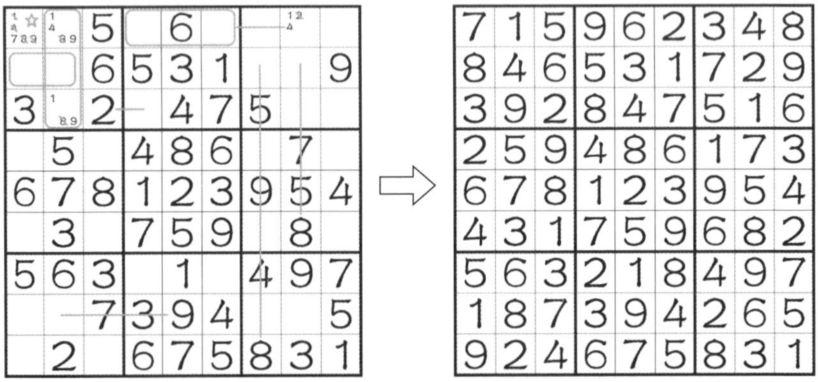

图12-39　解出终盘

本题思维导图：

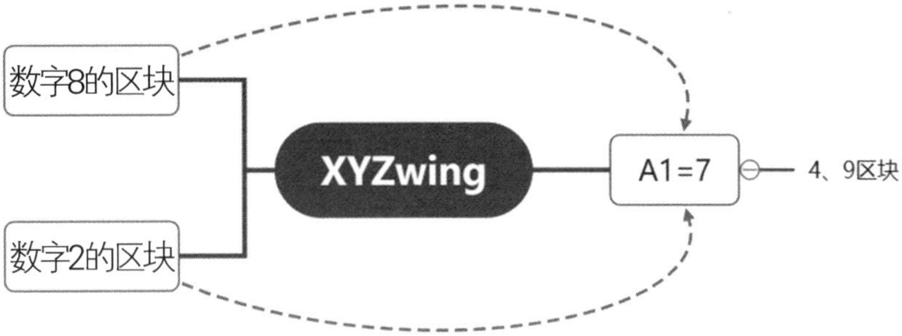

XY链形成唯余解

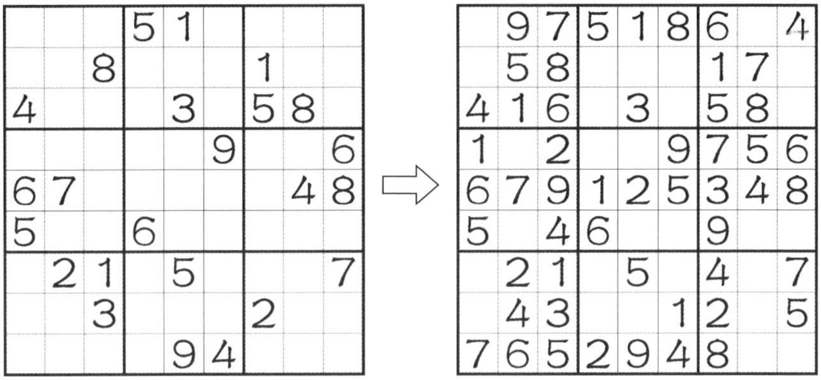

图12-40　XY链形成唯余解案例

本题中，C6、B6、B5、D5、F5构成了（7、2）—（2、6）—（6、4）—（4、8）—（8、7）的XY链，删减首尾两端共同影响单元格的7，得到唯余解F6=3。

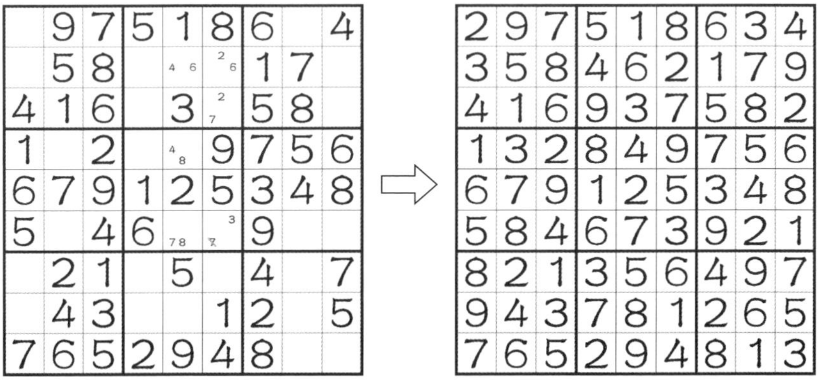

图12-41　解出终盘

XY链形成宫内排除解

			3	5	2			
		2		4		1		
	6			8			3	
7			4		6			5
9	2	6				7	4	3
8			9		7			6
	9			7			8	
		5		9		6		
			1	6	4			

⇨

			3	5	2		6	
		2	6	4	9	1		
	6	9	7	8	1		3	2
7			4	2	6	8	9	5
9	2	6	5	1	8	7	4	3
8	5	4	9	3	7	2	1	6
6	9		2	7	5		8	
		5	8	9	3	6		
			1	6	4			

图12-42　XY链形成宫内排除解案例

本题中，由H8、B8、B1、H1串联而成（2、7）—（7、5）—（5、3）—（3、2）的链，删减首尾两端共同影响单元格（H1、H2、I7、I8、I9）的2，得到宫内排除解I1=2，第九宫内也可排除得解。

			3	5	2		6	
5 3		2	6	4	9	1	7 5	
	6	9	7	8	1		3	2
7			4	2	6	8	9	5
9	2	6	5	1	8	7	4	3
8	5	4	9	3	7	2	1	6
6	9		2	7	5		8	
＼		5	8	9	3	6	2 7	
2 3 ☆			1	6	4			

⇨

1	4	7	3	5	2	9	6	8
3	8	2	6	4	9	1	5	7
5	6	9	7	8	1	4	3	2
7	1	3	4	2	6	8	9	5
9	2	6	5	1	8	7	4	3
8	5	4	9	3	7	2	1	6
6	9	1	2	7	5	3	8	4
4	7	5	8	9	3	6	2	1
2	3	8	1	6	4	5	7	9

图12-43　解出终盘

XY链由宫内区块形成，再形成唯余解

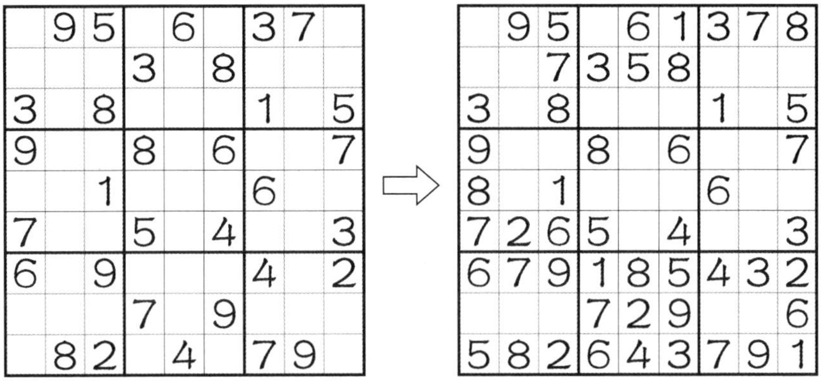

图12-44　由宫内区块形成XY链案例1

解题时，XYwing、XY链，以及数对等技巧都需要对部分单元格进行点算。一般地，可将双值格利用小数字进行标记，但有时也需要对三值格进行标记，因为这类型单元格很可能通过简单的区块删减后，变成可用的双值格。

本题中，第五宫的宫内区块删减E8，得E8=4、5，与D7、B7、B9构成（4、5）—（5、2）—（2、9）—（9、4）的XY链，删减首尾两端共同影响的B8、C8、E9格中的4，得唯余解E9=9，亦可得排除解B9=4。

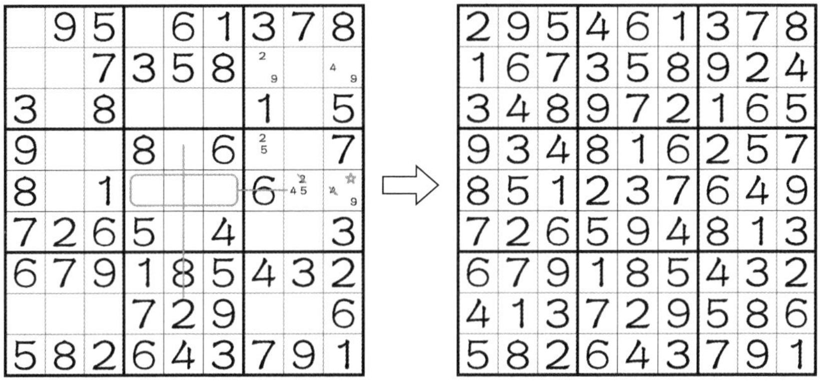

图12-45　解出终盘

XY链由宫内区块形成，再形成宫内排除解

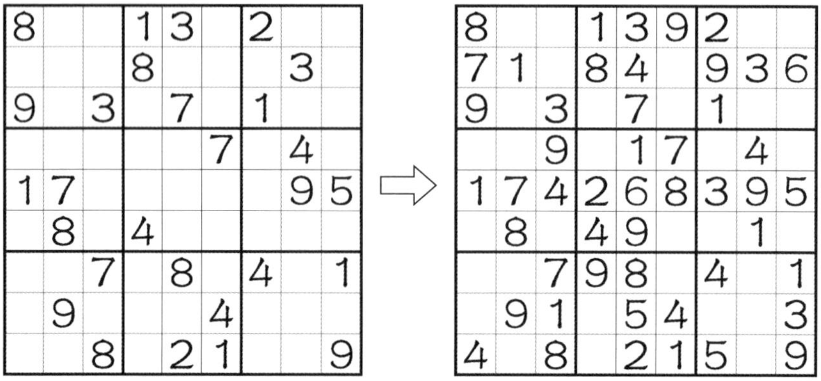

图12-46　由宫内区块形成XY链案例2

本题中，利用第六宫的数字6的区块删减H7的6后，得到H7=7、8，与H4、C4、C8构成（8、7）—（7、6）—（6、5）—（5、8）的XY链，删减G8、H8、I8的数字8。其中G8和I8也可通过排除进行删减，但本题中，利用XY链一次性删减三格，可直接观察得到第九宫的宫内排除解H7=8。

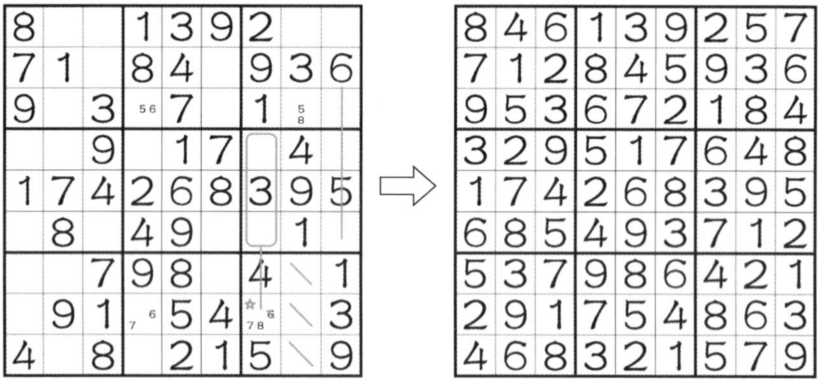

图12-47　解开终盘

挑战一下

J1

2	8	9				3		
3			6		2			
5			4			8		1
	9	6		4			3	
			9		7			
	7			3		9	1	
9		4			8			3
			3		9			7
		5				2	9	8

J2

3							7	
				5		4		1
			7	2	1		6	
		7			5	8		
	9	3				7	5	
		5	1			3		
	8		4	7	2			
7		2		6				
	6							7

J3

		3		5				
			9	6	4	5		
1						6	2	
	3		5				6	
2	1						8	5
	5				2		3	
	8	9						6
		1	6	7	8			
				4		8		

J4

	5			7				
1	6					4	8	
			8	1	2			
		6				1		7
5		8				2		
			3	9	4			
	7	5					4	3
				6			9	

J5

		9		6	5			
		5	7		8			
		7				4	2	5
2	3			7			9	
7			9		2			1
	9			8			7	3
6	8	2				1		
			8		7	3		
			2	1		8		

J6

			7	9			1	
		2						6
	7		4				5	
					2	8		
5		3				9		4
		4	1					
	4				3		7	
6						1		
	2			7	4			

J7

	2		3			7	8	
3			9					2
5		8	1			4		
				3		6	5	7
			6		9			
1	3	6		7				
		3			5	2		6
2					3			5
	7	5			6		3	

J8

	5			9				
3	8	9			7			
		2	5	3			8	
		6						4
		8	3	4	9	1		
1						8		
	4			6	3	9		
			9			6	1	2
				1			3	

J9

8	1	4						
			8			4		3
5				1			8	
	8		3		9			2
4								
	5		2		7			4
9				6			3	
			7			5		9
1	7	5						

J10

8		9	4			2		
				5	2			
6						3		4
3					1		4	
	1						8	
	6		2					1
5		7						8
			9	8				
		8			7	9		3

Section 13　Ywing

如果某区域中，A只能在某两个单元格内，这两个单元格所在的区域中，各有另一个单元格AB，那么此时构成Ywing。考虑前两个单元格中至少一个应有A，那么另外两个单元格内，至少一个不能是A，意味着至少一个应当是B。因此，删减两个AB格共同影响的单元格。

用链的视角进行观察，就是两格形成强链A==A，两个端点格各自以弱链联结双值候选格AB。强链我们称为Ywing的轴，两条弱链我们称为翼，因此Ywing结构就是一条轴的两端各有一翼的结构。

Ywing的观察难度较高，一般是先观察到两个相同的双值格，再寻找链关系。像图13-1右图这种斜向的轴，会加大观察和寻找的难度。

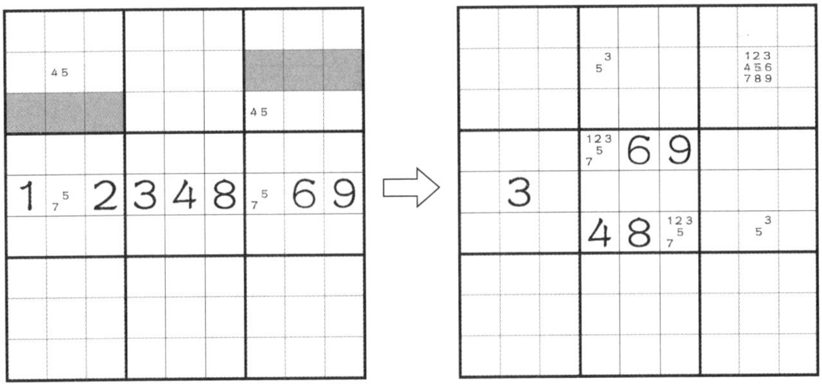

图13-1　Ywing

Ywing形成唯余解

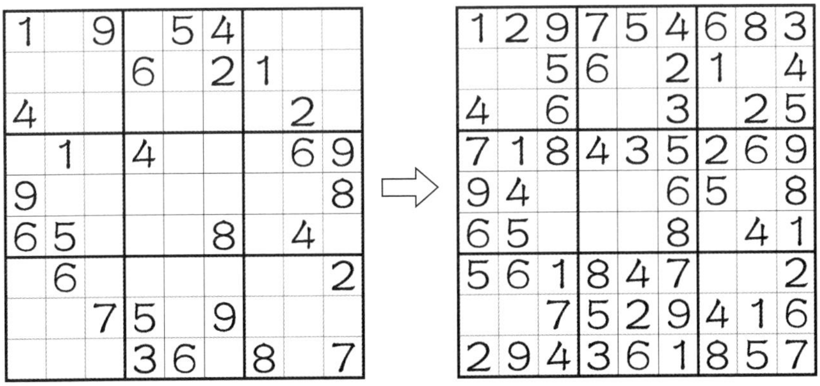

图13-2　Ywing形成唯余解案例

观察E行，数字7仅能在E5、E8中。此时F5、B8均为7、9，这四格构成Ywing，删减B5的9，得唯余解B5=8。

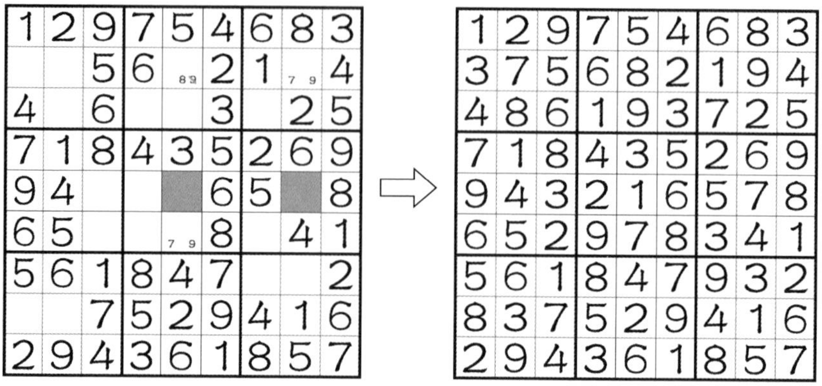

图13-3 解出终盘

Ywing形成宫内排除解

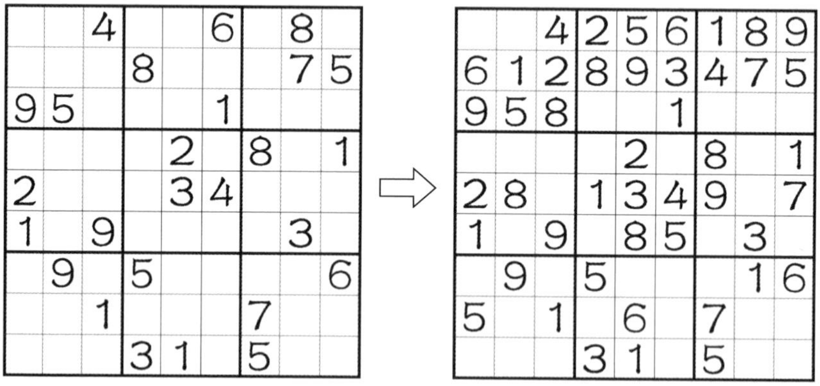

图13-4 Ywing形成宫内排除解案例

本题中第六行的2必定位于F7、F9中，与G7、C9构成了Ywing，删减C7格的3，结合排除，得到第三宫的宫内排除解C9=3。

Ywing的两个双值格可能在强链的同一侧或者两侧，在强链的两侧时，观察难度较高。观察时通常要寻找两个一致的双值格进行观察。

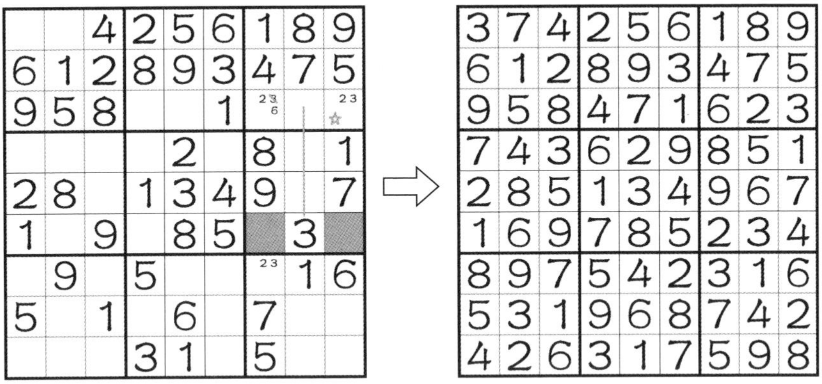

图13-5　解出终盘

Ywing一翼为斜向

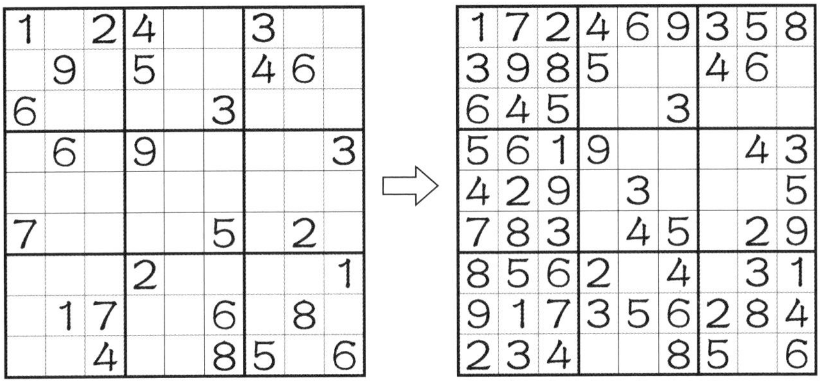

图13-6　Ywing一翼为斜向案例

本题中，第六列有1的强关系，结合I4、E8形成了Ywing，删减I8的7，得唯余解I8=9。需要注意的是，本题中E8、F7的弱关系为斜向的，由宫内的限制形

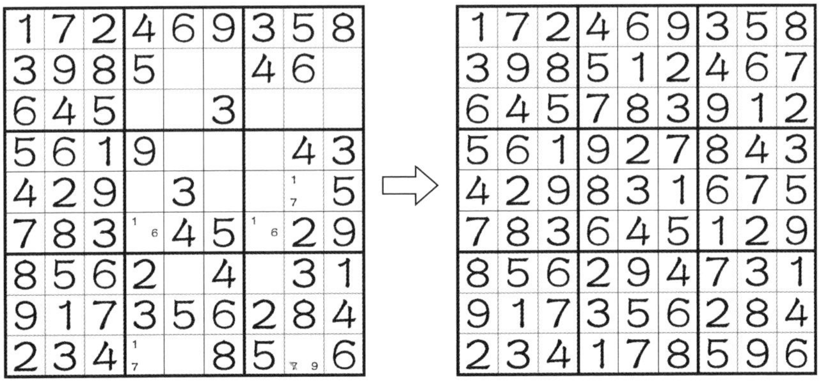

图13-7　解出终盘

成。Ywing在形成时，两翼可能位于强关系的同一侧，也可能位于两侧，也可能有一翼或两翼与强关系方向并不垂直，学习结构时，要重点学习结构的深层核心，而不要拘泥于结构的形式。

Ywing轴线为斜向

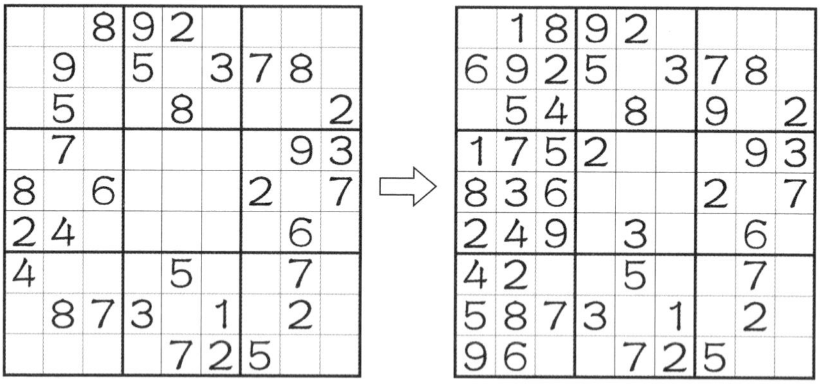

图13-8 Ywing轴线为斜向案例

常见的Ywing中，作为轴线的强关系多为一种情况，即某数在某行列中仅有两格分布，因此在同一行列的两格中形成强关系，这样的强关系是水平或者垂直的。但还有一种较少见的情况，Ywing的轴线为宫内不在同一行列中的两格，这样轴线本身就是一条斜线，隐蔽程度很高，难以观察。

此题中，考虑第八宫中数字4的分布，只能存在于H5、I4之中，与B5、E4构成Ywing，删减B5、E4共同影响单元格中的1，即C4的1。删减后第二宫有宫内排除解B5=1。

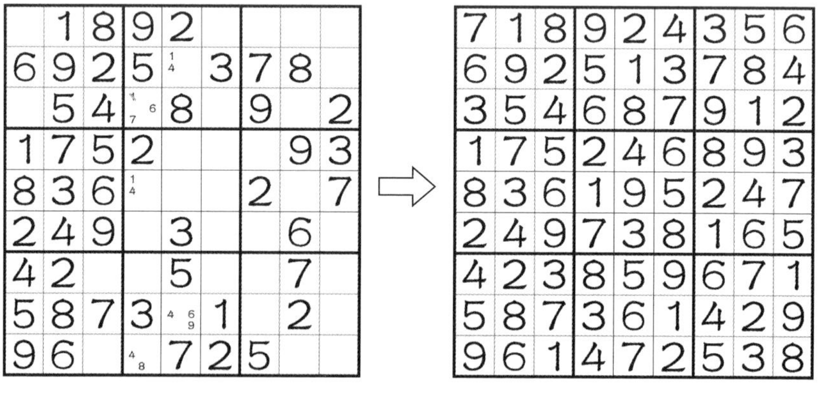

图13-9 解出终盘

Ywing结合宫内区块形成行列排除解

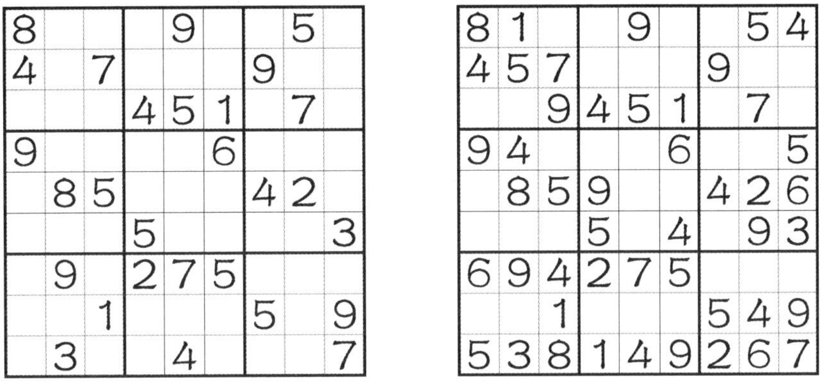

图13-10　Ywing结合宫内区块形成行列排除解案例

本题中，B8、B9为数字1的强关系，结合D8、G9构成Ywing，删减G8的8。同时有第二宫的宫内区块，删减B8的8，得行列排除解D8=8。此题行列排除较为隐蔽，可在得到Ywing进行删减后，对相关的行列加以核查。

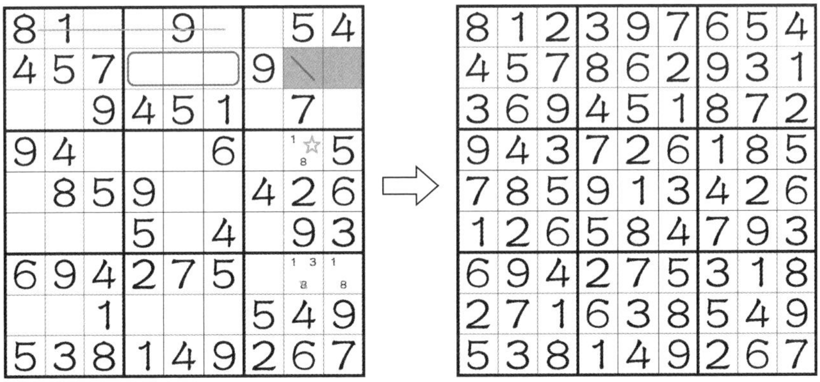

图13-11　解出终盘

Ywing结合行列区块形成行列排除解

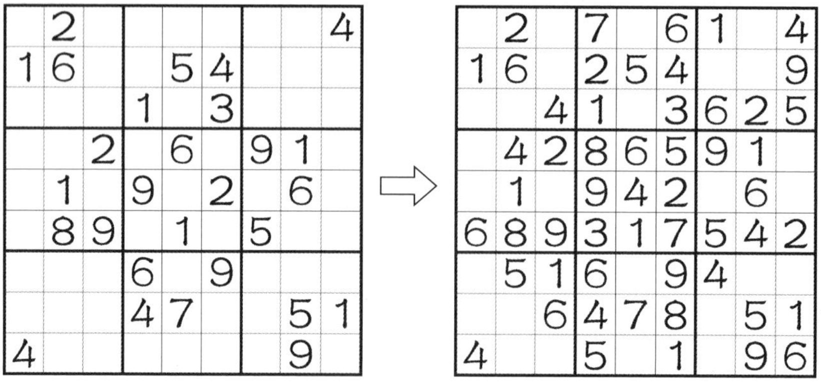

图13-12　Ywing结合行列区块形成行列排除解案例

本题中，第九行的数字2仅能在I5、I7之中，结合G5、H7，形成Ywing，删减G8、G9的3。另有第二列中H2、I2的3区块，删减G1的3，进而得到第七行的行列排除解G5=3。

本题在前期进行检索时，即可对H2、I2的数字3的区块进行标注，而观察到Ywing删减G8、G9的3后，可在第九宫形成H7、I7的数字3的区块，这二个区块位于同一列内，可能向上方进行排除，在第三、第六宫中有线索，此时也当加以标注。标注后进行观察，易利用组合区块的视角得到G5=3的结论。

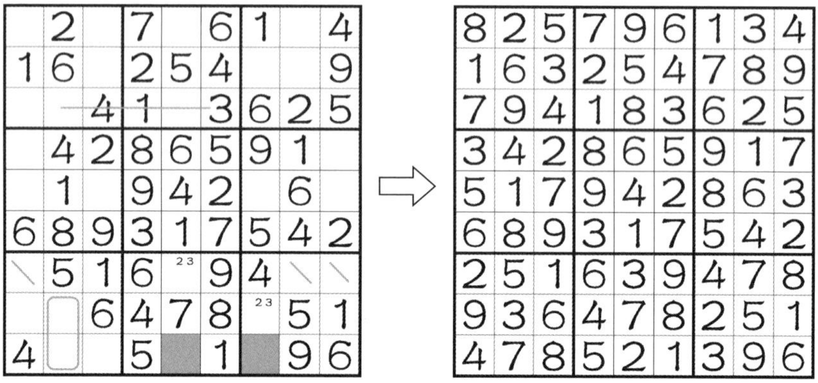

图13-13　解出终盘

Ywing结合区块形成唯余解

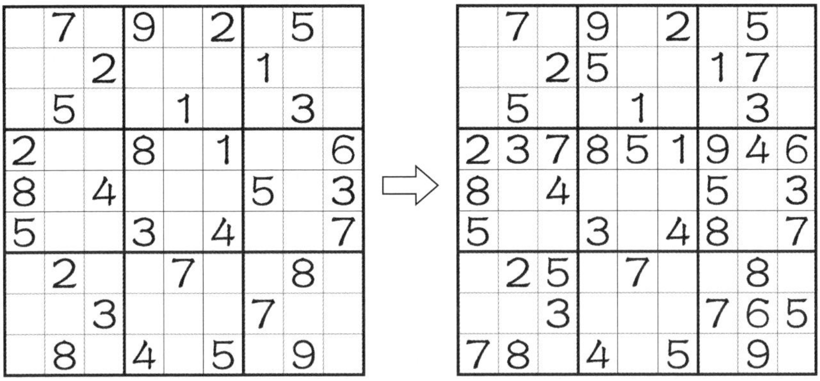

图13-14　Ywing结合区块形成唯余解案例

本题中，G9和I9为1的强关系，与G4、I3构成Ywing，可删减G1、I5两格的6。当Ywing的目标格较少时，应当优先考虑目标格是否可能有唯余解，本题中结合第九宫的数字2的区块，得唯余解I5=3。

当Ywing的目标格较多，且部分单元格分布于同一行列时，则应当优先考虑目标格所在的行列宫内是否可能有排除解。

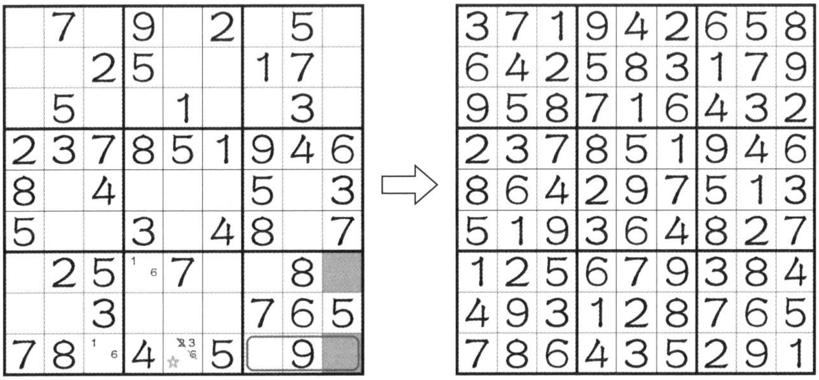

图13-15　解出终盘

Ywing由区块形成，再结合区块形成唯余解

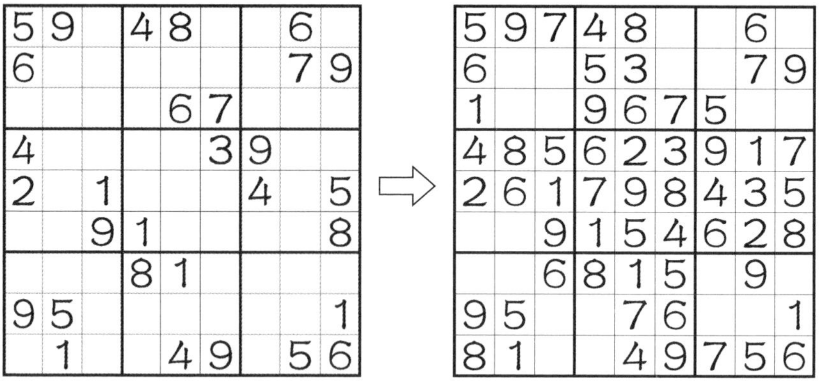

图13-16　由区块形成Ywing案例

本题中，经由第二宫数字3的区块删减C9的3，C9=2、4。观察到B2也是2、4，结合第七行的数字4的强关系，有Ywing：B2（2、4）-- G2（4）== G9（4）-- C9（24），删减首尾两端共同影响的C2、C3、B7格的2。

删减后，可得第三行的排除解C9=2。此时不能立刻得到唯余解，但对这几格再进行检索，发现第三宫的数字4的区块可删减C2的4，得到唯余解C2=3。

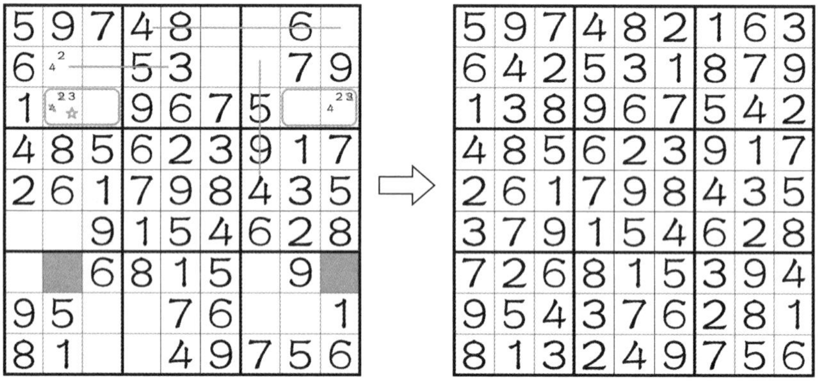

图13-17　解出终盘

两个Ywing在同一格形成唯余解

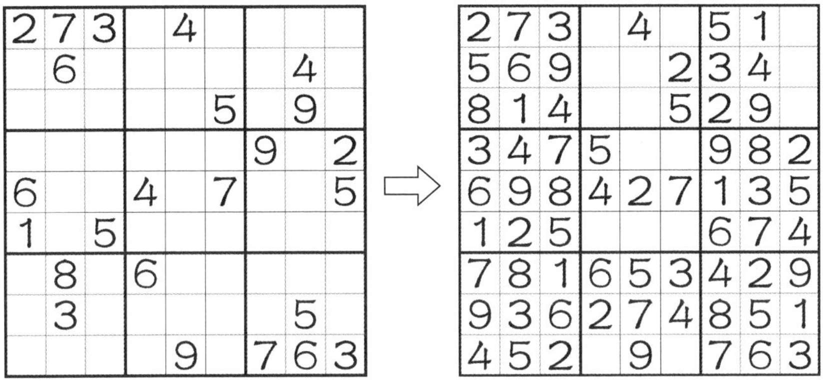

图13-18　两个Ywing在同一格案例

观察下题，深灰色两格为1的强关系，结合B5、I6构成Ywing，删减A6的8；同时，浅灰色两格为8的强关系，结合A4、F6构成Ywing，删减A6的9，最终得到唯余解A6=6。

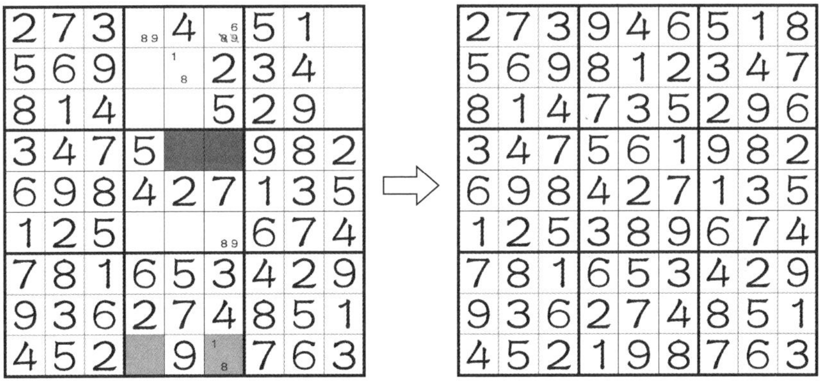

图13-19　解出终盘

Grouped-Ywing由区块形成，再形成宫内排除解

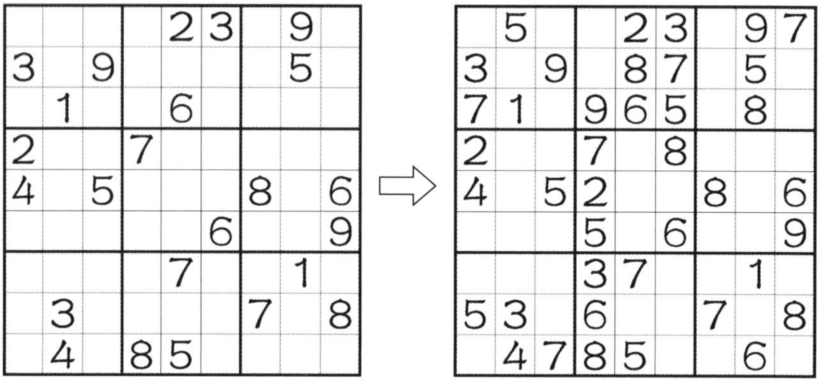

图13-20　由区块形成Grouped-Ywing案例

本题解题思路较多，利用区块和多次Ywing进行删减，可顺利解题。但可换另一种视角进行观察。

当第八行的数字9的区块删减G6的9后，G6=2、4。此时注意到G6和H8均为2、4的双值候选，可观察是否有2或4的强关系能将这两格连接起来。此处将I7和I9视为一个整体，观察数字2在第九行的位置，有I6==[I7、I9]，同时[I7、I9]与H8处于同一宫，[I7、I9]的2也能和H8的2形成弱关系。

故而有Ywing：G6（24）-- I6（2）== [I7、I9]（2）-- H8（24），删减G6、H8两格共同影响格内的4，即删减G7、G9，及H5、H6格的4。删减后，得到第九宫的宫内排除解H8=4。

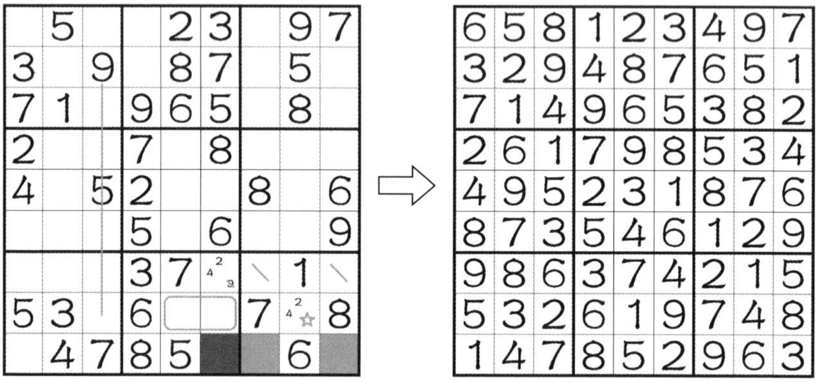

图13-21　解出终盘

Grouped-Ywing由显性数对形成，再形成宫内排除解

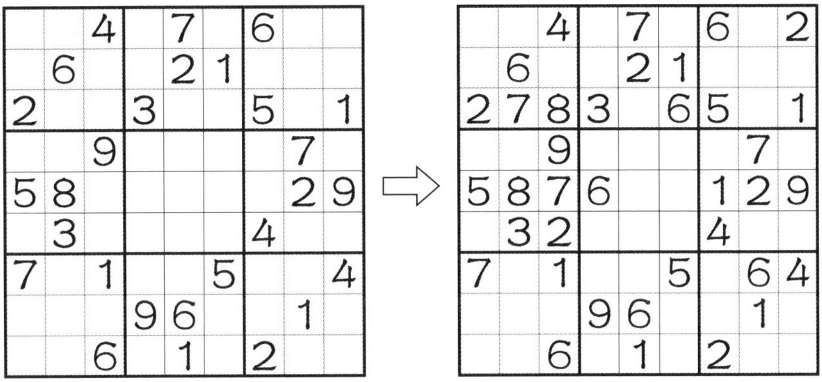

图13-22　由显性数对形成Grouped-Ywing案例

本题中，第五行的3、4数对删减D6后，D6=2、8。此时G4=2、8，考虑第二宫数字8的分布位置，将A4、B4视为一个整体，有Ywing：D6（2）== D6（8）--A6（8）== [A4、B4]（8）-- G4（8）==G4（2），可删减D6、G4格共同影响单元格H6的数字2。

删减后，结合B5、I7，得第八宫的宫内排除解G4=2。

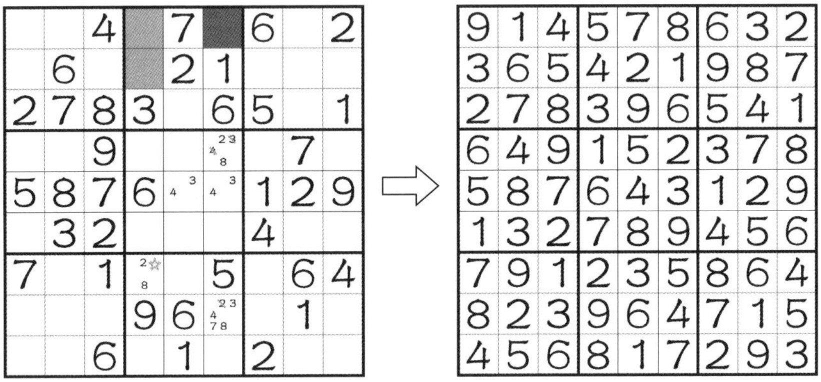

图13-23　解出终盘

二元Lwing

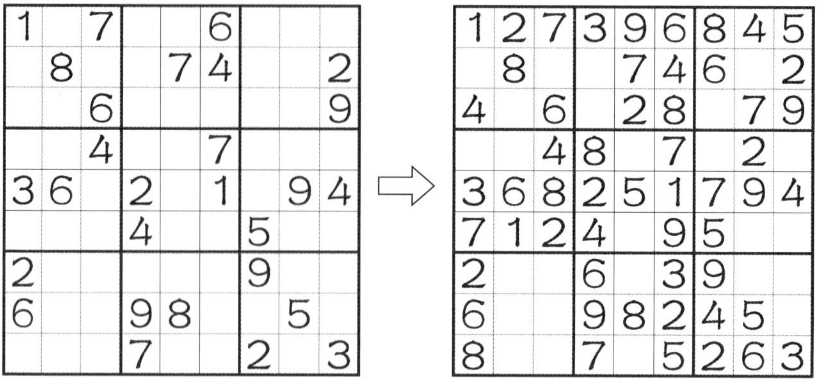

图13-24　二元Lwing案例

观察第二行，及B8、H3的候选数，有链：B3（3）== B8（3）-- B8（1）== G8（1）-- H9（1）== H3（1），则由链结构性质，B3（3）和H3（1）至少需要成立一个。无论哪一个结论成立，均有H3≠3，得H3=1。

这种依托于双值格和强关系形成的Wing结构称为Local-Wing，简称Lwing。此例为两种数字构成的较为特殊的Lwing，一般表达为X ==（X--Y）==Y--Y==Y，当头尾两格不能相同时，可删减链首格的Y，链尾格的X。本题中X=3，Y=1，理论上能删减B3的1及H3的3，此处由于B3不为1，故而仅删减了H3的3。

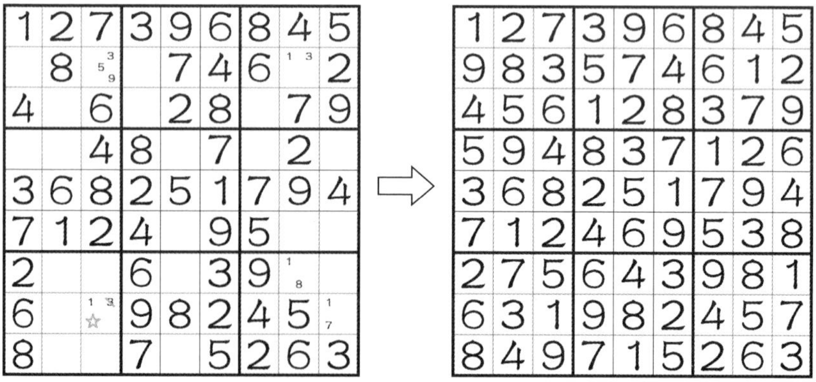

图13-25　解出终盘

三元Lwing

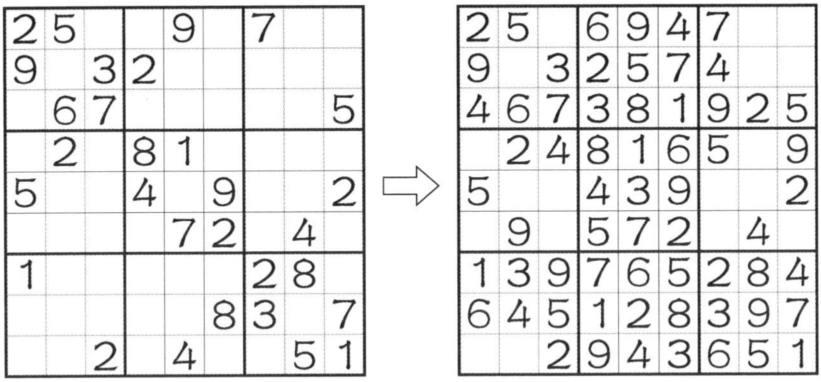

图13-26　三元Lwing

本题中，观察B2、B8、E2、E8四格（其中E8应有候选数1，我们通过E7、F7的1、8数对进行了删减）。考虑第二列1的分布及第五行7的分布，有以下链结构：B2（1）== E2（1）-- E2（7）== E8（7）-- E8（6）== B8（6），即B2（1）与B8（6）必有一真，可删减B8的1，得唯余解B8=6。

此例是Lwing的一个更常见的形式X ==（X--Y）==（Y--Z）== Z，当头尾两格不能相同时，可删减链首格的Z，链尾格的X。

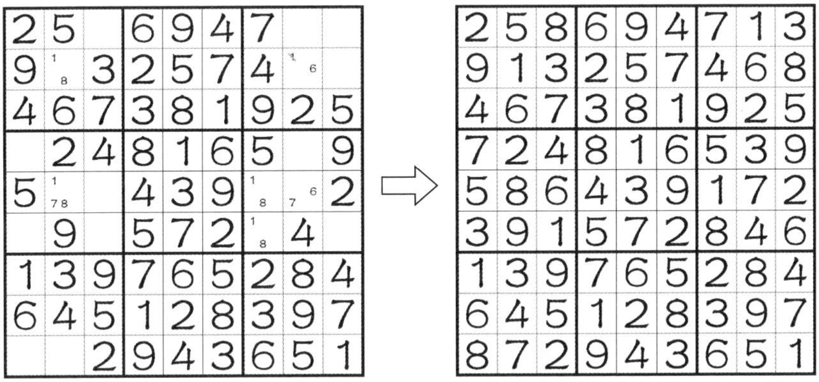

图13-27　解出终盘

Mwing

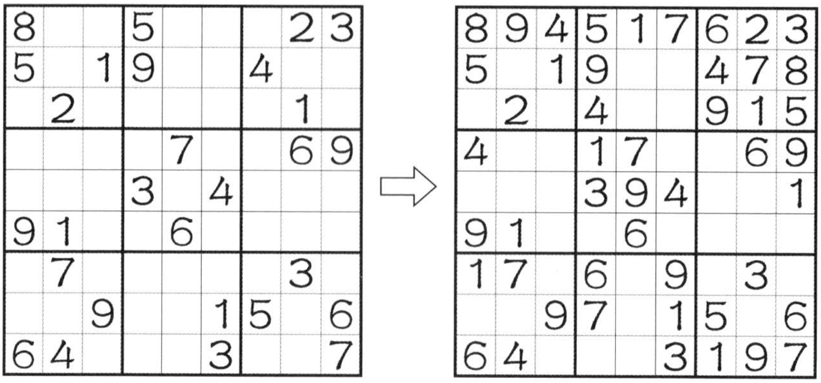

图13–28　Mwing案例

观察C1、H1、H5、B5四格，考虑第八行数字2、第一列数字3的分布，有链结构C1（3）== H1（3）-- H1（2）== H5（2）-- B5（2）== B5（3），由链的性质，C1（3）和B5（3）至少有一真，故而B2≠3，B2=6。

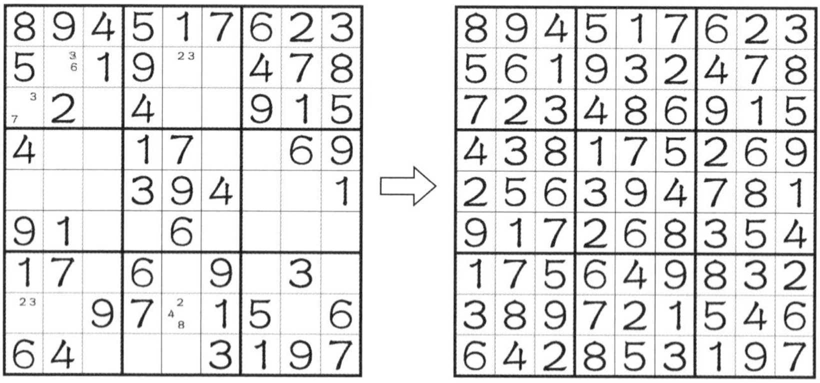

图13–29　解出终盘

这种结构可简化为：X==（X--Y）==Y--（Y==X），称为Mwing，能删减首尾两端格共同影响的单元格内的数字X。在一部分资料里，Mwing被翻译为Ywing，这些资料中的Ywing则指XYwing，一部分资料中另有Wwing指Ywing，这是数独理论发展早期的误翻所致，因此在各类资料中，关于各类Wing结构的表述，读者应加以仔细辨别。

一般地，Lwing、Mwing等结构多用于理论分析及研究，本身案例较为罕见，自身分类又具有极强的迷惑性，常用的Wing结构一般多为Xwing、Ywing、XYwing及XYZwing四种，Mwing存在于部分资料中，Lwing及本书中较少提及的Hwing、

Swing等均为爱好者自行研究归类的结论，这几种结构都可以归纳于XYX链之中。

挑战一下

K1

1					9			3
	3			5				1
4	5	6		3				
		1	3				5	
3								6
	8				7	2		
				7		6	2	9
8				9			4	
9			1					8

K2

9		1		8				
4			5			7		
		8				4		1
8	3				9		7	
	4						6	
	1		3				2	5
6		7				9		
		5			8			7
				7		5		6

K3

2		3	8					7
	6			3				
8						2		
6				7	8			
	7		9	2	1		4	
			5	4				3
		5						2
				8			9	
7					4	6		8

K4

				3	8			6
	3		1			8		
			4	6			3	
	4	1						3
3		8				5		7
5						6	9	
	5			4	9			
		7			6		4	
2			3	7				

K5

		4						1
		9		1			5	7
2	1				9	6	4	
				5			6	
8								2
	7			4				
	3	8	7				9	4
7	9			8		5		
1						7		

K6

9	5	7						
							1	
6		3	8	7				
		6		2				3
8			4	6	7			9
7				5		1		
				9	2	3		6
	8							
						4	9	2

K7

9	6	1		5		8	2	3
7	8						4	5
3								1
			9		4			
5				8				6
			3		5			
6								8
2	1						7	9
4	7	8		1		5	3	2

K8

		8		3			4	5
	3		5					1
5			9			6		
	5	3	4					
6				1				7
					7	2	3	
		5			9			6
9					3		7	
4	8			6		3		

K9

		6		2	1			4
		3		5		7	9	
8	4						1	
			2					7
9	7						6	5
3					7			
	3						7	9
	1	7		3		2		
5			7	4		1		

K10

2						6		7
		7	6					9
8		9	2					
			5				6	1
9		4				7		2
6	1				4			
					8	3		5
1					6	2		
7		8						6

Section 14　高难技巧

本节无例图，仅展示一些有难度的技巧。这些技巧都是分析级题目的入门思路，包括XYX链、ALS、复杂的UR结构、毛刺理论、伪XYZwing、融合数组SDC、均衡数对APE等，仅做了解，不设计习题。

如果要涉及高难题目分析的领域，需要掌握XYX链、ALS、融合数组SDC、毛刺理论，这几种技巧是高难题目分析的基石。复杂的UR结构需要对于各类技巧有足够的认知和熟悉，而其他几种技巧出现频率较低。

XYX链形成唯余解

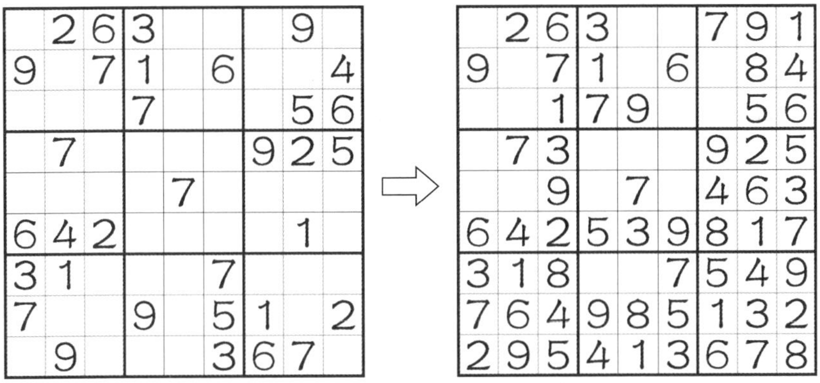

图14–1　XYZ链形成唯余解案例

第五列中，2只能在B5或G5，因此有B5（2）== G5（2）。第二行中，也有B2（5）== B5（5）。故而结合双值格的特征（内部两候选数之间同时呈现强关系和弱关系）有：G5（2）== B5（2）-- B5（5）== B2（5）-- E2（5）

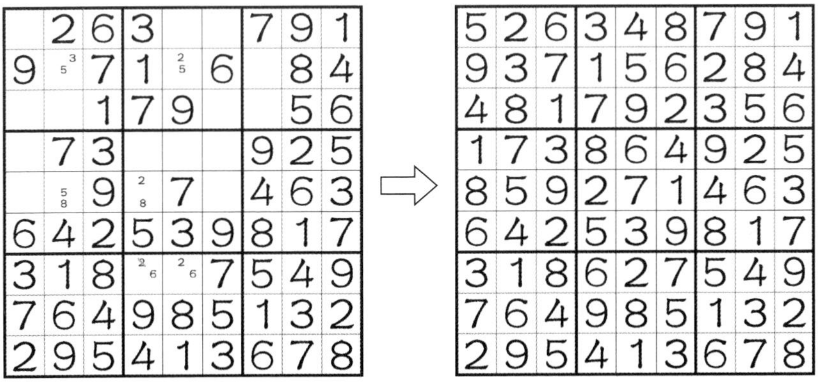

图14–2　解出终盘

== E2（8）-- E4（8）== E4（2），故而G5（2）和E4（2）至少有一真，删减共同影响的G4的2，得唯余解G4=6。

XYX链形成宫内排除解

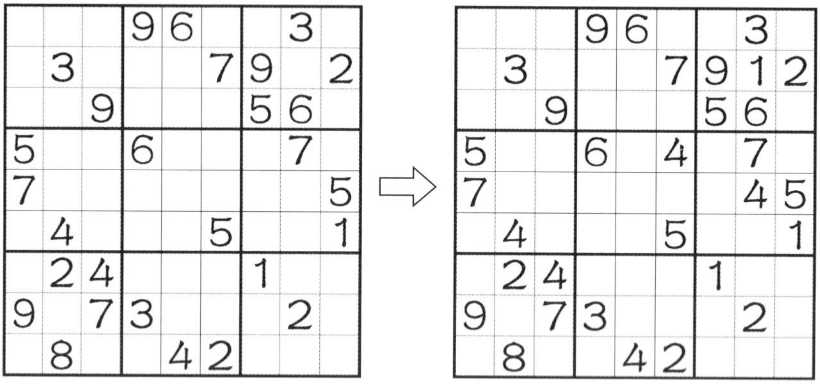

图14-3　XYX链形成宫内排除解案例

本题中，考虑第二、第六列中数字6、9的分布，有长链：E2（6）== H2（6）-- H6（6）== G6（6）-- G6（9）== E6（9），由链的性质，E2（6）与E6（9）至少一真，故而E2≠9，得第四宫的宫内排除解D2=9。

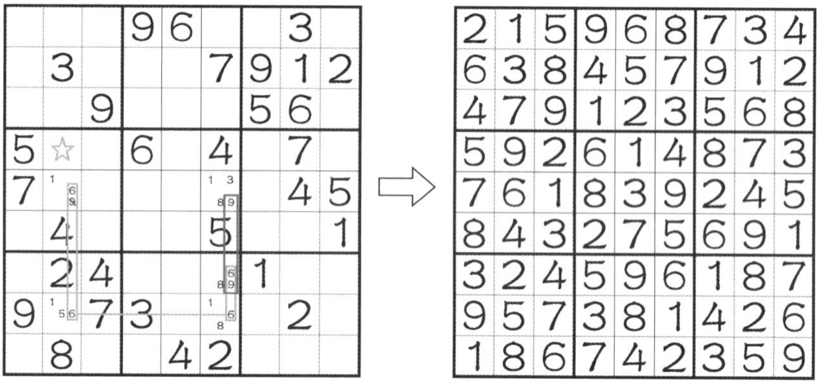

图14-4　解出终盘

XYX链形成行列排除解

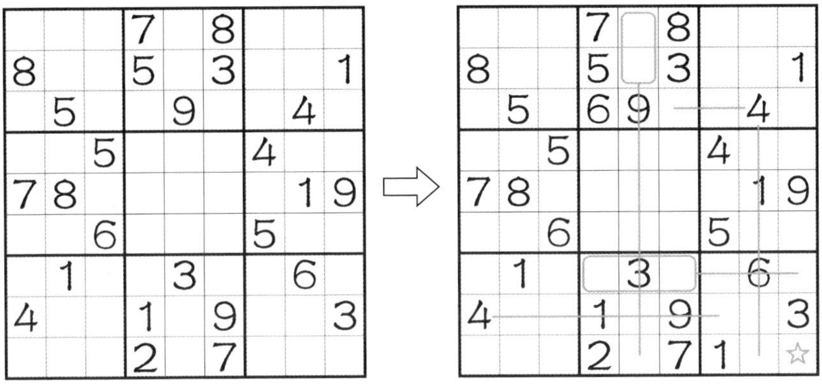

图14-5　XYX链形成行列排除解案例

观察此题，基本功只可解B4=6，I7=1两步。第二宫有数字4的区块，在第八宫再形成另一个数字4的区块，可解得I9=4。

此时观察第一、第九列的数字5、6的分布，有链结构：A1（6）== I1（6）-- I1（5）== G1（5）-- G9（5）== A9（5），故而A1（6）和A9（5）至少一真，故而A9（6）为假。

删减A9（6）后，得到行列排除解D9=6。

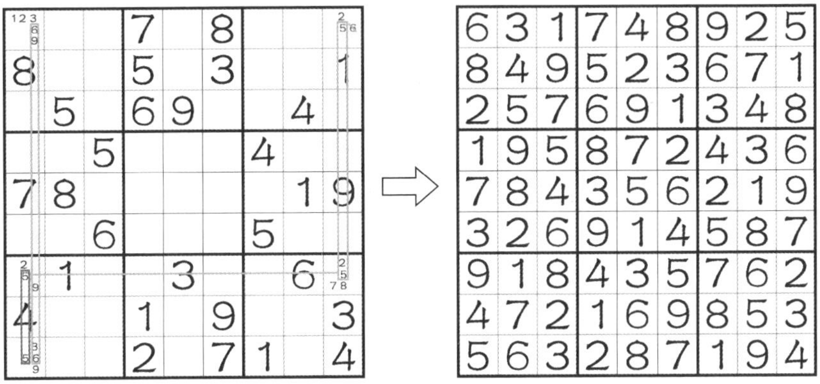

图14-6　解出终盘

Grouped-XYX链

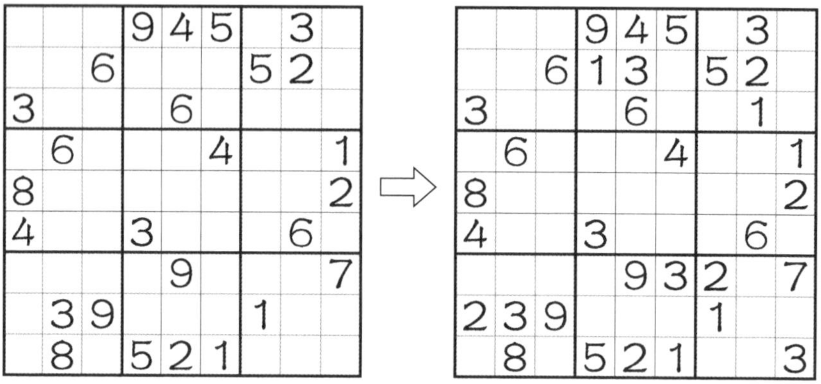

图14-7　Grouped-XYX链案例

本题所用技巧为XYX链，但其中部分节点为区块。考虑第五列数字7的分布，有[D5、E5、F5]（7）== H5（7），第八宫中数字6的分布有H6（6）==[G4、H4]（6），结合E4=6、7，因而有链结构：H5（7）== [D5、E5、F5]（7）-- E4（7）== E4（6）-- [G4、H4]（6）== H6（6），由链结构的性质，H5（7）和H6（6）必有一真，从而删减H6的7。

删减后，H6=6、8，与A9、B6、B9等格形成Ywing，删减H9的6，进一步得到第九宫的宫内排除解I7=6，之后可使用基本功解开此题，但已属于后续步骤的范围。

利用区块为节点的XYX链观察难度较高，可以通过对双值格进行分支讨论，研究两分支下的共同结论，从而得到结果。

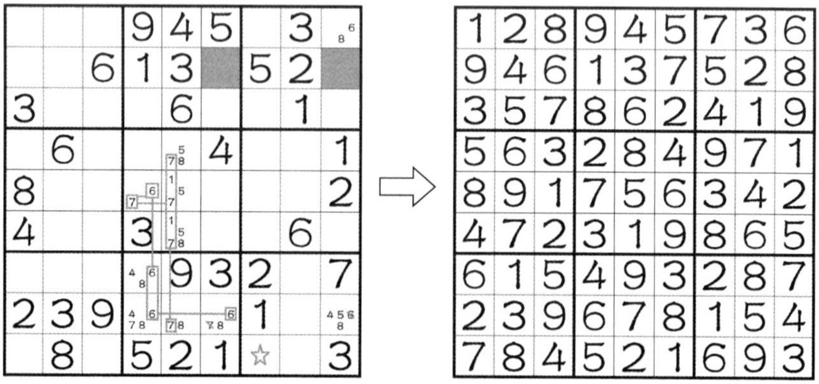

图14-8　解出终盘

ALS构造长链与分类讨论，形成排除解

3								2
		5	7	6	2			
				9	8		6	
	5	3	8		7		4	
	4	8				7	5	
	2		5		6	8	1	
	3		6	2				
			9	7	3	6		
9								4

⇨

3			4	5	1	9		2
	9	5	7	6	2		3	
			3	9	8		6	
6	5	3	8	1	7	2	4	9
1	4	8	2	3	9	7	5	6
7	2	9	5	4	6	8	1	3
	3		6	2	4		9	
			9	7	3	6		
9			1	8	5	3		4

图14-9 ALS构造长链案例

本题可用Xwing、XYwing、单链、XY链等技巧进行切入，但步骤较多，解题过程较为复杂。此处引入一种高阶技巧。

观察H2、H8、H9三格，这三格中的候选数仅为1、2、5、8四种，因此，最终这三格内的三个数字必须是这四个数字中的三个。接下来我们可以观察到，为了保证这三格内有三种数字，数字2、5之中应当至少有一个。结合候选数，我们发现H8（2）和H9（5）应至少有一个成立，即H8（2）== H9（5）。

先利用分类讨论的思路进行观察，若H8=2时，I8=7；而若H9=5，则G7=1，G3=7，无论哪一种情况，I2、I3均不可为7。写成链结构即为：G3（7）== G3（1）-- G7（1）== G7（5）-- H9（5）== H8（2）-- I8（2）== I8（7），删减两端共同影响格I2、I3的7，得行列排除解I8=7。

当*M*格内有*M*+1种候选数，其中任意两个候选数*p*、*q*，其中至少应有一个成立。这一技巧叫作Almost Locked Set（待定数组），简称ALS。本题中，H2、H8、H9即为待定数组，3格有4个候选数，具体的数组是待定的。

本题解题时，我们利用ALS构造了一条复杂长链，进而得到进一步的解。

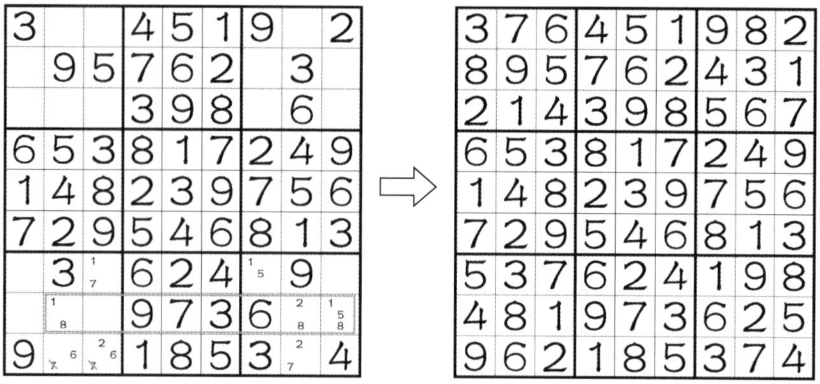

图14-10 解出终盘

ALS双强链

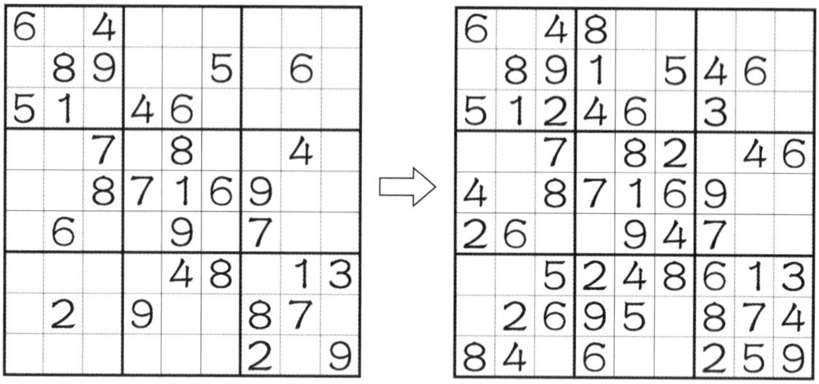

图14-11 ALS双强链案例

观察下图中的结构，B1、B9、E9、E2可构成XY链，我们亦可以双ALS强链的视角对这四格进行观察。

B1及B9两格中拥有2、3、7三个候选数，此时B1（3）与B9（2）不能同假，构成强关系；同理有E2（3）==E9（2）。又因B9（2）与E9（2）显然不能同真，因而有：B1（3）==B9（2）--E9（2）==E2（3），删减首尾两端共同影响格的3，得唯余解A2=7。

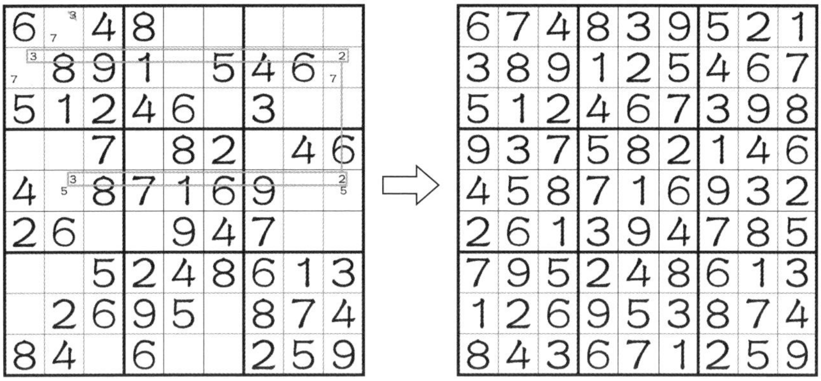

图14-12 解出终盘

ALS-XZ

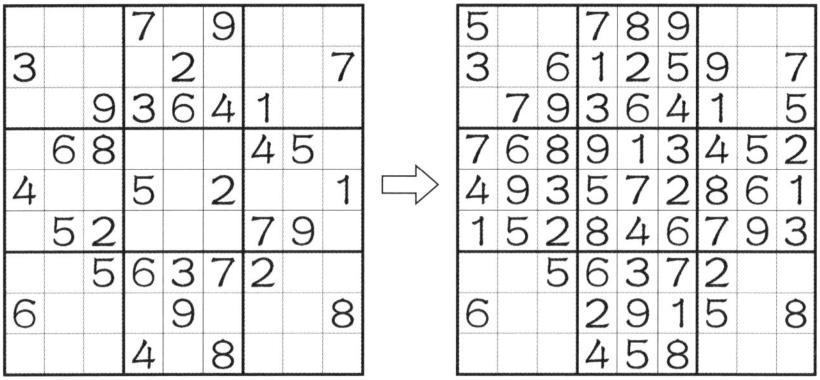

图14-13 ALS-XZ案例

本题中，观察第一行A2、A3、A7、A9四格，其候选数为1、2、3、4、6，通过ALS可知A2（2）== A7（3），同理观察第九行有I2（2）== I7（6），通过第二列，形成链结构：A7（3）== A2（2）-- I2（2）== I7（6）。

观察第七列，A7（3）与I7（6）只可能同时成立，或是同时不成立。而依据链结构的特性，我们可以推定这两个结论至少应有一个成立，那么必定是二者同时成立的情况，即A7=3，I7=6。这个方法我们称为ALS-XZ，是指两条ALS链连接形成的结构。

注：ALS-XZ指两条ALS链由严格共享候选数（Restricted Common Candidates，RCC）链接的链结构，本书中对此篇章涉及较浅，不涉及RCC的有关定义与讨论。另有由三条ALS链构成，类似于XYwing的ALS-XYwing等结构，本书中也不予以涉及。

5	12 4	1 4	7	8	9	3 6		4 6
3		6	1	2	5	9		7
	7	9	3	6	4	1		5
7	6	8	9	1	3	4	5	2
4	9	3	5	7	2	8	6	1
1	5	2	8	4	6	7	9	3
		5	6	3	7	2		
6			2	9	1	5		8
	123	1 7	4	5	8	3 6	1 3 7	

5	2	1	7	8	9	3	4	6
3	4	6	1	2	5	9	8	7
8	7	9	3	6	4	1	2	5
7	6	8	9	1	3	4	5	2
4	9	3	5	7	2	8	6	1
1	5	2	8	4	6	7	9	3
9	8	5	6	3	7	2	1	4
6	3	4	2	9	1	5	7	8
2	1	7	4	5	8	6	3	9

图14-14　解出终盘

单格ALS

		7			2	3		
	5			9			4	
9			4		8			2
8		1				9		
	2			6			1	
		4				2		6
1			3		6			9
	9			7			2	
		5	1			4		

		7			2	3	9	
	5			9			4	
9			4		8			2
8	6	1	2			9		
	2	9		6			1	
		4	9			2		6
1			3		6			9
	9			7			2	
		5	1		9	4		

图14-15　单格ALS案例

观察下图，B7=1、6、8，B9=1、8（二者皆由第二宫的数字7的区块删减了候选数7）。观察第三宫A9、B7、B9三格，由ALS有A9（5）== B7（6），结合A4格内部的候选数有链结构：A4（6）== A4（5）-- A9（5）== B7（6），由链的性质可知B4≠6，得唯余解B4=7。

本题在解出B4=7后，在后续的解题过程中依然有几个小的难点，所需的技巧仅限于区块、数对，读者可自行进行挑战。这一题所用的技巧也属于ALS-XZ的范畴，一条是三宫内的ALS链，另一条可将A4格视为一个区域，因此形成A4（5）== A4（6）的ALS链。

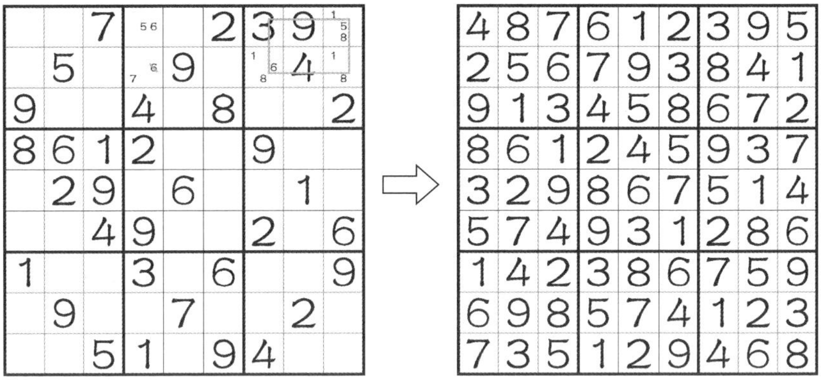

图14-16 解出终盘

含区块节点的ALS-XZ

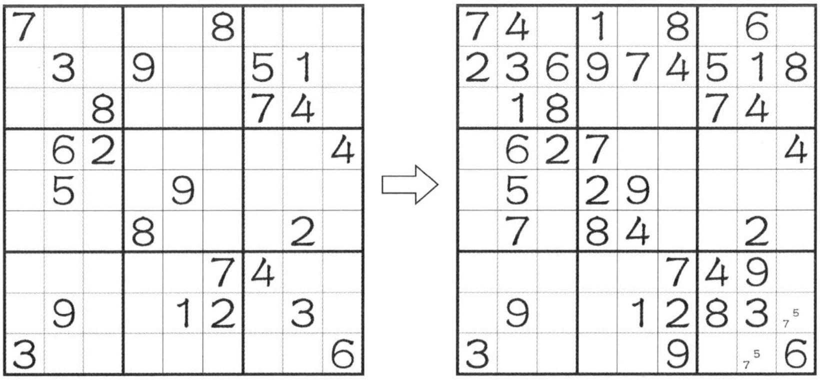

图14-17 含区块节点的ALS-XZ案例

观察本题，在进行基本功解开一定数字后，可利用H9、I8的5、7数对，得唯余解G8=9，进而得解A8=6，并删减G9的候选数5。

考虑第七行，G3、G9两格中有三个候选数，显然G3（5）与G9（2）不可全假，因此它们构成强关系。而第一行中，A3、A7、A9三格有2、3、5、9四种候选数，将A7（2）和A9（2）视为一个整体，这个整体和A3（5）不能全为假，因此有链结构：[A7、A9]（2）== A3（5）-- G3（5）== G9（2），可删减首尾两端共同影响单元格的2，即C9≠2。

删减C9的2后，得到第三行的行列排除解C5=2。

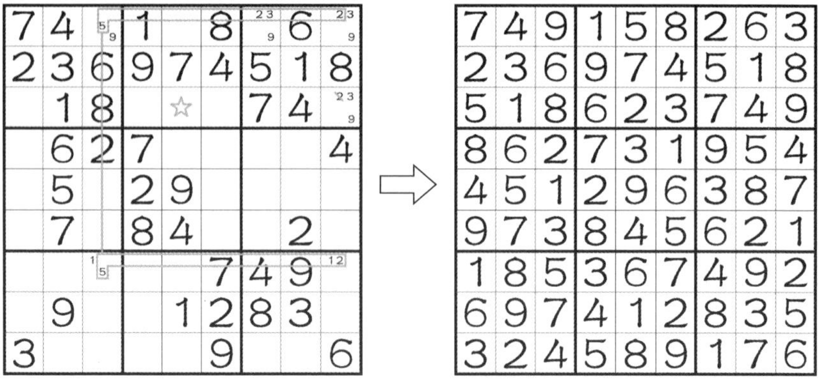

图14–18　解出终盘

UR内部形成异数链

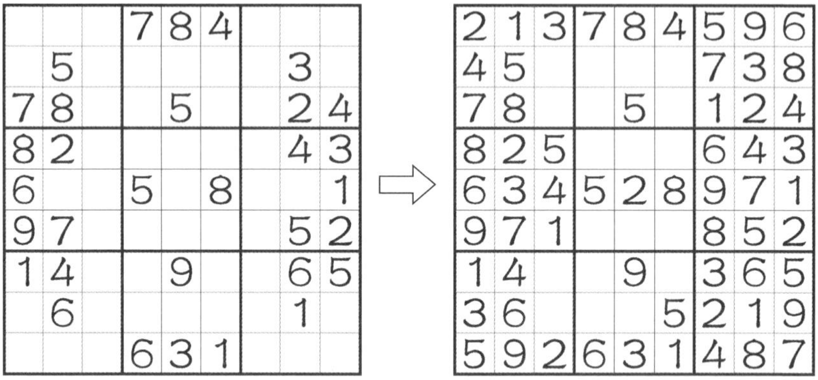

图14–19　UR内部形成异数链

考虑B3、C3，及B6、C6。为避免形成致命模式，需B6=2或C6=3，即有强关系B6（2）== C6（3）。

此时分类讨论，B6=2时，G6=7；C6=3时，C4=9，观察第四行，易得D6=9。无论哪一种情况出现，都有D6=9成立。也可以用链结构表达为：G6（7）== G6（2）-- B6（2）== C6（3）-- C4（3）== C4（9）-- D4（9）== D6（9），则G6（7）和D6（9）必然成立一个，此时无论成立哪一个，D6≠7，D6=9。

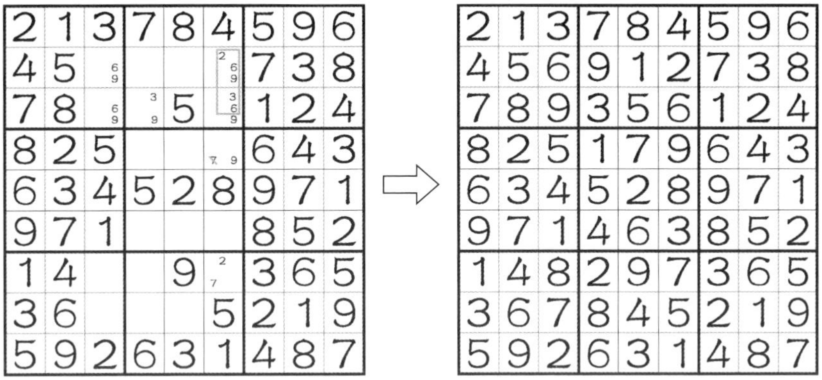

图14-20　解出终盘

缺损UR及其内部的链

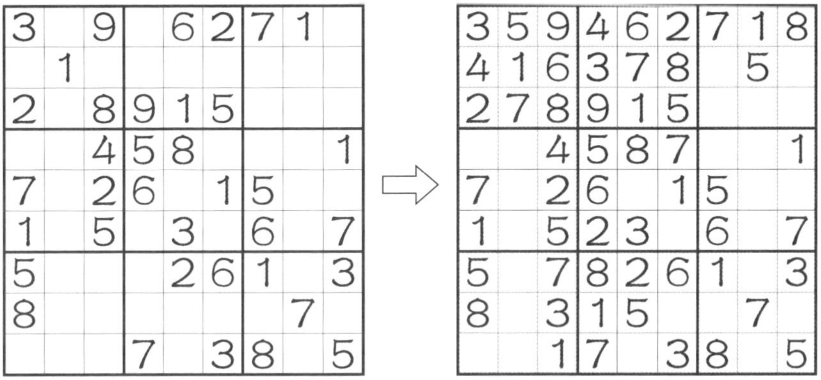

图14-21　缺损UR及其内部的链案例

本题中，灰色部分为4、9的远程数对，删减H9的4、9，删减后H9=2、6，H7=2、4、9，B7、B9均为2、9。

若H7≠4，且H9≠6，则H7、H9的候选数均为2、9，与B7、B9构成致命模式（此时H9≠9，但四格致命模式已形成，没有因素制约其内部互换，H9=9显然矛盾，H9=2时必定也在其余位置引起矛盾）。故而，H7（4）与H9（6）不能同假，即有强关系H7（4）== H9（6），结合C9格的候选数4、6，得链结构：H7（4）== H9（6）-- C9（6）== C9（4），删减共同影响格C7的4，得唯余解C7=3。

注：本题中所用的是UR的特殊情况（缺损部分数字的UR），为理解方便，在使用远程数对删减时，可暂不删减H9的9。

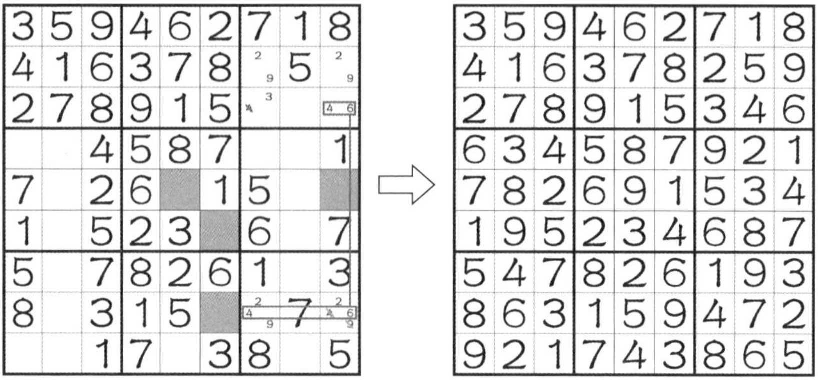

图14-22　解出终盘

毛刺（1）

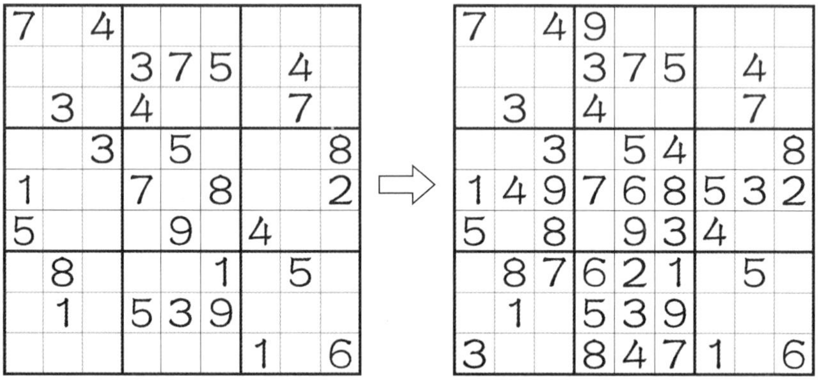

图14-23　毛刺案例1

本题之中，我们可以观察第二、第九列的9，第二列中有B2（9）== I2（9），第九列中有[B9、C9]（9）== G9（9）。这时B2和[B9、C9]无法构成弱链，因此这一部分暂时无法形成链结构。

不过，本题中我们可以暂时剔除C9（9），假设其不成立。此时有I2（9）== B2（9）-- B9（9）== G9（9），形成单链结构，删减G1、I8的9。而若C9=9，通过候选数易有B9=1，F9=7，H9=4， G9=3，G7=9。因此，无论C9是否等于9，G1、H8都不可能是9。故而得唯余解G1=4，亦可得唯余解I8=2。

我们将多余的点C9（9）称为毛刺（Burr）。进行分类讨论时，可从“毛刺成立”和“毛刺不成立”两个角度，对于题目进行探讨。

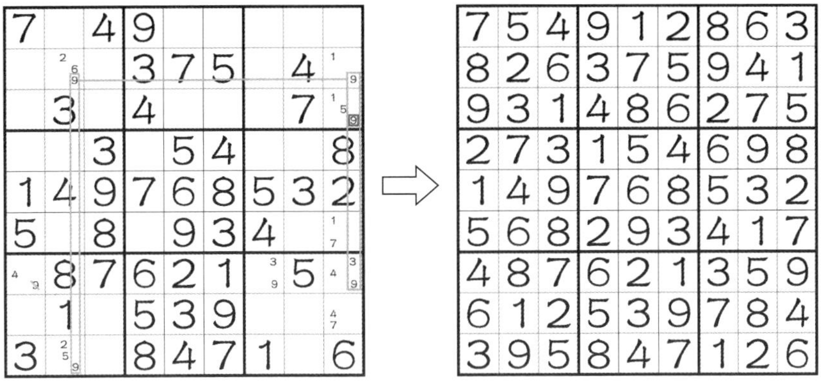

图14-24　解出终盘

毛刺（2）

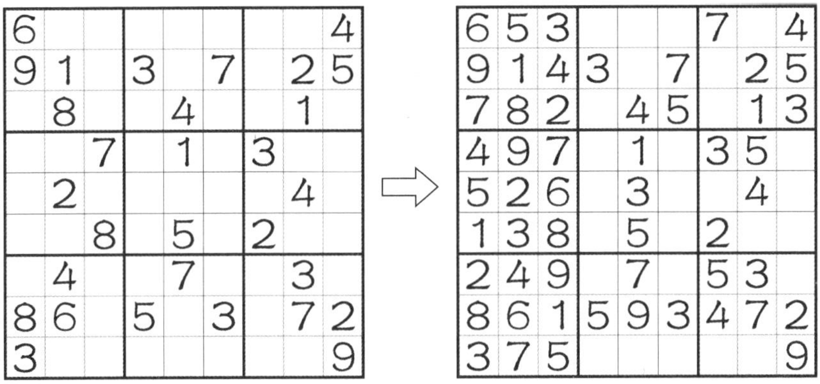

图14-25　毛刺案例2

观察A5、I5、I8三格，这三格的候选数满足XYZwing的条件，但位于三个宫内，不能形成XYZwing。

但是，我们可通过XYwing的视角对这道题进行观察。将I5的8当作毛刺进行分类讨论。若I5≠8，则I5=2、6，与A5、I8构成XYwing，删减A8的数字8；而若I5=8，观察第二行，显然有B7=8，A8≠8。

因此，无论这一格是否是数字8，A8≠8，得唯余解A8=9。

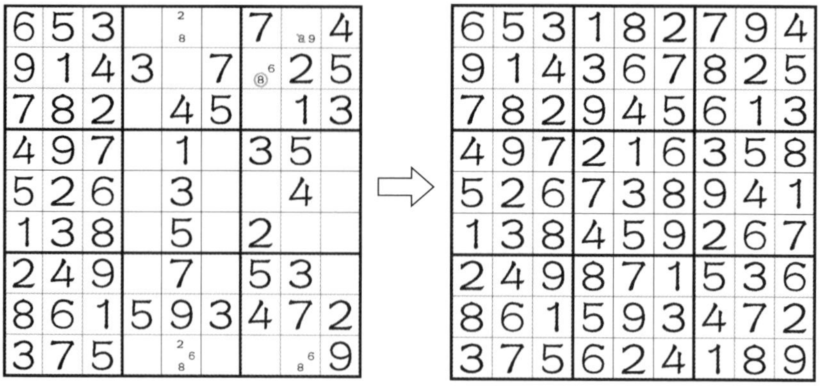

图14-26　解出终盘

伪XYZwing

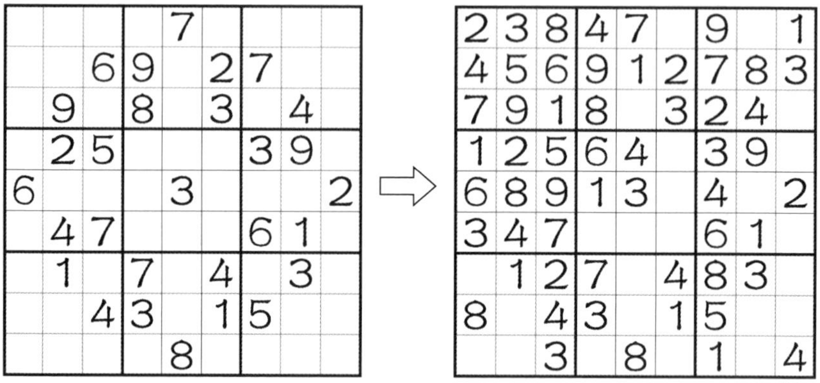

图14-27　伪XYZwing案例

观察下图的结构，I6=5、6、9，我们对这一格进行分类讨论。

· 若I6=5，则F4=5。

· 若I6=6，则A6、C9为5。

· 若I6=9，则I1=5，F4=5。

显然，无论I6为几，有结论F9≠5。那么如何用链关系对这组推断进行表述呢？此处我们将I6格的5、9视为一个整体，这一格内部有I6（5、9）== I6（6），并且由于I1=59，从而有I6（5、9）-- I4（5），弱链不同真，如果I6（5、9）与I4（5）均为真，则I4=5，I6=9，I1格将无法填入数字。

结合第四列的5的分布，有一条复杂的链：F4（5）== I4（5）-- I6（5、9）== I6（6）-- A6（6）== A6（5），即F4（5）与A6（5）必有一真，又

因A6显然等于C9，故而F4（5）和C9（5）必有一真，删减F9的5，得唯余解F9=8。

本题中A6、I6、I1的候选数符合XYZwing结构，但位于三个宫内，称为伪XYZwing，其两翼在轴心格宫内的投影格为伪目标格。在伪XYZwing结构中，一般不能直接进行删减，而是容易从两翼或轴心格与伪目标格中形成较为复杂的链结构。

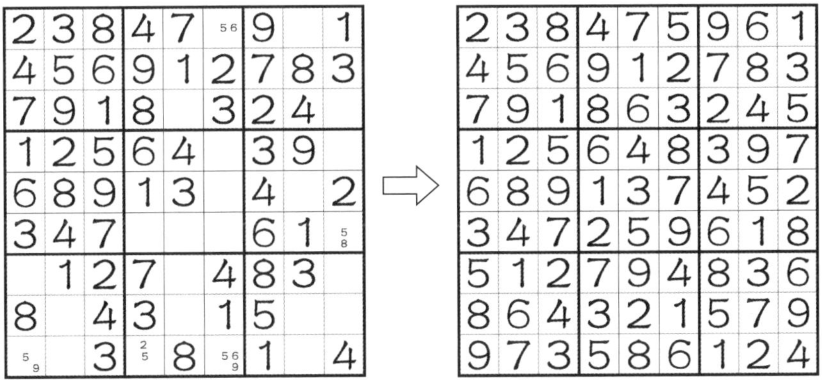

图14-28 解出终盘

融合数组SDC

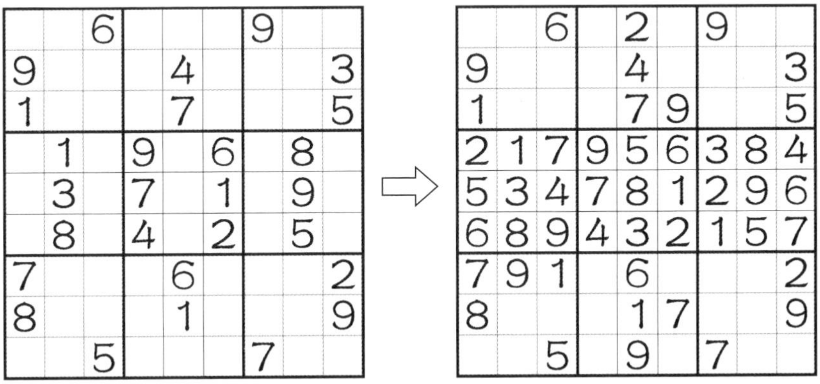

图14-29 融合数组SDC案例

观察本题，已知B7=6、8，设B7=*X*，则通过观察候选数，*X*必然在C3、C4之中。与此同时，第三行的3也必定在这两格内，因此这两格一格为3、一格为*X*（6或8），故而删减C3的2。

同时，我们观察第三行，这一行缺少2、3、4、6、8五个数字。C3及C4中必有6、8中的一个（上文的X），那么6、8中的另一个（我们设为Y）必定在C7、C8之中。这个待定的Y与B7的6、8形成显性数对，得到唯余解A9=1。

实际上，在本题中，第三行的2、4、6、8数组与第三宫的6、8数对发生了融合，这种技巧称为融合数组（Sue De Coq），简称SDC。SDC在观察、理解上的难度都非常高。

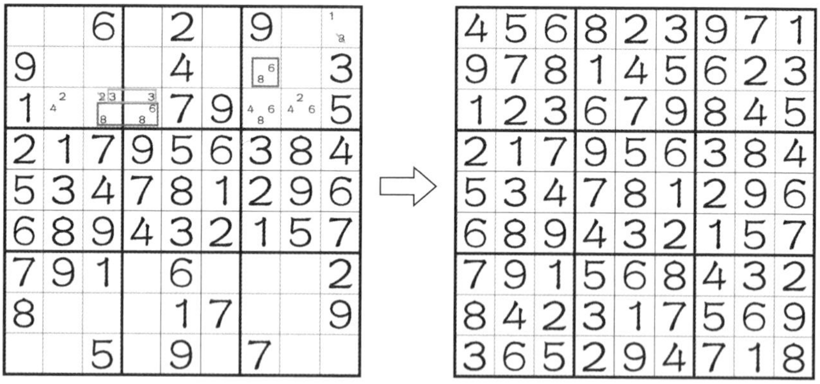

图14–30　解出终盘

均衡数对APE

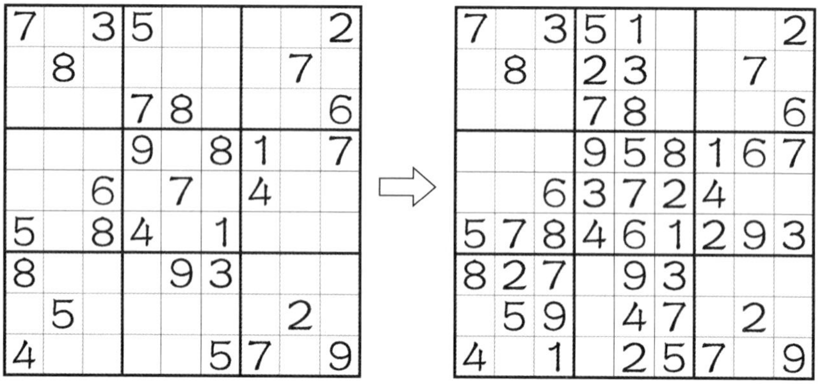

图14–31　均衡数对APE案例

观察此题中G8、I8两格。G8可能为1、4、5，I8可能为3、8，一共有六种可能的情况。考虑当I8=8时，若G8=1，则H9无数可填；若G8=4，则A8无数可填；若G8=5，则F8无数可填。因此这两格中无论是哪一种情况，I8=8都会引起矛盾，故而I8=3。

这种技巧叫作均衡数对（Aligned Pair Exclusion），本质上是对于目标格所有候选数的分支进行枚举，从而找出“无论另一格是什么情况，这里都会引起矛盾”的结论，并加以删减。

7		3	5	1			4 8	2
	8		2	3			7	
			7	8				6
			9	5	8	1	6	7
		6	3	7	2	4	5 8	
5	7	8	4	6	1	2	9	3
8	2	7		9	3		1 4 5	
	5	9		4	7		2	1 8
4		1		2	5	7	3 8	9

7	9	3	5	1	6	8	4	2
6	8	5	2	3	4	9	7	1
1	4	2	7	8	9	3	5	6
2	3	4	9	5	8	1	6	7
9	1	6	3	7	2	4	8	5
5	7	8	4	6	1	2	9	3
8	2	7	6	9	3	5	1	4
3	5	9	1	4	7	6	2	8
4	6	1	8	2	5	7	3	9

图14-32 解出终盘

Section 15　代数

代数（1）

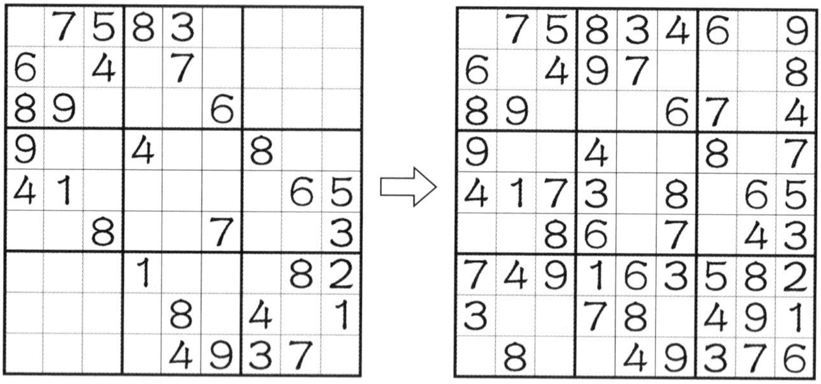

图15-1　代数案例1

本题利用单链可解决，但利用代数的思想，可以绕过单链。观察得D8=1、2，设D8=*A*，*A*为1、2中的一个数字（但并不知道具体是几）。

利用待定的*A*对于并没有1或2的第三宫进行排除，*A*无论是几，只能在B7格。第五宫也没有1或2，*A*对于第五宫进行排除，得到第五宫内的一个*A*区块。这个区块和B7的*A*一起对第二宫排除，得到C4=*A*的结论。

此时，考虑C4≠1（因G4=1），且*A*为1或2，故而得到结论*A*=1，即C4=B7=D8=1。

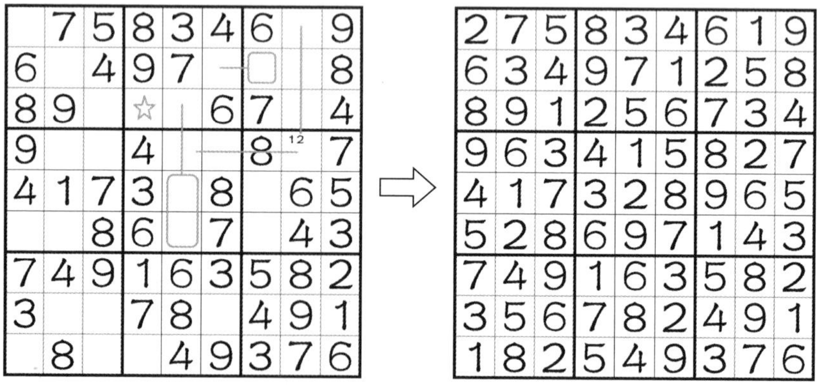

图15-2　解出终盘

代数（2）

		7		1		4		5
				5			8	
8			9		7			3
		8			6	5		
4	6						3	7
		1	3			6		
3			5		1			4
	8			4				
7		4		3		1		

⇨

		7	8	1	3	4	6	5
6	1	3		5		7	8	9
8	4	5	9	6	7	2	1	3
	3	8		7	6	5		1
4	6		1		5		3	7
5	7	1	3			6		
3		6	5		1		7	4
1	8		7	4		3	5	6
7	5	4	6	3		1		

图15-3　代数案例2

本题中，E3、E7、G7、G2显然可构成Ywing结构，但另有一种思路可对此题进行观察。设G2=*X*，H3=*Y*，*X*和*Y*为2和9（顺序未知），则显然有E3=*X*。

此时，G2=*X*，E3=*X*，若G2=E3=9，则第七列将无处填入9，矛盾。故G2=E3=2。

		7	8	1	3	4	6	5
6	1	3		5		7	8	9
8	4	5	9	6	7	2	1	3
	3	8		7	6	5		1
4	6	2 9	1		5	89	3	7
5	7	1	3			6		
3	2 9	6	5		1	89	7	4
1	8	2 9	7	4		3	5	6
7	5	4	6	3		1		

⇨

2	9	7	8	1	3	4	6	5
6	1	3	2	5	4	7	8	9
8	4	5	9	6	7	2	1	3
9	3	8	4	7	6	5	2	1
4	6	2	1	8	5	9	3	7
5	7	1	3	2	9	6	4	8
3	2	6	5	9	1	8	7	4
1	8	9	7	4	2	3	5	6
7	5	4	6	3	8	1	9	2

图15-4　解出终盘

代数（3）

6	1			5			2	4
		7		3		1		
		8	9		2	6		
2								8
			1		7			
7								6
		2	4		1	5		
		5		9		8		
3	9			7			4	1

⇨

6	1		7	5	8		2	4
	2	7	6	3	4	1	8	
4		8	9	1	2	6	7	
2				4	6	7		8
	6		1	8	7			2
7	8			2	9			6
8	7	2	4	6	1	5		
1	4	5	2	9	3	8	6	7
3	9	6	8	7	5	2	4	1

图15-5　代数案例3

观察第二行、第一列，显然有E1=B9。观察第七列，若E1=B9=9，则第七列中的数字9将无处可填，矛盾。故而E1=B9=5。

6	1		7	5	8		2	4
	2	7	6	3	4	1	8	5 9
4		8	9	1	2	6	7	
2				4	6	7		8
5 9	6		1	8	7			2
7	8			2	9			6
8	7	2	4	6	1	5		
1	4	5	2	9	3	8	6	7
3	9	6	8	7	5	2	4	1

⇨

6	1	3	7	5	8	9	2	4
9	2	7	6	3	4	1	8	5
4	5	8	9	1	2	6	7	3
2	3	9	5	4	6	7	1	8
5	6	4	1	8	7	3	9	2
7	8	1	3	2	9	4	5	6
8	7	2	4	6	1	5	3	9
1	4	5	2	9	3	8	6	7
3	9	6	8	7	5	2	4	1

图15-6　解出终盘

代数（4）

				3				
1			4		6			9
		6	8		9	2		
	3	7		9		5	2	
	1						4	
	4	9		1		3	6	
		1	9		8	6		
9			3		5			2
				4				

⇨

	9			3		4		6
1		3	4		6			9
4		6	8		9	2	1	3
8	3	7	6	9	4	5	2	1
6	1			8	3	9	4	7
	4	9		1		3	6	8
		1	9		8	6	3	4
9		4	3	6	5	1		2
3	6			4			9	5

图15-7　代数案例4

这个案例中，设G5=X，则第二、第一宫都有X的区块，排除得到第七宫的X在I3，即有G5=I3。G5=2、7，I3=2、8，这两格只能都是2。

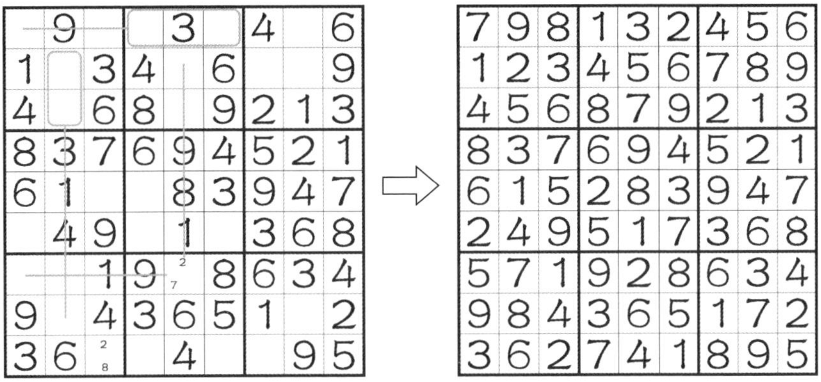

图15-8　解出终盘

代数（5）

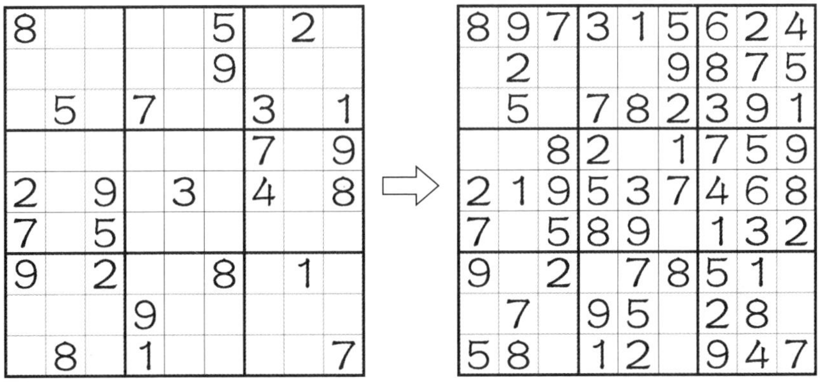

图15-9　代数案例5

本题中，设F6=X，则显然有G4=X。观察第二列，X只能在D2格之中，故而得到第四宫的宫内排除解D1=3。

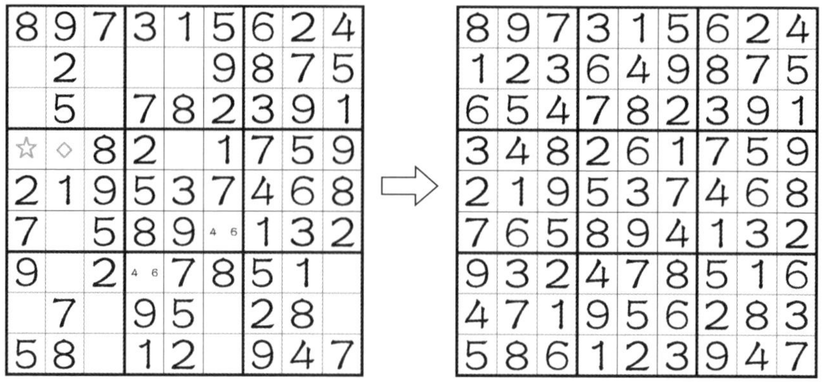

图15-10　解出终盘

代数（6）

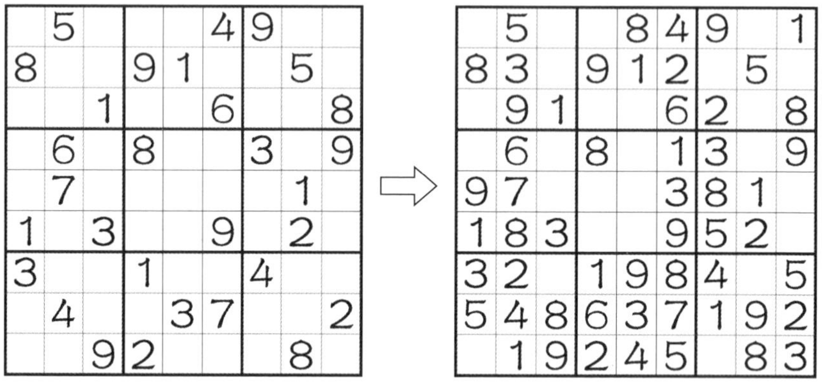

图15-11　代数案例6

解决本题时可考虑：设I1=*X*，I7=*Y*，*X*和*Y*为6、7中的一个。此处可得第三宫关于*X*的区块，结合I1得A3=*X*。

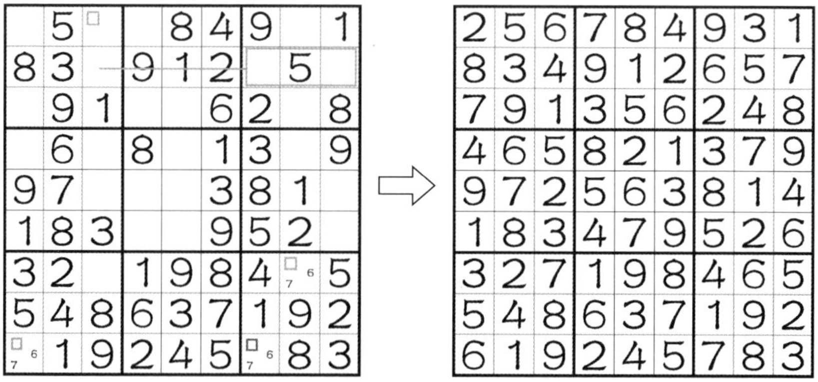

图15-12　解出终盘

此时易有G3=*Y*，B3与*X*、*Y*都不同，故而不能为6或7，得唯余解B3=4。另有一种解法，A3=*X*，则A3=6、7，不能填入其余的数字，第一宫的2只能在A1。

分类讨论

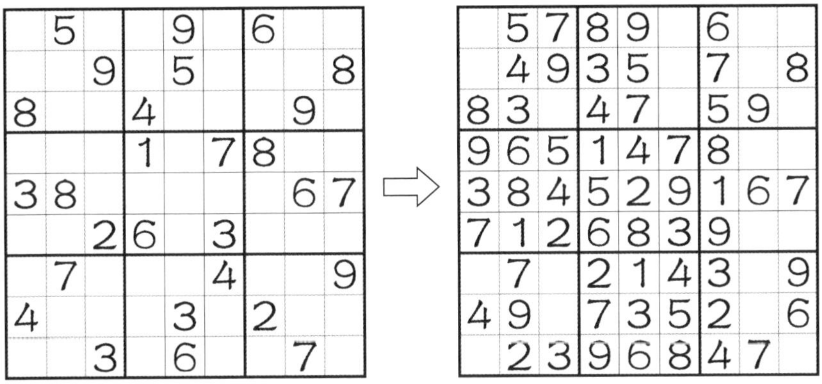

图15-13　分类讨论案例

本题可用单链技巧解决，但另有较为简单的观察方式。观察第九行，数字1可能在I1或I9中。若I1=1，则C3=1，无论I1=1或是I9=1，都有C9≠1，得唯余解C9=2。

这一步可用区块链结构进行表示：I9==I1--[A1、B1]==C3，删减C9的1，属于Grouped Turbot Fish的范畴，但用分类讨论的思想来看非常容易理解。

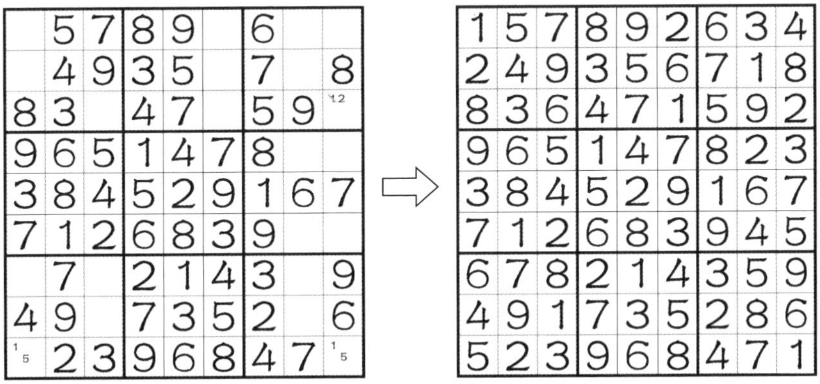

图15-14　解出终盘

涂色

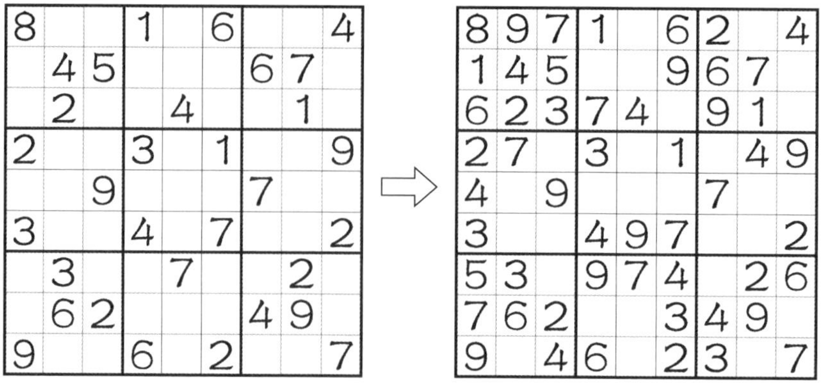

图15-15　涂色案例

本题中，E2=1、5、8。我们先假设E2=5、8的情况，此时设E2=*X*，*X*为5、8中的一个（以浅灰色表示，另一数设为*Y*，以深灰色表示），则有D5=*X*，H4=*X*，C6=*X*，I8=*X*，B9=*X*。进一步观察可以发现第八宫有*Y*的区块，得B4=*Y*。

此时，B4、B9应为5、8数对，但B3=5，矛盾。故而假设不成立，E2=1。用两种颜色涂色表示的方式本质上是代数法的一种演绎，但是在一定情况下（如较为复杂的代数法，或在电子设备上解题时，或纸面上可用彩色解题时），对题目进行涂色后，很多结论会非常清晰，易于观察。

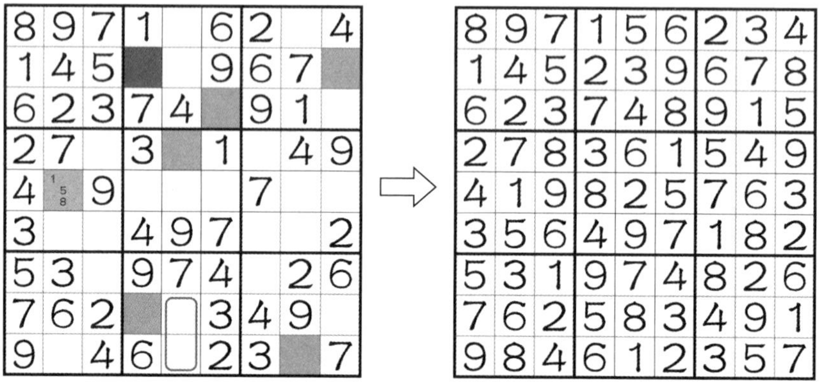

图15-16　解出终盘

挑战一下

M1

	3				5	2		
4			8		2		9	
				9		3		8
	8				7		1	4
		2				5		
3	4		1				8	
1		8		7				
	9		5		6			7
		3	9				2	

M2

							3	
		8		2	3	9		
6	2			9				
7		9			6		5	
	4		5		7		2	
	3		9			1		7
				7			4	2
		2	4	5		7		
	9							

M3

						2	8	
	6			9	2			
9		2				6		7
		3		7				1
			9		1			
6				4		7		
7		9				5		3
			1	2			7	
	1	5						

M4

	3		6			8		2
5		1	3					6
			1			5		7
	6			3	1		7	
	4		7	9			8	
4		2			8			
9					3	1		8
8		3			7		2	

M5

3		7					4	
		1		7				3
5	9		6	4				
		8			7			
	1	5				4	2	
			4			1		
				3	8		5	6
7				1		3		
	8					7		2

Section 16　技巧的联立

技巧的并联与分支

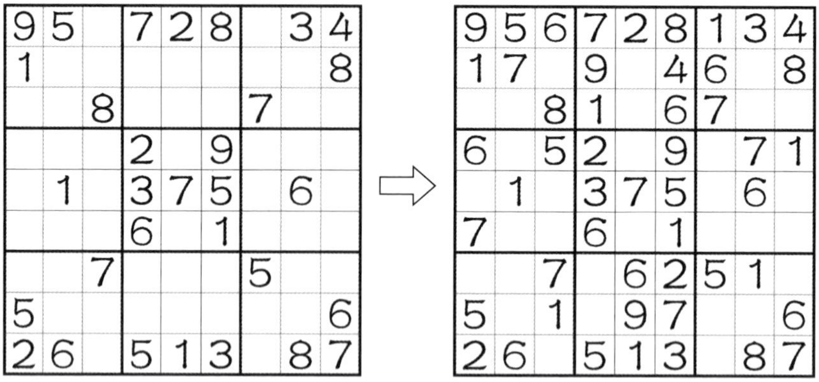

图16–1　技巧的并联与分支案例

此题是多个技巧共同作用，最终得到结论的一例。观察数字3的分布，第四、第八行有Xwing结构，删减第二、第七列其余单元格的3，本题中重点删减了F7的3。

在第二列、第九行中，观察数字9，有一条单链结构（垂直型），可删减F7的9。

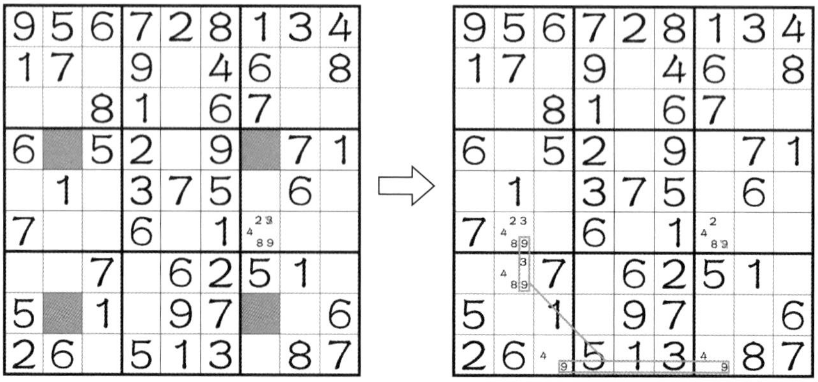

（a）Xwing　　（b）单链结构

图16–2　技巧详解

在第二、第九列中，数字2只能存在于灰色部分，构成鳍Xwing，以E9为鳍，可删减F7的2。

删减过后，F7=4、8，与F5构成4、8显性数对，删减F8的4，得到第八列的行列排除解H8=4。这一步形成前，需要前面的三步作为铺垫，而前面的三步彼此独立，共同作用下才能让题目往前推进，这样的情况叫作技巧并联。

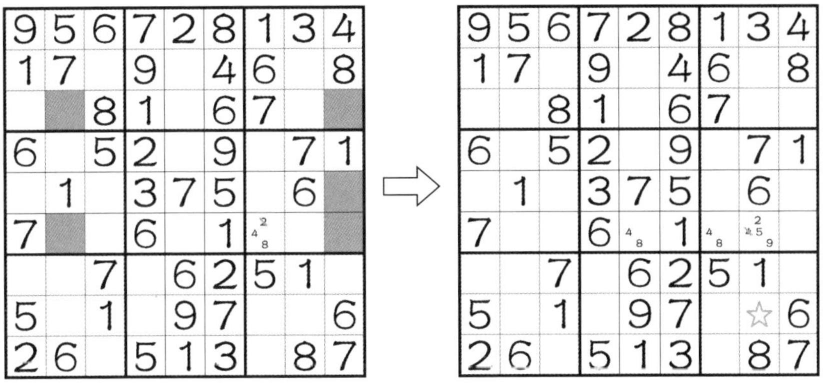

（a）鳍Xwing　　（b）显性数对

图16-3　技巧详解

得到F7=4、8后，除了直接形成数对得到H8=4外，也可观察D5、F5、D7等格，F7与它们构成了经典的UR结构，为避免致命模式，易有D7=3，从而解开本题。

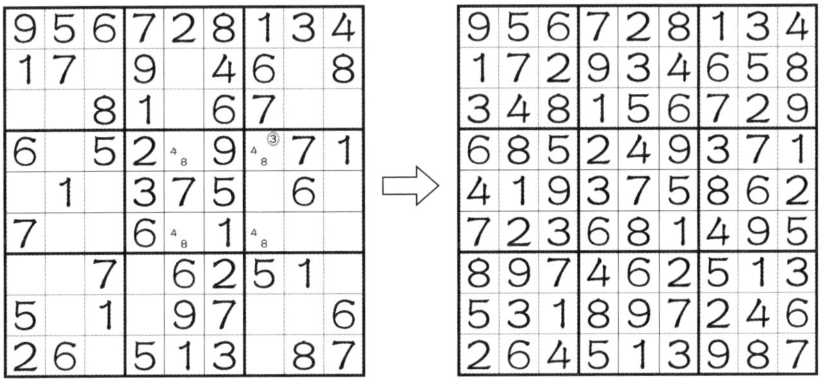

图16-4　解出终盘

本题思维导图：

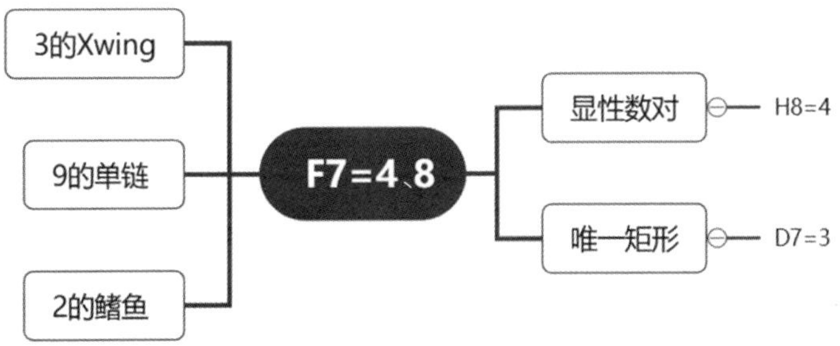

技巧的串联与多卡点

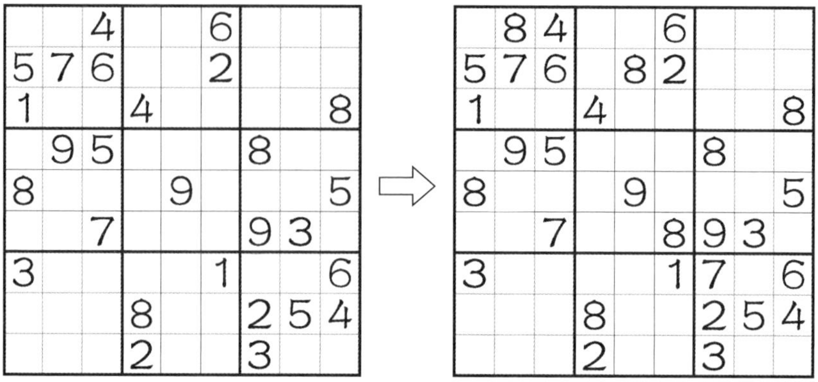

图16-5 技巧的串联与多卡点案例

本题需要用单链技巧解决，但单链较为隐蔽。第九行内有数字1、8、9构成的显性数组，删减I1的9后，A1和H1的9才能构成强关系，进而与H6、C6构成单链结构（平行型），删减B3的9，得到第一宫的宫内排除解A1=9。

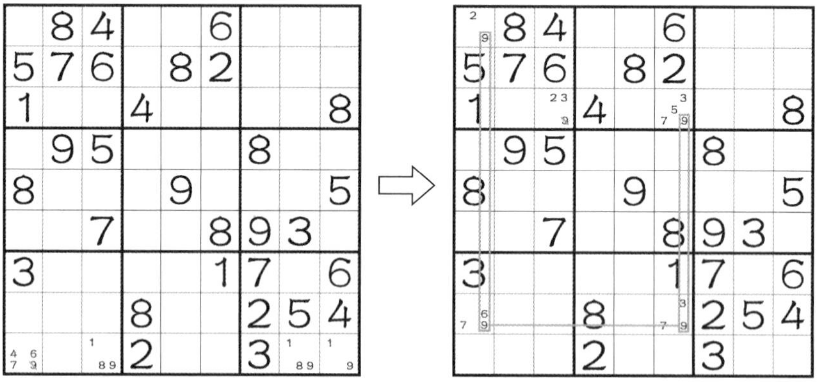

（a）显性数组　　（b）单链结构

图16-6 技巧详解

得到A1=9后，我们并不能直接解开下一步，而是观察第一列中数字2的分布，可得D1、F1的数字2的区块。这个数字2的区块与D5、F5的数字2的区块构成组合区块，删减D、F两行其余单元格的2，得唯余解F9=1，进一步得唯余解D9=7，同时有宫内排除解E8=2。

解开这些线索后，我们能利用基本功推进大量的数字，但后续依然有难点。

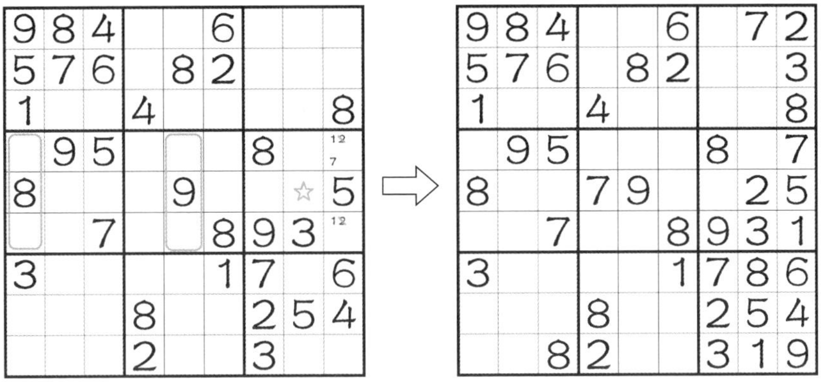

（a）结合区块　　　　　　　　（b）宫内排除解

图16-7　技巧详解

基本功无法解决，必须使用技巧的步骤称为题目的卡点，除卡点外的步骤均为基本功步骤。很多题目仅有1步卡点，有的题目会有多次难度相同或不同的卡点存在。

此处盘面需要通过D6、E6的显性数对，对第八宫进行排除，得到第八宫的宫内排除解H5=3，之后才可用基本功进行解题。

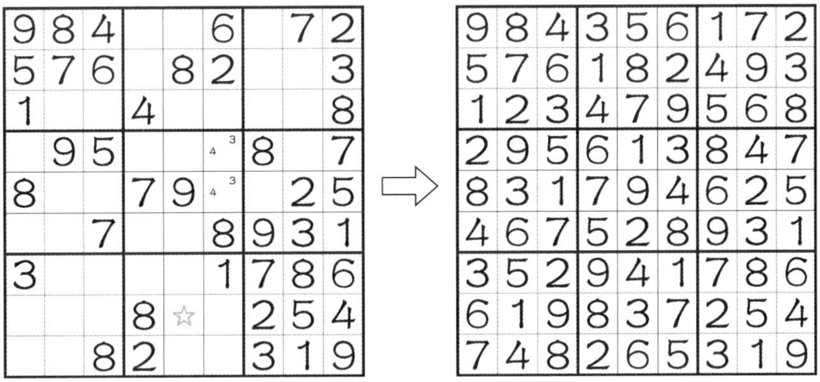

图16-8　解出终盘

本题思维导图：

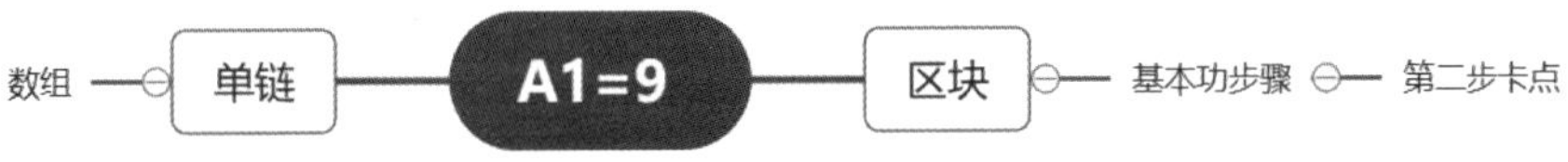

观察顺序对解题的影响

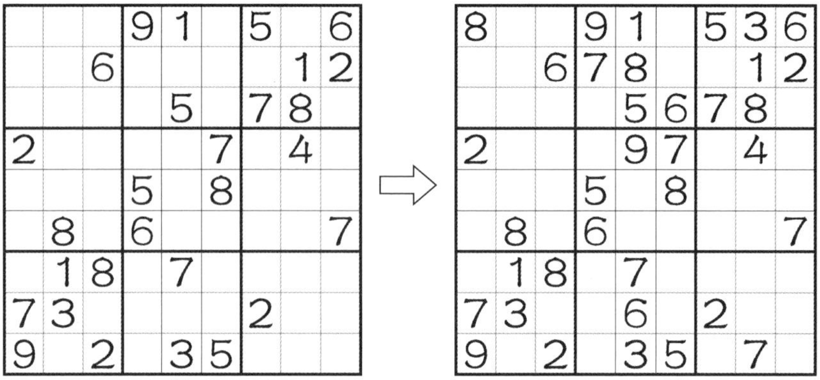

图16–9　分析观察顺序对解题的影响案例

本题中，我们可以直接用D2、I2、H3的XYwing，删减D3、F3的5，得到第三列的行列排除解H3=5。

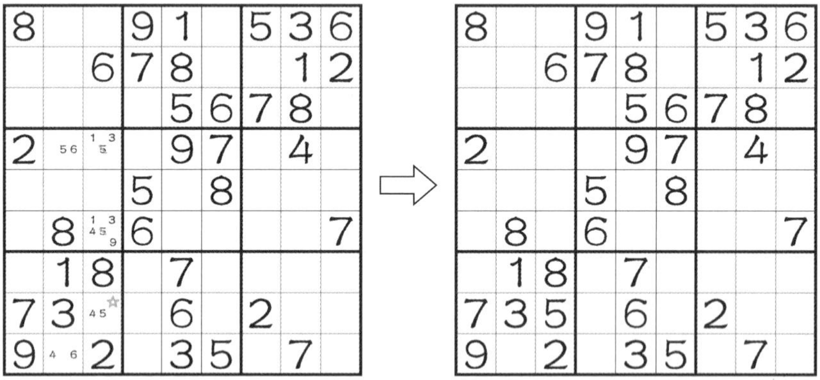

(a) XYwing　　(b) 行列排除解

图16–10　技巧详解

如果按照技巧的难度对题目进行观察，在观察到XYwing之前，我们发现第四、第九行的6构成Xwing，删减E7的6，得到E7、E9、F7的1、3、9显性数组。这个数组删减一些数字后，第四行的1、3只能在D2、D3，构成隐性数对，此时D3≠5。这时利用这一层面的技巧无法继续解题，我们进一步检索XYwing，检索得到上文的XYwing，能删减F3的5得到排除解H3=5。但是，XYwing本身可以删减D3的5，我们可以说到这一步为止，Xwing和数对技巧都被浪费了，它们造成的有效的结果被另一个技巧替代，把这两步删掉对于解题没有任何影响。

这种步骤叫作题目的冗余步骤，计算机分析题目时，经常出现大量的冗余步骤。因此，观察分析一道题目时，应当经常思考：这一步骤是否冗余？有没有跳过这一步进行解题的方式？这样的思考会对数独水平的提高有很大助益。

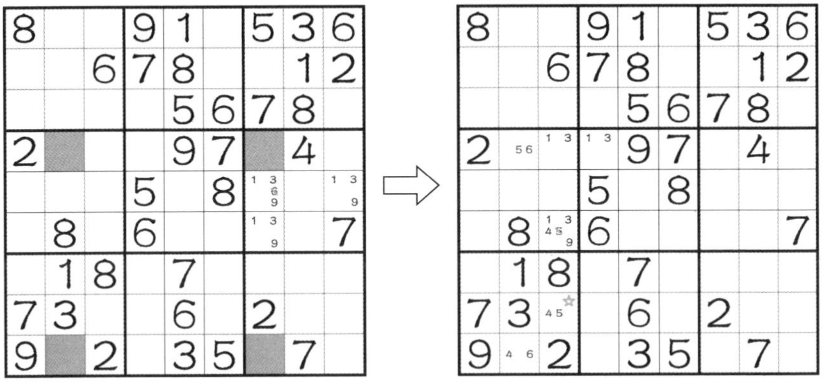

（a）Xwing　　　　（b）隐性数对

图16-11　冗余步骤

本题的卡点不只一个，得到H3=5后，继续解题依然会遇到步骤卡顿，此时可用数字9的单链得到第一宫的隐性唯一解B2=9，之后解开题目。

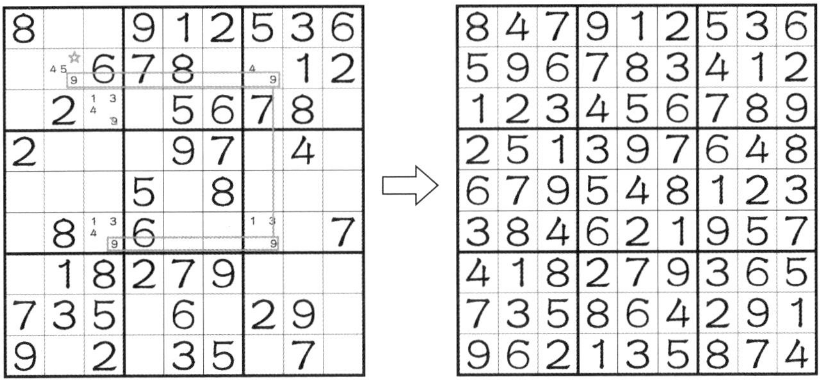

图16-12　解出终盘

Section 17　测测我是数独高手吗

N1

	5	2				1	4	
3			4		2			7
7				1				3
	2		8		1		7	
		7				3		
	3		9		6		5	
2				5				6
5			6		7			8
	6	9				7	3	

N2

7	1				4			5
		9		6				1
			2		1		9	
6		1				3		
	4			5			7	
		3				9		2
	8		4		2			
4				7		1		
3			6				4	8

N3

		5					7	
			1	9	4		6	
6		4				1	8	
	1			6		7		
	6		5		8			
	5			7				3
		9	8			2		
3	2	6						
					2			7

N4

7		5			4			
			7	6	9			
8				1				
	1				3		7	8
	8	6				3	9	
2	7		9				6	
				9				2
			8	7	1			
			2			4		9

N5

7	6					2		
				6	8			4
8		1				7		
					1		3	
	3		9		6		4	
	9		8					
		7				4		5
9			5	2				
		5					9	6

N6

	4	7				5	1	
			2	7	4			
8								4
	6		5		7		3	
7								6
	2		9		6		7	
5								9
			1	4	3			
	1	8				3	2	

N7

	1		7		2		4	
9		4				3		7
	7			9			8	
4			3		5			6
		8				1		
2			9		6			8
	4			7			5	
7		2				9		3
	3		8		9		7	

N8

5		1				7		3
			3		4			
		7				2		
	9		2		7		5	
6	2			3			7	1
			9		5			
	7	5				9	8	
	6						2	

N9

6	7	4			5		2	
2	8				1			7
1		5						
				4			6	3
			1		6			
7	5			8				
						5		2
4			7				3	6
	6		3			7	9	8

N10

				9		7		1
	7		8				9	
		1	7		4			6
	8	6	2			3		
2								8
		3			8	1	2	
3			9		6	5		
	4				7		3	
5		9		4				

Section 18 全书答案

A1

8	5	7	2	6	4	9	1	3
3	2	6	9	8	1	5	4	7
4	1	9	7	3	5	8	2	6
5	3	8	1	7	9	4	6	2
7	9	2	6	4	3	1	8	5
1	6	4	8	5	2	7	3	9
9	4	5	3	1	6	2	7	8
6	8	1	5	2	7	3	9	4
2	7	3	4	9	8	6	5	1

A2

6	8	7	2	9	3	5	1	4
9	1	3	8	4	5	7	2	6
5	4	2	6	1	7	9	3	8
7	5	8	1	3	2	6	4	9
2	6	1	9	7	4	8	5	3
4	3	9	5	8	6	1	7	2
3	7	6	4	5	9	2	8	1
1	9	4	7	2	8	3	6	5
8	2	5	3	6	1	4	9	7

A3

7	9	6	2	5	4	8	1	3
2	5	1	8	6	3	7	9	4
8	3	4	9	7	1	5	6	2
1	2	5	3	4	7	9	8	6
3	6	8	5	1	9	2	4	7
9	4	7	6	8	2	3	5	1
4	1	2	7	9	8	6	3	5
5	7	9	1	3	6	4	2	8
6	8	3	4	2	5	1	7	9

A4

1	8	3	9	4	6	2	7	5
9	5	2	7	8	1	4	3	6
4	6	7	2	3	5	9	8	1
6	4	5	8	7	9	3	1	2
8	3	9	6	1	2	7	5	4
7	2	1	3	5	4	8	6	9
2	7	4	5	6	3	1	9	8
3	1	6	4	9	8	5	2	7
5	9	8	1	2	7	6	4	3

A5

8	5	1	7	4	9	6	2	3
4	7	2	1	3	6	9	8	5
9	6	3	5	8	2	4	1	7
1	4	5	9	6	7	2	3	8
2	9	7	8	1	3	5	4	6
6	3	8	2	5	4	1	7	9
7	1	4	3	9	5	8	6	2
5	2	6	4	7	8	3	9	1
3	8	9	6	2	1	7	5	4

B1

7	8	1	9	2	6	5	4	3
2	4	3	7	5	8	9	6	1
6	5	9	3	4	1	8	7	2
1	3	5	8	6	9	4	2	7
9	6	4	2	3	7	1	5	8
8	7	2	5	1	4	3	9	6
5	1	7	4	8	2	6	3	9
3	2	6	1	9	5	7	8	4
4	9	8	6	7	3	2	1	5

B2

4	2	9	7	5	3	1	6	8
6	1	7	8	4	9	3	2	5
8	3	5	1	6	2	7	9	4
3	9	4	2	8	6	5	1	7
2	7	8	9	1	5	6	4	3
5	6	1	4	3	7	2	8	9
9	5	3	6	2	8	4	7	1
7	4	6	5	9	1	8	3	2
1	8	2	3	7	4	9	5	6

B3

5	7	8	3	2	9	4	1	6
6	2	4	8	7	1	5	9	3
1	9	3	6	5	4	8	2	7
2	4	1	9	6	7	3	5	8
9	3	5	2	4	8	6	7	1
7	8	6	5	1	3	2	4	9
8	5	7	1	3	2	9	6	4
4	6	9	7	8	5	1	3	2
3	1	2	4	9	6	7	8	5

B4

4	6	7	8	2	9	3	1	5
8	5	2	3	1	4	6	9	7
1	3	9	7	5	6	2	4	8
5	7	3	2	4	8	1	6	9
6	9	8	1	3	5	7	2	4
2	1	4	6	9	7	8	5	3
3	4	1	5	8	2	9	7	6
7	2	5	9	6	3	4	8	1
9	8	6	4	7	1	5	3	2

B5

6	2	1	9	7	8	4	5	3
5	9	7	3	1	4	8	6	2
4	8	3	2	6	5	1	9	7
7	6	9	8	4	3	5	2	1
3	5	8	1	2	9	6	7	4
2	1	4	6	5	7	9	3	8
8	3	2	5	9	1	7	4	6
9	7	6	4	8	2	3	1	5
1	4	5	7	3	6	2	8	9

B6

8	2	7	9	6	3	4	5	1
6	5	4	2	8	1	3	9	7
9	3	1	7	5	4	8	2	6
3	8	6	5	1	9	7	4	2
5	4	9	6	7	2	1	8	3
7	1	2	3	4	8	9	6	5
2	9	5	8	3	7	6	1	4
4	7	8	1	2	6	5	3	9
1	6	3	4	9	5	2	7	8

B7

8	3	6	4	2	7	5	9	1
1	2	5	6	8	9	4	7	3
9	4	7	5	1	3	8	2	6
6	5	8	9	4	1	7	3	2
4	7	9	2	3	5	6	1	8
2	1	3	8	7	6	9	5	4
7	9	4	1	6	2	3	8	5
3	8	2	7	5	4	1	6	9
5	6	1	3	9	8	2	4	7

B8

1	4	9	2	5	3	8	6	7
3	6	8	1	7	4	9	5	2
7	5	2	9	6	8	4	3	1
9	3	5	8	2	7	6	1	4
2	7	4	5	1	6	3	8	9
8	1	6	3	4	9	7	2	5
5	9	3	7	8	1	2	4	6
6	2	7	4	3	5	1	9	8
4	8	1	6	9	2	5	7	3

B9

5	6	1	8	9	3	4	2	7
7	2	9	1	4	6	5	8	3
3	4	8	2	5	7	1	9	6
2	1	5	6	3	4	8	7	9
8	3	7	5	2	9	6	1	4
4	9	6	7	1	8	3	5	2
6	8	4	9	7	1	2	3	5
9	5	3	4	8	2	7	6	1
1	7	2	3	6	5	9	4	8

B10

8	1	9	5	3	4	7	6	2
7	3	6	8	2	1	4	5	9
2	4	5	7	6	9	1	3	8
6	5	1	3	7	2	8	9	4
3	7	8	9	4	6	5	2	1
4	9	2	1	8	5	6	7	3
9	8	7	6	1	3	2	4	5
1	2	3	4	5	7	9	8	6
5	6	4	2	9	8	3	1	7

C1

9	7	6	4	2	5	3	1	8
3	2	8	7	1	9	4	6	5
1	5	4	3	6	8	7	9	2
8	1	7	2	5	6	9	4	3
5	6	2	9	3	4	8	7	1
4	9	3	1	8	7	2	5	6
2	3	9	5	7	1	6	8	4
7	8	1	6	4	2	5	3	9
6	4	5	8	9	3	1	2	7

C2

2	1	4	5	7	9	8	6	3
6	7	3	8	1	2	5	9	4
5	9	8	3	6	4	7	1	2
7	6	1	9	8	3	4	2	5
4	8	9	7	2	5	1	3	6
3	5	2	6	4	1	9	7	8
9	4	7	2	3	8	6	5	1
1	3	5	4	9	6	2	8	7
8	2	6	1	5	7	3	4	9

C3

5	7	3	8	2	6	1	4	9
1	4	8	3	9	7	6	5	2
9	6	2	1	5	4	7	3	8
6	3	5	7	8	1	9	2	4
4	8	1	9	6	2	5	7	3
2	9	7	5	4	3	8	1	6
8	2	9	4	7	5	3	6	1
3	5	6	2	1	9	4	8	7
7	1	4	6	3	8	2	9	5

C4

2	6	7	3	9	1	8	4	5
5	4	1	8	7	2	3	9	6
3	9	8	6	5	4	7	1	2
4	3	2	1	6	9	5	7	8
6	7	9	5	3	8	1	2	4
8	1	5	2	4	7	6	3	9
7	8	4	9	1	5	2	6	3
9	5	3	7	2	6	4	8	1
1	2	6	4	8	3	9	5	7

C5

2	6	4	8	3	7	9	1	5
9	3	5	4	1	2	6	8	7
8	7	1	6	5	9	4	3	2
5	4	7	1	2	6	3	9	8
3	1	2	9	8	4	7	5	6
6	9	8	5	7	3	1	2	4
7	5	9	3	4	8	2	6	1
4	8	6	2	9	1	5	7	3
1	2	3	7	6	5	8	4	9

C6

7	2	4	8	9	5	1	6	3
5	8	6	1	4	3	2	9	7
9	1	3	2	7	6	5	4	8
4	7	5	3	6	1	8	2	9
8	6	1	9	5	2	7	3	4
3	9	2	4	8	7	6	1	5
2	3	8	5	1	9	4	7	6
1	4	7	6	3	8	9	5	2
6	5	9	7	2	4	3	8	1

C7

8	5	4	9	3	1	6	2	7
9	1	6	4	7	2	8	3	5
2	3	7	8	5	6	1	9	4
6	2	5	1	9	4	7	8	3
3	4	9	5	8	7	2	1	6
1	7	8	6	2	3	4	5	9
7	8	3	2	6	9	5	4	1
4	6	2	3	1	5	9	7	8
5	9	1	7	4	8	3	6	2

C8

4	7	6	8	1	2	5	3	9
5	8	9	6	4	3	2	1	7
3	2	1	7	9	5	8	6	4
1	4	3	2	6	9	7	8	5
9	5	7	1	3	8	6	4	2
8	6	2	5	7	4	3	9	1
7	1	8	9	5	6	4	2	3
2	9	4	3	8	7	1	5	6
6	3	5	4	2	1	9	7	8

C9

3	8	2	9	5	4	6	1	7
7	1	9	2	8	6	5	4	3
4	6	5	3	7	1	9	8	2
2	9	7	1	6	8	3	5	4
8	3	4	5	2	9	1	7	6
1	5	6	4	3	7	8	2	9
5	4	3	8	9	2	7	6	1
9	7	1	6	4	5	2	3	8
6	2	8	7	1	3	4	9	5

C10

9	1	5	3	8	2	6	4	7
6	4	2	9	7	5	8	1	3
8	7	3	1	4	6	5	2	9
5	3	8	7	6	4	1	9	2
1	2	7	5	9	3	4	8	6
4	9	6	2	1	8	7	3	5
2	6	9	4	5	1	3	7	8
3	8	4	6	2	7	9	5	1
7	5	1	8	3	9	2	6	4

C11

8	9	7	2	4	3	1	6	5
3	2	5	1	7	6	9	4	8
1	6	4	9	5	8	7	3	2
4	7	1	6	8	5	3	2	9
6	8	3	7	2	9	4	5	1
2	5	9	4	3	1	8	7	6
5	1	2	3	9	4	6	8	7
9	3	8	5	6	7	2	1	4
7	4	6	8	1	2	5	9	3

C12

4	5	7	6	9	8	2	1	3
6	1	8	3	2	4	9	5	7
3	2	9	5	7	1	8	4	6
1	8	3	7	5	6	4	9	2
9	7	5	4	3	2	1	6	8
2	6	4	8	1	9	3	7	5
5	4	2	9	6	3	7	8	1
7	9	1	2	8	5	6	3	4
8	3	6	1	4	7	5	2	9

C13

7	9	3	4	5	8	2	1	6
6	1	5	2	7	9	3	4	8
8	2	4	3	6	1	7	5	9
1	5	8	9	3	7	6	2	4
4	7	6	1	2	5	8	9	3
9	3	2	8	4	6	1	7	5
5	4	1	7	8	3	9	6	2
2	8	9	6	1	4	5	3	7
3	6	7	5	9	2	4	8	1

C14

8	6	5	4	2	1	7	9	3
7	4	3	9	8	6	2	5	1
1	2	9	7	5	3	4	6	8
3	8	1	5	9	2	6	4	7
2	5	7	3	6	4	8	1	9
4	9	6	8	1	7	3	2	5
5	3	8	6	4	9	1	7	2
9	1	4	2	7	8	5	3	6
6	7	2	1	3	5	9	8	4

C15

2	5	8	6	1	9	4	7	3
4	3	1	5	7	8	2	9	6
9	7	6	4	2	3	1	8	5
7	1	4	3	9	2	5	6	8
6	9	2	1	8	5	3	4	7
3	8	5	7	4	6	9	1	2
5	6	9	8	3	1	7	2	4
8	2	7	9	5	4	6	3	1
1	4	3	2	6	7	8	5	9

D1

1	8	9	7	3	6	4	2	5
3	7	6	2	5	4	1	8	9
5	4	2	1	8	9	7	6	3
8	6	3	5	1	7	9	4	2
4	9	7	8	6	2	3	5	1
2	1	5	4	9	3	8	7	6
7	3	8	9	2	5	6	1	4
6	5	1	3	4	8	2	9	7
9	2	4	6	7	1	5	3	8

D2

7	1	6	3	5	2	8	9	4
3	8	5	7	4	9	2	1	6
9	4	2	1	8	6	3	5	7
8	7	3	9	1	5	4	6	2
4	6	1	8	2	7	9	3	5
5	2	9	4	6	3	1	7	8
1	3	4	5	7	8	6	2	9
2	9	7	6	3	4	5	8	1
6	5	8	2	9	1	7	4	3

D3

3	4	2	7	9	1	6	5	8
6	1	5	8	4	3	9	7	2
8	7	9	6	2	5	1	3	4
7	3	8	9	5	4	2	1	6
9	5	6	1	8	2	3	4	7
4	2	1	3	7	6	5	8	9
5	9	3	4	6	7	8	2	1
1	8	7	2	3	9	4	6	5
2	6	4	5	1	8	7	9	3

D4

9	6	4	5	8	2	7	3	1
1	2	8	7	4	3	9	5	6
7	3	5	1	6	9	2	8	4
6	9	3	2	1	7	8	4	5
4	7	2	8	5	6	3	1	9
8	5	1	9	3	4	6	7	2
5	1	7	6	2	8	4	9	3
2	4	9	3	7	5	1	6	8
3	8	6	4	9	1	5	2	7

D5

1	8	4	6	2	9	7	5	3
2	9	3	1	7	5	8	6	4
5	7	6	8	4	3	2	1	9
3	6	2	7	8	1	4	9	5
4	1	8	5	9	6	3	7	2
9	5	7	4	3	2	1	8	6
6	4	5	2	1	7	9	3	8
8	3	1	9	6	4	5	2	7
7	2	9	3	5	8	6	4	1

D6

8	3	2	1	9	4	7	6	5
9	5	7	6	8	2	3	1	4
6	4	1	5	3	7	9	2	8
3	2	9	7	5	8	6	4	1
4	6	5	9	1	3	8	7	2
1	7	8	2	4	6	5	3	9
2	9	6	8	7	1	4	5	3
5	1	3	4	6	9	2	8	7
7	8	4	3	2	5	1	9	6

D7

2	7	6	5	4	3	1	9	8
9	4	8	7	6	1	5	2	3
1	5	3	9	8	2	7	6	4
3	8	7	1	9	6	2	4	5
4	6	1	3	2	5	8	7	9
5	9	2	8	7	4	3	1	6
7	3	5	4	1	9	6	8	2
8	2	4	6	3	7	9	5	1
6	1	9	2	5	8	4	3	7

D8

5	9	7	1	8	3	2	4	6
4	8	2	7	9	6	5	3	1
6	3	1	4	5	2	9	7	8
3	7	5	2	1	9	8	6	4
2	1	4	8	6	7	3	9	5
8	6	9	3	4	5	1	2	7
9	4	6	5	2	8	7	1	3
7	2	8	6	3	1	4	5	9
1	5	3	9	7	4	6	8	2

D9

8	1	3	7	4	5	6	2	9
7	9	4	2	8	6	1	3	5
5	6	2	1	3	9	4	7	8
6	2	1	5	7	3	8	9	4
4	7	8	6	9	2	5	1	3
9	3	5	8	1	4	7	6	2
3	5	9	4	6	1	2	8	7
2	8	6	9	5	7	3	4	1
1	4	7	3	2	8	9	5	6

D10

3	4	1	7	9	8	5	2	6
7	8	6	5	2	4	9	1	3
2	9	5	1	6	3	4	8	7
8	2	7	4	1	6	3	5	9
6	5	4	9	3	2	1	7	8
9	1	3	8	5	7	6	4	2
1	7	8	6	4	9	2	3	5
5	3	9	2	7	1	8	6	4
4	6	2	3	8	5	7	9	1

D11

8	3	5	1	9	4	7	2	6
4	1	9	2	7	6	8	5	3
2	7	6	5	8	3	1	4	9
6	9	7	8	4	2	5	3	1
3	8	2	6	5	1	9	7	4
1	5	4	9	3	7	6	8	2
7	4	1	3	6	5	2	9	8
9	2	3	7	1	8	4	6	5
5	6	8	4	2	9	3	1	7

D12

8	3	4	9	7	5	6	1	2
5	9	1	2	6	3	4	7	8
6	2	7	4	8	1	5	9	3
3	5	2	7	4	6	9	8	1
9	1	6	3	5	8	7	2	4
4	7	8	1	2	9	3	5	6
7	8	3	5	1	4	2	6	9
2	6	9	8	3	7	1	4	5
1	4	5	6	9	2	8	3	7

D13

8	9	7	2	4	3	5	1	6
3	1	2	5	9	6	4	7	8
4	5	6	1	7	8	9	2	3
5	7	9	6	8	4	2	3	1
1	4	3	7	2	9	8	6	5
2	6	8	3	5	1	7	4	9
6	8	4	9	1	7	3	5	2
9	2	1	4	3	5	6	8	7
7	3	5	8	6	2	1	9	4

D14

2	3	4	9	1	6	7	8	5
7	8	6	3	5	4	2	1	9
5	1	9	2	8	7	6	4	3
3	7	5	4	2	1	9	6	8
4	6	2	8	7	9	3	5	1
8	9	1	5	6	3	4	2	7
6	5	8	7	3	2	1	9	4
1	4	3	6	9	8	5	7	2
9	2	7	1	4	5	8	3	6

D15

5	7	2	3	6	4	8	9	1
3	9	8	2	7	1	5	6	4
6	1	4	9	8	5	7	2	3
2	3	1	8	4	9	6	7	5
4	8	9	7	5	6	3	1	2
7	6	5	1	2	3	9	4	8
9	2	6	5	1	8	4	3	7
1	5	3	4	9	7	2	8	6
8	4	7	6	3	2	1	5	9

E1

1	4	7	3	6	8	9	2	5
8	2	5	1	9	7	6	3	4
3	6	9	2	5	4	8	7	1
9	3	8	4	7	5	2	1	6
5	7	2	6	1	9	4	8	3
6	1	4	8	3	2	5	9	7
2	8	1	7	4	6	3	5	9
7	9	6	5	2	3	1	4	8
4	5	3	9	8	1	7	6	2

E2

4	8	2	7	1	3	9	5	6
5	6	7	4	9	2	8	3	1
3	9	1	8	6	5	2	7	4
2	3	8	5	7	1	6	4	9
9	1	4	6	3	8	7	2	5
7	5	6	9	2	4	3	1	8
8	7	5	3	4	6	1	9	2
1	4	9	2	8	7	5	6	3
6	2	3	1	5	9	4	8	7

E3

2	6	1	3	4	5	8	9	7
5	7	4	8	1	9	2	6	3
8	3	9	6	2	7	1	4	5
6	1	8	9	5	4	7	3	2
7	9	3	2	6	8	5	1	4
4	5	2	1	7	3	9	8	6
9	2	6	5	3	1	4	7	8
1	4	5	7	8	6	3	2	9
3	8	7	4	9	2	6	5	1

E4

7	1	3	8	9	5	2	4	6
5	8	2	4	6	7	9	3	1
9	4	6	3	2	1	7	5	8
1	5	4	6	8	9	3	2	7
6	9	8	2	7	3	4	1	5
2	3	7	5	1	4	6	8	9
8	2	5	7	4	6	1	9	3
4	7	9	1	3	8	5	6	2
3	6	1	9	5	2	8	7	4

E5

5	2	6	7	9	3	1	4	8
7	3	1	8	4	2	5	6	9
4	9	8	1	5	6	3	7	2
3	4	7	9	1	8	2	5	6
2	1	9	4	6	5	8	3	7
6	8	5	2	3	7	4	9	1
8	5	2	6	7	4	9	1	3
1	6	4	3	2	9	7	8	5
9	7	3	5	8	1	6	2	4

E6

7	5	4	6	2	9	3	1	8
8	6	3	5	1	4	9	7	2
9	2	1	3	8	7	6	4	5
6	1	9	8	4	5	2	3	7
4	8	7	2	9	3	5	6	1
2	3	5	1	7	6	8	9	4
1	9	6	7	5	2	4	8	3
3	7	2	4	6	8	1	5	9
5	4	8	9	3	1	7	2	6

E7

1	5	4	9	6	2	7	8	3
9	6	3	4	8	7	5	2	1
7	2	8	5	3	1	6	4	9
3	9	1	2	5	4	8	6	7
4	7	2	8	9	6	3	1	5
6	8	5	7	1	3	4	9	2
5	4	9	1	7	8	2	3	6
2	1	6	3	4	5	9	7	8
8	3	7	6	2	9	1	5	4

E8

8	9	4	7	6	2	3	1	5
6	3	7	4	1	5	8	9	2
2	5	1	8	3	9	4	6	7
5	6	2	3	4	1	9	7	8
4	7	9	2	8	6	1	5	3
3	1	8	9	5	7	2	4	6
7	8	3	6	9	4	5	2	1
1	4	6	5	2	8	7	3	9
9	2	5	1	7	3	6	8	4

E9

8	1	4	2	3	5	7	6	9
9	5	6	1	7	8	2	4	3
2	3	7	9	4	6	5	8	1
5	4	8	3	2	7	9	1	6
6	2	3	5	1	9	4	7	8
1	7	9	6	8	4	3	5	2
7	6	2	8	5	3	1	9	4
4	8	1	7	9	2	6	3	5
3	9	5	4	6	1	8	2	7

E10

5	9	4	8	3	2	7	1	6
6	2	8	7	1	5	4	3	9
3	7	1	4	6	9	8	5	2
4	3	6	9	5	8	1	2	7
7	1	9	3	2	4	5	6	8
8	5	2	6	7	1	3	9	4
1	4	3	2	9	7	6	8	5
9	8	5	1	4	6	2	7	3
2	6	7	5	8	3	9	4	1

F1

6	5	2	7	8	9	1	3	4
8	1	4	2	3	6	7	9	5
7	3	9	1	4	5	6	8	2
2	8	1	3	9	7	5	4	6
3	9	6	4	5	1	2	7	8
4	7	5	6	2	8	9	1	3
1	2	7	8	6	3	4	5	9
9	4	3	5	7	2	8	6	1
5	6	8	9	1	4	3	2	7

F2

4	1	9	2	3	5	7	8	6
8	6	2	7	4	9	1	5	3
7	5	3	8	1	6	4	2	9
1	9	4	6	2	8	5	3	7
3	8	6	1	5	7	9	4	2
2	7	5	4	9	3	8	6	1
6	2	1	5	7	4	3	9	8
5	3	8	9	6	1	2	7	4
9	4	7	3	8	2	6	1	5

F3

4	2	1	3	7	5	6	8	9
3	8	6	4	9	1	2	5	7
5	7	9	8	6	2	1	3	4
2	1	8	5	3	9	4	7	6
9	4	5	6	1	7	8	2	3
7	6	3	2	4	8	9	1	5
1	3	7	9	8	4	5	6	2
6	9	2	1	5	3	7	4	8
8	5	4	7	2	6	3	9	1

F4

9	6	5	2	3	1	8	4	7
2	7	8	4	9	5	1	3	6
4	3	1	8	7	6	2	5	9
5	9	2	7	6	3	4	1	8
7	1	3	5	4	8	9	6	2
6	8	4	9	1	2	5	7	3
1	4	7	6	8	9	3	2	5
3	5	9	1	2	7	6	8	4
8	2	6	3	5	4	7	9	1

F5

1	9	8	5	7	3	4	6	2
4	5	2	8	6	9	3	7	1
3	7	6	2	4	1	9	5	8
7	8	9	3	5	6	1	2	4
2	1	5	7	8	4	6	3	9
6	3	4	9	1	2	5	8	7
5	2	1	6	9	7	8	4	3
9	6	3	4	2	8	7	1	5
8	4	7	1	3	5	2	9	6

G1

4	9	1	7	2	3	5	8	6
3	7	2	5	8	6	9	1	4
5	6	8	1	4	9	7	2	3
9	3	5	2	6	1	4	7	8
2	8	6	9	7	4	3	5	1
7	1	4	8	3	5	2	6	9
6	4	7	3	5	8	1	9	2
8	5	9	4	1	2	6	3	7
1	2	3	6	9	7	8	4	5

G2

2	1	9	4	6	5	7	8	3
5	4	3	8	2	7	9	6	1
6	8	7	9	1	3	4	5	2
4	9	5	6	7	1	3	2	8
3	6	8	2	4	9	1	7	5
7	2	1	3	5	8	6	4	9
1	3	4	5	8	6	2	9	7
9	5	2	7	3	4	8	1	6
8	7	6	1	9	2	5	3	4

G3

4	9	2	3	8	7	5	1	6
5	7	6	4	1	2	9	8	3
8	3	1	5	6	9	4	7	2
6	5	3	7	9	4	8	2	1
2	1	7	8	3	5	6	9	4
9	8	4	6	2	1	3	5	7
1	6	9	2	5	3	7	4	8
7	2	8	9	4	6	1	3	5
3	4	5	1	7	8	2	6	9

G4

5	6	7	8	1	9	2	3	4
3	8	4	7	2	5	6	1	9
9	1	2	4	3	6	7	8	5
8	2	6	5	4	7	1	9	3
1	7	5	9	8	3	4	6	2
4	3	9	1	6	2	5	7	8
7	9	1	3	5	4	8	2	6
2	4	3	6	7	8	9	5	1
6	5	8	2	9	1	3	4	7

G5

1	3	9	7	5	2	8	6	4
8	4	7	9	3	6	1	5	2
5	6	2	1	4	8	9	3	7
7	9	3	6	1	4	2	8	5
6	2	5	8	7	3	4	9	1
4	1	8	5	2	9	3	7	6
3	5	1	2	8	7	6	4	9
2	8	6	4	9	5	7	1	3
9	7	4	3	6	1	5	2	8

G6

5	1	6	7	8	9	2	3	4
9	8	7	2	3	4	6	1	5
2	4	3	5	1	6	7	8	9
3	2	4	9	5	1	8	7	6
8	6	5	3	2	7	4	9	1
7	9	1	6	4	8	5	2	3
1	5	9	8	6	2	3	4	7
4	3	8	1	7	5	9	6	2
6	7	2	4	9	3	1	5	8

G7

2	4	5	1	9	3	7	8	6
9	6	7	8	4	2	3	1	5
1	8	3	5	7	6	2	9	4
8	9	6	4	3	1	5	7	2
5	7	4	6	2	8	9	3	1
3	2	1	7	5	9	4	6	8
4	3	8	9	6	5	1	2	7
6	5	2	3	1	7	8	4	9
7	1	9	2	8	4	6	5	3

G8

5	7	3	2	6	8	9	1	4
1	9	6	5	3	4	8	2	7
4	2	8	9	1	7	5	6	3
7	4	1	6	9	2	3	8	5
8	5	2	7	4	3	6	9	1
6	3	9	1	8	5	7	4	2
2	1	5	8	7	6	4	3	9
3	6	7	4	2	9	1	5	8
9	8	4	3	5	1	2	7	6

G9

2	5	8	4	7	9	3	6	1
9	4	3	1	2	6	8	5	7
1	7	6	5	3	8	9	2	4
4	8	2	9	1	7	6	3	5
5	3	7	6	8	2	1	4	9
6	9	1	3	4	5	7	8	2
8	1	9	2	5	3	4	7	6
7	2	4	8	6	1	5	9	3
3	6	5	7	9	4	2	1	8

G10

7	2	3	6	1	4	5	8	9
9	6	1	8	5	3	7	2	4
4	5	8	9	2	7	6	3	1
2	4	5	1	3	9	8	7	6
3	1	9	7	8	6	2	4	5
8	7	6	5	4	2	1	9	3
5	9	2	4	6	8	3	1	7
1	8	4	3	7	5	9	6	2
6	3	7	2	9	1	4	5	8

H1

6	2	4	1	3	7	9	8	5
3	8	5	9	2	6	7	4	1
1	9	7	8	4	5	6	2	3
7	4	8	2	1	9	5	3	6
9	5	3	7	6	8	4	1	2
2	6	1	4	5	3	8	7	9
4	1	6	5	7	2	3	9	8
5	7	9	3	8	1	2	6	4
8	3	2	6	9	4	1	5	7

H2

1	3	9	2	4	5	7	6	8
2	4	7	6	8	3	5	9	1
5	6	8	9	1	7	2	3	4
3	7	6	8	5	2	1	4	9
8	1	2	3	9	4	6	7	5
9	5	4	7	6	1	3	8	2
4	8	3	5	2	6	9	1	7
6	9	5	1	7	8	4	2	3
7	2	1	4	3	9	8	5	6

H3

9	2	4	5	3	6	7	1	8
5	6	7	8	9	1	2	3	4
8	1	3	7	2	4	5	6	9
6	9	2	4	1	3	8	5	7
7	3	5	2	6	8	9	4	1
1	4	8	9	5	7	3	2	6
2	5	6	1	7	9	4	8	3
3	8	9	6	4	5	1	7	2
4	7	1	3	8	2	6	9	5

H4

2	1	8	7	5	9	6	3	4
3	4	7	1	8	6	9	2	5
9	5	6	3	2	4	1	7	8
5	8	9	4	7	1	2	6	3
1	6	2	8	3	5	7	4	9
4	7	3	9	6	2	5	8	1
6	2	1	5	4	3	8	9	7
7	9	4	2	1	8	3	5	6
8	3	5	6	9	7	4	1	2

H5

2	7	6	1	9	3	4	5	8
3	1	8	4	7	5	6	2	9
4	9	5	2	8	6	1	7	3
7	2	9	8	3	4	5	6	1
5	6	1	9	2	7	8	3	4
8	4	3	5	6	1	7	9	2
9	3	4	6	5	8	2	1	7
6	8	2	7	1	9	3	4	5
1	5	7	3	4	2	9	8	6

H6

6	2	7	3	1	4	8	5	9
5	8	9	2	6	7	1	3	4
3	1	4	8	9	5	7	2	6
7	3	1	9	5	6	4	8	2
2	6	5	4	8	1	3	9	7
9	4	8	7	2	3	5	6	1
4	9	6	1	3	8	2	7	5
8	7	2	5	4	9	6	1	3
1	5	3	6	7	2	9	4	8

H7

3	9	6	1	8	5	7	4	2
7	5	8	9	4	2	1	6	3
2	1	4	6	3	7	9	8	5
8	3	7	5	2	9	6	1	4
9	2	1	8	6	4	3	5	7
4	6	5	7	1	3	8	2	9
5	8	3	2	7	6	4	9	1
1	4	2	3	9	8	5	7	6
6	7	9	4	5	1	2	3	8

H8

1	2	3	6	8	4	9	5	7
4	5	7	9	1	2	6	8	3
6	8	9	7	3	5	1	2	4
9	3	1	8	5	6	7	4	2
7	6	5	4	2	1	8	3	9
8	4	2	3	7	9	5	1	6
5	7	4	1	9	3	2	6	8
3	1	8	2	6	7	4	9	5
2	9	6	5	4	8	3	7	1

H9

7	3	2	9	8	1	4	6	5
1	4	5	2	6	3	8	7	9
8	9	6	4	7	5	3	2	1
4	6	9	8	1	2	7	5	3
2	1	3	7	5	4	6	9	8
5	8	7	3	9	6	1	4	2
9	7	4	1	2	8	5	3	6
6	2	8	5	3	7	9	1	4
3	5	1	6	4	9	2	8	7

H10

6	3	8	9	4	7	1	2	5
9	2	4	5	1	8	3	6	7
1	5	7	3	6	2	4	9	8
3	4	5	2	9	1	8	7	6
7	6	1	8	5	3	9	4	2
2	8	9	4	7	6	5	1	3
4	9	2	7	8	5	6	3	1
5	1	3	6	2	4	7	8	9
8	7	6	1	3	9	2	5	4

I1

4	9	7	5	3	1	2	6	8
5	6	8	4	7	2	9	3	1
3	1	2	6	9	8	4	5	7
6	7	4	1	8	9	3	2	5
1	2	5	3	4	6	7	8	9
9	8	3	2	5	7	1	4	6
7	3	9	8	6	4	5	1	2
2	5	6	7	1	3	8	9	4
8	4	1	9	2	5	6	7	3

I2

5	4	6	9	7	1	2	8	3
2	9	1	8	3	6	4	5	7
3	8	7	2	4	5	9	6	1
8	1	9	7	5	3	6	4	2
4	3	5	6	9	2	7	1	8
6	7	2	1	8	4	3	9	5
7	5	3	4	6	8	1	2	9
9	2	4	5	1	7	8	3	6
1	6	8	3	2	9	5	7	4

I3

5	4	1	3	9	2	6	7	8
9	2	7	5	8	6	1	3	4
6	3	8	7	4	1	2	5	9
4	9	6	1	2	7	3	8	5
2	1	3	9	5	8	7	4	6
7	8	5	4	6	3	9	1	2
1	5	9	6	3	4	8	2	7
3	6	2	8	7	5	4	9	1
8	7	4	2	1	9	5	6	3

I4

7	9	3	4	1	6	5	8	2
1	5	2	8	3	9	6	7	4
8	6	4	5	7	2	1	9	3
4	3	6	1	2	7	8	5	9
9	8	1	6	5	3	2	4	7
5	2	7	9	4	8	3	1	6
2	7	8	3	9	5	4	6	1
6	1	9	2	8	4	7	3	5
3	4	5	7	6	1	9	2	8

I5

2	6	9	7	8	1	3	4	5
4	8	1	2	5	3	6	7	9
3	5	7	6	4	9	8	1	2
5	2	6	8	3	4	7	9	1
1	4	3	9	7	2	5	8	6
7	9	8	1	6	5	2	3	4
6	1	2	3	9	7	4	5	8
8	3	4	5	1	6	9	2	7
9	7	5	4	2	8	1	6	3

I6

6	7	9	5	2	3	4	8	1
5	8	2	1	4	7	9	3	6
1	3	4	8	6	9	5	7	2
7	5	8	9	3	2	1	6	4
2	9	6	7	1	4	8	5	3
3	4	1	6	8	5	7	2	9
9	6	3	4	5	8	2	1	7
8	1	7	2	9	6	3	4	5
4	2	5	3	7	1	6	9	8

I7

2	1	6	3	7	5	4	9	8
7	9	3	4	6	8	1	2	5
8	4	5	9	1	2	6	7	3
5	6	8	7	3	9	2	1	4
4	3	9	6	2	1	8	5	7
1	7	2	8	5	4	9	3	6
9	2	7	5	8	6	3	4	1
6	5	4	1	9	3	7	8	2
3	8	1	2	4	7	5	6	9

I8

1	4	5	3	8	2	7	9	6
8	3	9	7	5	6	4	2	1
7	6	2	1	9	4	3	8	5
4	8	1	2	6	9	5	7	3
5	2	3	8	1	7	6	4	9
9	7	6	4	3	5	2	1	8
6	5	7	9	2	1	8	3	4
2	1	8	5	4	3	9	6	7
3	9	4	6	7	8	1	5	2

I9

2	5	8	1	3	7	6	4	9
4	1	7	6	9	2	3	8	5
9	6	3	8	4	5	2	1	7
1	7	9	4	5	3	8	6	2
8	4	2	7	6	1	9	5	3
6	3	5	9	2	8	1	7	4
5	9	6	2	8	4	7	3	1
3	8	1	5	7	9	4	2	6
7	2	4	3	1	6	5	9	8

I10

8	2	5	3	4	1	9	7	6
7	4	1	9	6	5	8	2	3
9	6	3	2	7	8	4	5	1
1	5	8	4	9	3	7	6	2
2	7	9	8	5	6	1	3	4
4	3	6	7	1	2	5	9	8
5	1	2	6	8	9	3	4	7
6	8	7	5	3	4	2	1	9
3	9	4	1	2	7	6	8	5

J1

2	8	9	7	1	5	3	6	4
3	4	1	6	8	2	5	7	9
5	6	7	4	9	3	8	2	1
8	9	6	5	4	1	7	3	2
1	5	3	9	2	7	4	8	6
4	7	2	8	3	6	9	1	5
9	1	4	2	7	8	6	5	3
6	2	8	3	5	9	1	4	7
7	3	5	1	6	4	2	9	8

J2

3	1	6	8	9	4	2	7	5
2	7	9	6	5	3	4	8	1
4	5	8	7	2	1	9	6	3
6	4	7	9	3	5	8	1	2
1	9	3	2	8	6	7	5	4
8	2	5	1	4	7	3	9	6
5	8	1	4	7	2	6	3	9
7	3	2	5	6	9	1	4	8
9	6	4	3	1	8	5	2	7

J3

4	6	3	2	5	1	7	9	8
8	7	2	9	6	4	5	1	3
1	9	5	7	8	3	6	2	4
9	3	8	5	1	7	4	6	2
2	1	7	4	3	6	9	8	5
6	5	4	8	9	2	1	3	7
7	8	9	1	2	5	3	4	6
3	4	1	6	7	8	2	5	9
5	2	6	3	4	9	8	7	1

J4

8	5	2	4	7	6	3	1	9
1	6	7	9	5	3	4	8	2
3	4	9	8	1	2	5	7	6
4	9	6	2	8	5	1	3	7
7	2	3	6	4	1	9	5	8
5	1	8	7	3	9	2	6	4
6	8	1	3	9	4	7	2	5
9	7	5	1	2	8	6	4	3
2	3	4	5	6	7	8	9	1

J5

3	2	9	4	6	5	7	1	8
4	1	5	7	2	8	9	3	6
8	6	7	1	9	3	4	2	5
2	3	8	6	7	1	5	9	4
7	5	4	9	3	2	6	8	1
1	9	6	5	8	4	2	7	3
6	8	2	3	4	9	1	5	7
9	4	1	8	5	7	3	6	2
5	7	3	2	1	6	8	4	9

J6

3	6	8	7	9	5	4	1	2
4	5	2	3	8	1	7	9	6
9	7	1	4	2	6	3	5	8
7	9	6	5	4	2	8	3	1
5	1	3	8	6	7	9	2	4
2	8	4	1	3	9	5	6	7
8	4	9	6	1	3	2	7	5
6	3	7	2	5	8	1	4	9
1	2	5	9	7	4	6	8	3

J7

6	2	1	3	5	4	7	8	9
3	4	7	9	6	8	5	1	2
5	9	8	1	2	7	4	6	3
9	8	2	4	3	1	6	5	7
7	5	4	6	8	9	3	2	1
1	3	6	5	7	2	8	9	4
8	1	3	7	9	5	2	4	6
2	6	9	8	4	3	1	7	5
4	7	5	2	1	6	9	3	8

J8

6	5	7	8	9	1	2	4	3
3	8	9	4	2	7	5	6	1
4	1	2	5	3	6	7	8	9
7	9	6	1	8	5	3	2	4
5	2	8	3	4	9	1	7	6
1	3	4	6	7	2	8	9	5
2	4	1	7	6	3	9	5	8
8	7	3	9	5	4	6	1	2
9	6	5	2	1	8	4	3	7

J9

8	1	4	6	7	3	2	9	5
2	6	7	8	9	5	4	1	3
5	9	3	4	1	2	6	8	7
7	8	6	3	4	9	1	5	2
4	2	9	1	5	6	3	7	8
3	5	1	2	8	7	9	6	4
9	4	2	5	6	8	7	3	1
6	3	8	7	2	1	5	4	9
1	7	5	9	3	4	8	2	6

J10

8	5	9	4	3	6	2	1	7
4	7	3	1	5	2	8	9	6
6	2	1	8	7	9	3	5	4
3	8	2	7	6	1	5	4	9
7	1	4	3	9	5	6	8	2
9	6	5	2	4	8	7	3	1
5	9	7	6	1	3	4	2	8
2	3	6	9	8	4	1	7	5
1	4	8	5	2	7	9	6	3

K1

1	2	8	7	4	9	5	6	3
7	3	9	2	5	6	4	8	1
4	5	6	8	3	1	7	9	2
2	9	1	3	6	4	8	5	7
3	4	7	5	8	2	9	1	6
6	8	5	9	1	7	2	3	4
5	1	3	4	7	8	6	2	9
8	7	2	6	9	3	1	4	5
9	6	4	1	2	5	3	7	8

K2

9	7	1	4	8	3	6	5	2
4	6	3	5	2	1	7	9	8
2	5	8	7	9	6	4	3	1
8	3	6	2	5	9	1	7	4
5	4	2	8	1	7	3	6	9
7	1	9	3	6	4	8	2	5
6	2	7	1	4	5	9	8	3
1	9	5	6	3	8	2	4	7
3	8	4	9	7	2	5	1	6

K3

2	4	3	8	5	9	1	6	7
5	6	7	1	3	2	4	8	9
8	9	1	4	6	7	2	3	5
6	5	4	3	7	8	9	2	1
3	7	8	9	2	1	5	4	6
9	1	2	5	4	6	8	7	3
4	8	5	6	9	3	7	1	2
1	2	6	7	8	5	3	9	4
7	3	9	2	1	4	6	5	8

K4

1	2	5	9	3	8	4	7	6
4	3	6	1	5	7	8	2	9
7	8	9	4	6	2	1	3	5
6	4	1	7	9	5	2	8	3
3	9	8	6	2	4	5	1	7
5	7	2	8	1	3	6	9	4
8	5	3	2	4	9	7	6	1
9	1	7	5	8	6	3	4	2
2	6	4	3	7	1	9	5	8

K5

3	5	4	6	7	8	9	2	1
6	8	9	4	1	2	3	5	7
2	1	7	5	3	9	6	4	8
4	2	3	8	5	7	1	6	9
8	6	5	1	9	3	4	7	2
9	7	1	2	4	6	8	3	5
5	3	8	7	6	1	2	9	4
7	9	2	3	8	4	5	1	6
1	4	6	9	2	5	7	8	3

K6

9	5	7	2	1	6	8	3	4
4	2	8	9	3	5	6	1	7
6	1	3	8	7	4	9	2	5
5	9	6	1	2	8	7	4	3
8	3	1	4	6	7	2	5	9
7	4	2	3	5	9	1	6	8
1	7	4	5	9	2	3	8	6
2	8	9	6	4	3	5	7	1
3	6	5	7	8	1	4	9	2

K7

9	6	1	4	5	7	8	2	3
7	8	2	1	3	6	9	4	5
3	4	5	8	9	2	7	6	1
8	3	6	9	2	4	1	5	7
5	2	4	7	8	1	3	9	6
1	9	7	3	6	5	2	8	4
6	5	9	2	7	3	4	1	8
2	1	3	5	4	8	6	7	9
4	7	8	6	1	9	5	3	2

K8

1	9	8	2	3	6	7	4	5
2	3	6	5	7	4	8	9	1
5	4	7	9	8	1	6	2	3
7	5	3	4	9	2	1	6	8
6	2	4	3	1	8	9	5	7
8	1	9	6	5	7	2	3	4
3	7	5	1	2	9	4	8	6
9	6	1	8	4	3	5	7	2
4	8	2	7	6	5	3	1	9

K9

7	9	6	8	2	1	5	3	4
1	2	3	4	5	6	7	9	8
8	4	5	3	7	9	6	1	2
6	5	1	2	9	3	8	4	7
9	7	2	1	8	4	3	6	5
3	8	4	5	6	7	9	2	1
2	3	8	6	1	5	4	7	9
4	1	7	9	3	8	2	5	6
5	6	9	7	4	2	1	8	3

K10

2	4	1	8	9	5	6	3	7
5	3	7	6	4	1	8	2	9
8	6	9	2	3	7	5	1	4
3	7	2	5	8	9	4	6	1
9	8	4	1	6	3	7	5	2
6	1	5	7	2	4	9	8	3
4	2	6	9	1	8	3	7	5
1	5	3	4	7	6	2	9	8
7	9	8	3	5	2	1	4	6

M1

8	3	9	7	1	5	2	4	6
4	6	5	8	3	2	7	9	1
7	2	1	6	9	4	3	5	8
5	8	6	3	2	7	9	1	4
9	1	2	4	6	8	5	7	3
3	4	7	1	5	9	6	8	2
1	5	8	2	7	3	4	6	9
2	9	4	5	8	6	1	3	7
6	7	3	9	4	1	8	2	5

M2

9	7	4	1	8	5	2	3	6
5	1	8	6	2	3	9	7	4
6	2	3	7	9	4	5	8	1
7	8	9	2	1	6	4	5	3
1	4	6	5	3	7	8	2	9
2	3	5	9	4	8	1	6	7
8	5	1	3	7	9	6	4	2
3	6	2	4	5	1	7	9	8
4	9	7	8	6	2	3	1	5

M3

1	3	4	5	6	7	2	8	9
5	6	7	8	9	2	1	3	4
9	8	2	4	1	3	6	5	7
4	5	3	2	7	6	8	9	1
2	7	8	9	5	1	3	4	6
6	9	1	3	4	8	7	2	5
7	2	9	6	8	4	5	1	3
3	4	6	1	2	5	9	7	8
8	1	5	7	3	9	4	6	2

M4

7	3	9	6	4	5	8	1	2
5	8	1	3	7	2	4	9	6
6	2	4	1	8	9	5	3	7
2	6	8	5	3	1	9	7	4
1	9	7	8	2	4	3	6	5
3	4	5	7	9	6	2	8	1
4	1	2	9	6	8	7	5	3
9	7	6	2	5	3	1	4	8
8	5	3	4	1	7	6	2	9

M5

3	6	7	8	9	1	2	4	5
8	4	1	2	7	5	6	9	3
5	9	2	6	4	3	8	7	1
4	3	8	1	2	7	5	6	9
6	1	5	3	8	9	4	2	7
2	7	9	4	5	6	1	3	8
1	2	4	7	3	8	9	5	6
7	5	6	9	1	2	3	8	4
9	8	3	5	6	4	7	1	2

N1

8	5	2	7	6	3	1	4	9
3	9	1	4	8	2	5	6	7
7	4	6	5	1	9	2	8	3
9	2	5	8	3	1	6	7	4
6	8	7	2	4	5	3	9	1
1	3	4	9	7	6	8	5	2
2	7	8	3	5	4	9	1	6
5	1	3	6	9	7	4	2	8
4	6	9	1	2	8	7	3	5

N2

7	1	8	9	3	4	6	2	5
2	3	9	5	6	7	4	8	1
5	6	4	2	8	1	7	9	3
6	7	1	8	2	9	3	5	4
9	4	2	1	5	3	8	7	6
8	5	3	7	4	6	9	1	2
1	8	6	4	9	2	5	3	7
4	2	5	3	7	8	1	6	9
3	9	7	6	1	5	2	4	8

N3

1	9	5	3	8	6	4	7	2
2	8	7	1	9	4	3	6	5
6	3	4	7	2	5	1	8	9
9	1	2	4	6	3	7	5	8
7	6	3	5	1	8	9	2	4
4	5	8	2	7	9	6	1	3
5	7	9	8	4	1	2	3	6
3	2	6	9	5	7	8	4	1
8	4	1	6	3	2	5	9	7

N4

7	9	5	3	8	4	1	2	6
3	2	1	7	6	9	8	4	5
8	6	4	5	1	2	9	3	7
4	1	9	6	5	3	2	7	8
5	8	6	1	2	7	3	9	4
2	7	3	9	4	8	5	6	1
6	3	8	4	9	5	7	1	2
9	4	2	8	7	1	6	5	3
1	5	7	2	3	6	4	8	9

N5

7	6	9	1	4	3	2	5	8
2	5	3	7	6	8	9	1	4
8	4	1	2	9	5	7	6	3
6	7	2	4	5	1	8	3	9
1	3	8	9	7	6	5	4	2
5	9	4	8	3	2	6	7	1
3	8	7	6	1	9	4	2	5
9	1	6	5	2	4	3	8	7
4	2	5	3	8	7	1	9	6

N6

3	4	7	8	6	9	5	1	2
6	5	1	2	7	4	8	9	3
8	9	2	3	5	1	7	6	4
9	6	4	5	8	7	2	3	1
7	8	3	4	1	2	9	5	6
1	2	5	9	3	6	4	7	8
5	3	6	7	2	8	1	4	9
2	7	9	1	4	3	6	8	5
4	1	8	6	9	5	3	2	7

N7

8	1	6	7	3	2	5	4	9
9	2	4	6	5	8	3	1	7
5	7	3	1	9	4	6	8	2
4	9	1	3	8	5	7	2	6
3	6	8	4	2	7	1	9	5
2	5	7	9	1	6	4	3	8
6	4	9	2	7	3	8	5	1
7	8	2	5	4	1	9	6	3
1	3	5	8	6	9	2	7	4

N8

5	4	1	8	9	2	7	6	3
2	8	6	3	7	4	5	1	9
9	3	7	6	5	1	2	4	8
1	9	3	2	8	7	6	5	4
6	2	4	5	3	9	8	7	1
7	5	8	4	1	6	3	9	2
8	1	2	9	6	5	4	3	7
4	7	5	1	2	3	9	8	6
3	6	9	7	4	8	1	2	5

N9

6	7	4	8	3	5	9	2	1
2	8	9	4	6	1	3	5	7
1	3	5	9	7	2	6	8	4
9	1	2	5	4	7	8	6	3
8	4	3	1	9	6	2	7	5
7	5	6	2	8	3	4	1	9
3	9	7	6	1	8	5	4	2
4	2	8	7	5	9	1	3	6
5	6	1	3	2	4	7	9	8

N10

4	3	5	6	9	2	7	8	1
6	7	2	8	5	1	4	9	3
8	9	1	7	3	4	2	5	6
7	8	6	2	1	9	3	4	5
2	1	4	3	7	5	9	6	8
9	5	3	4	6	8	1	2	7
3	2	7	9	8	6	5	1	4
1	4	8	5	2	7	6	3	9
5	6	9	1	4	3	8	7	2